Baedekers
Allianz-Reiseführer
Rom

Baedekers
Allianz ⊞ Reiseführer

Städte in aller Welt

Amsterdam	Hamburg	New York
Athen	Hongkong	Paris
Bangkok	Istanbul	Prag
Berlin	Jerusalem	Rom
Brüssel	Köln	San
Budapest	Kopenhagen	Francisco
Dresden	Leningrad	Singapur
Düsseldorf	London	Stuttgart
Florenz	Madrid	Tokio
Frankfurt	Moskau	Venedig
am Main	München	Wien

Reiseländer · Großräume

Ägypten	Israel	Mittelmeer
Asien	Italien	Niederlande
BR Deutschland	Japan	Österreich
Dänemark	Jugoslawien	Portugal
DDR	Kanada	Schweiz
Frankreich	Karibik	Skandinavien
Griechenland	Luxemburg	Spanien
Großbritannien	Marokko	Tunesien
Irland	Mexiko	USA

Regionen · Inseln · Flüsse

Bodensee	Loire	Sizilien
Costa Brava	Mallorca	Südtirol
Gran Canaria	Provence /	Teneriffa
Griechische	Côte d'Azur	Tessin
Inseln	Rhein	Toskana
Ibiza	Ruhrgebiet	Türkische
Kalifornien	Schwäbische Alb	Küsten

Städte in Deutschland und angrenzenden Ländern

Augsburg	Freiburg	Mainz
Bad Homburg	Genf	Mannheim
Baden-Baden	Hannover	Nördlingen
Bamberg	Heidelberg	Nürnberg
Basel	Innsbruck	Passau
Berlin	Karlsruhe	Regensburg
(große und	Kassel	Salzburg
kleine Ausgabe)	Kiel	Schleswig
Bonn	Koblenz	Trier
Bremen /	Konstanz	Ulm
Bremerhaven	Leipzig	Wiesbaden
Darmstadt	Lübeck	Würzburg

Baedekers
Allianz Reiseführer
Rom

KARL BAEDEKER VERLAG

Hinweise für die Benutzung dieses Reiseführers

Sternchen (Asterisken) als typographisches Mittel zur Hervorhebung bedeutender Bau- und Kunstwerke, Naturschönheiten und Aussichten, aber auch guter Unterkunfts- und Gaststätten hat Karl Baedeker im Jahre 1844 eingeführt; sie werden auch in diesem Reiseführer verwendet: Besonders Beachtenswertes ist durch * einen vorangestellten 'Baedeker-Stern', einzigartige Sehenswürdigkeiten sind durch ** zwei Sternchen gekennzeichnet.

Zur raschen Lokalisierung der Sehenswürdigkeiten von A bis Z auf dem beigegebenen Stadtplan sind die entsprechenden Koordinaten der Plannetzmaschen jeweils neben der Überschrift in Blaudruck hervorgehoben: ** Colosseo E 7.

Wenn aus der Fülle von Unterkunfts-, Gast- und Einkaufsstätten nur eine wohlüberlegte Auswahl getroffen ist, so sei damit gegen andere Häuser kein Vorurteil erweckt.

Da die Angaben eines solchen Reiseführers in der heute so schnellebigen Zeit fast ständig Veränderungen unterworfen sind, kann für die Richtigkeit keine absolute Gewähr übernommen werden. Auch lehrt die Erfahrung, daß sich Irrtümer nie gänzlich vermeiden lassen. Für Berichtigungen und Verbesserungsvorschläge ist die Redaktion (Zeppelinstraße 44/1, D-7302 Ostfildern 4) stets dankbar.

Impressum

Ausstattung:
135 Abbildungen (Bildnachweis am Ende des Buches)
3 graphische Darstellungen, 6 Grundrisse, 2 Übersichtskarten, 5 Lagepläne, 1 Sonderplan, 1 großer Stadtplan (Kartenverzeichnis am Ende des Buches)

Textbeiträge: Madeleine Cabos, Dr. Heinz Joachim Fischer
Bearbeitung und Fortführung: Baedeker-Redaktion (Madeleine Cabos)
Gesamtleitung: Dr. Peter Baumgarten, Baedeker Stuttgart

Kartographie: Gert Oberländer, München
Hallwag AG, Bern (großer Stadtplan)

5. Auflage 1990
Gänzlich überarbeitete, erweiterte und neugestaltete Ausgabe

Urheberschaft:
Karl Baedeker GmbH, Ostfildern-Kemnat bei Stuttgart
Nutzungsrecht:
Mairs Geographischer Verlag GmbH & Co., Ostfildern-Kemnat bei Stuttgart

Satz (Typotext): Gerda Kaul; Baedeker-Redaktion (Madeleine Cabos)
Umbruchlayout: Baedeker-Redaktion (Madeleine Cabos) und Kreativ GmbH Ulrich Kolb, Leutenbach
Textfilme: Fotosatz J. Kranzbühler, Waldenbuch-Bonholz
Reproduktionen: Eder Repro GmbH, 7302 Ostfildern 3
Herstellung: Wolfgang Stetter
Druck: Mairs Graphische Betriebe GmbH & Co., Ostfildern-Kemnat
Buchbinderarbeiten: Sigloch, Leonberg

Der Name *Baedeker* ist als Warenzeichen geschützt.
Alle Rechte im In- und Ausland vorbehalten.
Jegliche – auch auszugsweise – Verwertung, Wiedergabe, Vervielfältigung, Übersetzung, Adaption, Mikroverfilmung, Einspeicherung oder Verarbeitung in EDV-Systemen ausnahmslos aller Teile dieses Werkes bedarf der ausdrücklichen Genehmigung durch den Verlag Karl Baedeker GmbH.
Printed in Germany
ISBN 3-87504-125-9

Inhalt

Seite

Die wichtigsten Sehenswürdigkeiten auf einen Blick ...... vordere Umschlaginnenseite

Vorwort 7

Zahlen und Fakten 9
Allgemeines · Bevölkerung · Verkehr · Kultur · Wirtschaft

Berühmte Persönlichkeiten 21

Stadtgeschichte 30
Chronologie · Römische Kaiser und Päpste

Rom in Zitaten 34

Sehenswürdigkeiten von A bis Z 39
Ara Pacis Augustae · Arco di Costantino · Arco di Giano · Basilica di Massenzio · Basilica di Porta Maggiore · Basilica di San Marco · Borsa · Camera dei Deputati · Campodoglio · Campo Verano · Cappella di Sant' Ivo im Palazzo della Sapienza · Carcere Mamertino · Castel Gandolfo · Castel Sant' Angelo · Castro Pretorio · Catacombe di Domitilla · Catacombe di Priscilla · Catacombe di San Callisto · Cerveteri · Chiesa Nuova · Cimitero degli Stranieri acattolico · Circo Massimo · Città Universitaria · Colli Albani · Colombario di Pomponio Hylas · Colonna di Marco Aurelio · Colosseo · Domine Quo Vadis · Domus Aurea · E.U.R.: Esposizione Universale di Roma · Fontana dell' Aqua Felice · Fontana delle Tartarughe · Fontana di Trevi · Fontana del Tritone · Foro di Augusto · Foro di Cesare · Foro di Nerva · Foro Romano · Foro di Traiano · Foro di Vespasiano · Galleria Colonna im Palazzo Colonna · Galleria Nazionale d'Arte Moderna · Il Gesù · Grottaferrata · Isola Tiberina · Largo di Torre Argentina · Lido di Ostia · Mausoleo di Augusto · Monte Testaccio · Monumento Nazionale a Vittorio Emanuele II. · Mura Aurelia · Museo Barracco · Museo Capitolino · Museo della Civiltà Romana · Museo Nazionale d'Arte Orientale · Museo Nazionale delle Arti e Tradizioni Popolari · Museo Nazionale Etrusco di Villa Giulia · Museo di Roma im Palazzo Braschi · Museo Torlonia · Obelisco di Axum · Oratorio dei Filippini · Oratorio di San Giovanni in Oleo · Ostia Antica · Palatino · Palazzo Barberini · Palazzo Bonaparte · Palazzo Borghese · Palazzo della Cancelleria · Palazzo Cenci · Palazzo dei Conservatori · Palazzo Corsini · Palazzo Doria Pamphili · Palazzo Farnese · Palazzo Spada · Palazzo Laterano · Palazzo Massimo alle Colonne · Palazzo Pallavicini-Rospigliosi · Palazzo di Propaganda Fide · Palazzo del Quirinale · Palazzo dei Senatori · Palazzo Venezia · Palazzo (Casa) Zuccari · Pantheon · Passeggiata dei Gianicolo · Piazza Bocca della Verità · Piazza di Campo dei Fiori · Piazza Navona · Piazza del Popolo · Piazza del Quirinale · Piazza della Rotonda · Piazza San Giovanni in Laterano · Piazza di Spagna/Scalinata della Trinità dei Monti · Piazza Venezia · Pincio · Piramide di Caio Cestio · Ponte Milvio · Ponte Sant'Angelo · Porta Maggiore · Porta Pia · Porta San Sebastiano · Porta Tiburtina · Portico di Ottavia · San Carlo ai Catinari · San Carlo al Corso · San Carlo alle Quattro Fontane · San Clemente · San Crisogono · San Francesco a Ripa · San Giorgio in Velabro · San Giovanni Decollato · San Giovanni dei Fiorentini · San Giovanni in Fonte · San Giovanni in Laterano · San Giovanni in Porta Latina · San Girolamo · San Gregorio Magno · San Lorenzo in Lucina · San Lorenzo fuori le Mura · San Luigi dei Francesi · San Paolo fuori le Mura · San Pietro in Montorio · San Pietro in Vincoli · San Sebastiano · Sant'Agnese · Sant'Agnese fuori le Mura · Sant'Agostino · Sant'Andrea al Quirinale · Sant'Andrea della Valle · Sant'Ignazio · Santa Cecilia in Trastevere · Santa Costanza · Santa Croce in Gerusalemme · Santa Francesca Romana · Santa Maria dell' Anima · Santa Maria in Aracoeli · Santa Maria della Concezione · Santa Maria in Cosmedin · Santa Maria Maggiore · Santa Maria sopra Minerva · Santa Maria di Monserrato · Santa Maria della Pace · Santa Maria del Popolo · Santa Maria in Trastevere · Santa Maria della Vittoria · Santa Prassede · Santa Pudenziana · Santa Sabina · Santi Apostoli · Santi Cosma e Damiano · Santi Giovanni e Paolo · Santi Quattro Coronati · Santo Stefano Rotondo · Scala Santa · Teatro di Marcello · Terme di Caracalla · Terme di Diocleziano · Tivoli · Tomba di Cecilia Metella · Torre delle Milizie · Trastevere · Città del Vaticano · Musei Vaticani · Palazzi Vaticani · Piazza San Pietro · San Pietro in Vaticano · Via Appia Antica · Via dei Fori Imperiali · Via di San Gregorio · Via Veneto · Villa Borghese · Villa Doria Pamphili · Villa Farnesina · Villa Madama · Villa Medici · Villa Torlonia

Praktische Informationen von A bis Z 173
Anreise · Antiquitäten · Apotheken · Ärztliche Hilfe · Ausflüge · Auskunft · Autohilfe · Bäder · Bahnhöfe · Bahnreisen · Besichtigungsprogramm · Bibliotheken · Camping · Diplomatische und konsularische Vertretungen · Elektrizität · Essen und Trinken · Fahrradverleih · Feiertage · Flugverkehr · Fundbüro · Galerien · Geld und Devisenbestimmungen · Hotels · Jugendherbergen · Katakomben · Kraftstoff · Märkte · Mietwagen · Museen · Musik · Nachtleben · Notdienste · Öffnungszeiten · Parks und Grünanlagen · Polizei · Post, Telegraf, Telefon · Reisedokumente · Reisezeit · Restaurants · Rundfunk · Shopping · Sport · Sprache · Sprachunterricht · Stadtbesichtigung · Straßenverkehr · Studentenheime · Taxi · Theater · Trinkgeld · Veranstaltungshinweise · Veranstaltungskalender · Verkehrsmittel · Zeit · Zollbestimmungen

Register 232

Verzeichnis der Karten, Pläne und graphischen Darstellungen im Reiseführer 239

Stadtplan .... am Ende des Buches

5

Liebe Leserin, lieber Leser,

Baedeker ist ständig bemüht, die Qualität seiner Reiseführer noch zu steigern und ihren Inhalt weiter zu vervollkommnen. Hierbei können ganz besonders die Erfahrungen und Urteile aus dem Benutzerkreis als wertvolle Hilfe gar nicht hoch genug eingeschätzt werden. Vor allem **Ihre Kritik, Berichtigungen und Verbesserungsvorschläge sind uns stets willkommen.** Sie helfen damit, die nächste Auflage noch aktueller z estalten.
Bitte schreiben Sie in jedem Fa die

Baedeker-Redaktion
Karl Baedeker GmbH
Marco-Polo-Zentrum
Zeppelinstraße 44/1
Postfach 31 62
D-7302 Ostfildern 4 (Kemnat).

Der Verlag dankt Ihnen im voraus bestens für Ihre Mitteilungen. Jede Einsenderin und jeder Einsender nimmt an einer jeweils zum Jahresende unter Ausschluß des Rechtsweges stattfindenden Verlosung von drei JRO-LEUCHTGLOBEN teil. Falls Sie gewonnen haben, werden Sie benachrichtigt. Ihre Zuschrift sollte also neben der Angabe des Buchtitels und der Auflage, auf welche Sie sich beziehen, auch Ihren Namen und Ihre Anschrift enthalten. Die Informationen werden selbstredend vertraulich behandelt und die persönlichen Daten nicht gespeichert.

Vorwort

Dieser Reiseführer gehört zur neuen Baedeker-Generation.

In Zusammenarbeit mit der Allianz Versicherungs-AG erscheinen bei Baedeker durchgehend farbig illustrierte Reiseführer im handlichen Format. Die Gestaltung entspricht den Gewohnheiten modernen Reisens: Nützliche Hinweise werden in der Randspalte neben den Beschreibungen herausgestellt. Diese Anordnung gestattet eine einfache und rasche Handhabung.

Der vorliegende Band hat Rom, die Hauptstadt Italiens, zum Thema. Der Reiseführer gliedert sich in drei Hauptteile: Im ersten Teil wird über die Stadt, ihre Geschichte und berühmte Persönlichkeiten berichtet. Im zweiten Teil werden die Sehenswürdigkeiten beschrieben. Daran schließt ein dritter Teil mit praktischen Informationen, die das Zurechtfinden in der fremden Stadt erleichtern. Sowohl die Sehenswürdigkeiten als auch die Informationen sind in sich alphabetisch geordnet.

Baedekers Allianz-Reiseführer zeichnen sich durch Konzentration auf das Wesentliche sowie Benutzerfreundlichkeit aus. Sie enthalten eine Vielzahl eigens entwickelter Pläne und zahlreiche farbige Abbildungen. Zu diesem Reiseführer gehört als integrierender Bestandteil ein ausführlicher Stadtplan, auf dem die im Text behandelten Orte anhand der jeweils angegebenen Kartenkoordinaten zu lokalisieren sind.

Wir wünschen Ihnen mit Baedekers Allianz-Reiseführer viel Freude und einen lohnenden Aufenthalt vor Ort!

Karl Baedeker Verlag

Zahlen und Fakten

Wappen der Stadt Rom
SPQR
Senatus PopulusQue Romanus
(Senat und Volk von Rom)

Allgemeines

Rom ist die Hauptstadt der Republik Italien, Sitz des Staatspräsidenten (Quirinal-Palast), der Regierung und der beiden Häuser des Parlaments (Palazzo Madama – Senat, Palazzo Montecitorio – Abgeordnetenkammer). Die Stadt Rom schließt in sich den "Staat der Vatikanstadt", den kleinsten Staat der Welt (0,44 km²), mit dem Papst als Souverän, der zugleich Oberhaupt der katholischen Kirche ist.

Hauptstadt

Region Latium, Mittelitalien.

Landesteil

Die Stadt Rom liegt auf 41° 52' nördlicher Breite und 12° 30' östlicher Länge, etwa 20 km vom Thyrrhenischen Meer östlich landeinwärts inmitten der hügeligen Campagna di Roma. Sie wird vom Tiber (Tévere), dem drittgrößten Fluß der italienischen Halbinsel, durchflossen.

Geographische Lage

Die Stadt Rom, Comune di Roma, Hauptort der gleichnamigen Provinz (ca. 4 Mio. Einwohner) und der italienischen Region Latium (Lazio, ca. 5,2 Mio. Einwohner), umfaßt eine Fläche von 1507 km² mit offiziell rund 2820500 Einwohnern (Stand 1990). Rechnet man die nicht registrierten, überwiegend in der Campagna Romana lebenden Einwohner hinzu, zählt der Großraum Rom heute fast sechs Millionen.
Das historische Zentrum der "Ewigen Stadt" mit den sieben Hügeln (Kapitol, Palatin, Aventin, Quirinal, Viminal, Esquilin und Caelius; Gianicolo und Pincio gehören nicht zu den historischen) wird im Westen begrenzt vom Tiber, im Osten von der teilweise noch sichtbaren Servianischen Stadtmauer (errichtet Anfang des 4. Jh.s v. Chr.). Um diesen Kern entstanden

Fläche und Einwohner

◀ *Meeresgott Oceanus der Fontana di Trevi*

Allgemeines

Fläche und Einwohner (Forts.)

schon im antiken Rom neue Stadtviertel, die von Kaiser Aurelian mit einer Mauer Ende des 3. Jh.s n. Chr. gesichert wurden. Dazu kamen im Lauf der Jahrhunderte weitere Bezirke (Rioni), etwa Borgo Pio beim Vatikan und Ostiense bei San Paolo fuori le Mura, sowie Prati oder Parioli nach der Erhebung Roms zur Hauptstadt des geeinten Italien (1870). Heute erstrecken sich die Vororte des Großraums Rom im Osten bis zu den Albaner Bergen, im Westen bis zum Meer (Ostia), im Süden und Norden weit in die römische Ebene (Campagna Romana).

Stadtbezirke

Die Stadt Rom gliedert sich in 22 traditionelle Rioni (alte Viertel), 18 Quartieri (neue Stadtteile), 11 Suburbi (Vororte) und dem an Fläche weitaus größten "Agro Romano", dem "römischen Land", aus dem die Stadt im Altertum sein Frischfleisch und Gemüse bezog. Nach dem Bau der Aurelianischen Mauer Ende des 3. Jh.s wurde die Campagna praktisch zum Brachland, das über Jahrhunderte als strategisch günstiges Vorfeld gegen anstürmende Feinde fungierte. Im Gefolge der Verwaltungsreform ist Rom in zwanzig Circoscrizioni (Unterbezirke) eingeteilt worden.

Verwaltung

Die Comune di Roma wird vom Kapitol aus, dem Sitz des Bürgermeisters und des Stadtrats, verwaltet. Alle fünf Jahre finden Kommunalwahlen statt. Die Aufgliederung in die administrativen Unterbezirke steckt noch in den Anfängen.

Borgate

Im Umfeld der römischen Metropole sind seit den dreißiger Jahren zahlreiche neue Vorstädte, die sogenannten Borgate, entstanden. Ihre Bewohner sind arme Landarbeiter, Erwerbs- und Besitzlose aus dem Mezzogiorno, dem Süden Italiens, die irgendwann mit der Hoffnung nach Rom kamen, bessere Lebensbedingungen zu finden. Neben scharfen Zuzugsbeschränkungen für die Hauptstadt versuchte man von Seiten der Regierung mit eher halbherzigen sozialen Wohnungsbauprogrammen neuen Siedlungsraum vor den Toren Roms zu schaffen. Bau und Planung der ersten Viertel Gordiani, Pietralata, Prenestino und San Basilio übernahm die staatliche Gesellschaft für sozialen Wohnungsbau. Das Ergebnis waren ständig überbelegte, ebenerdige Hütten mit mangelnden sanitären Einrichtungen, öffentliche Plätze und Anlagen fehlten völlig. Mit dem Bevölkerungszuwachs nach dem Krieg stieg die Wohnungsnot erneut an. Eine weitere Generation der Borgate entstand, die illegalen "abusivi". Ihre meist unverputzten Häuser, wie z.B. in Torre Angela, breiteten sich planlos auf freiem, willkürlich parzelliertem Agrarland der römischen Campagna aus. Infrastrukturelle Einrichtungen blieben hier ebenfalls ein Fremdwort. Den Alltag der Borgate bestimmen heute das hohe Arbeitslosigkeit und eine ständig zunehmende Kriminalitätsrate. Die Probleme dieser "vita violenta", die Pier Paolo Pasolini in seinen Romanen über die Borgate beschrieben hat, zeigen auch die jüngeren, unter Leitung der staatlich-kommunalen Baugesellschaft IACP legal entstandenen Vorstädte wie Laurentina, Corviale, Spinaceto und Tor Bella Monaca.

Restaurierungsmaßnahmen

Die immense Zunahme des Kraftfahrzeugbestandes und die Emissionen der Ölheizungen haben dazu geführt, daß der Schadstoffgehalt der Luft in Rom längst die Werte von Industriestädten übersteigt. Bauwerke, die Jahrhunderte überdauerten, scheinen nun in wenigen Jahren ein Opfer des Smog zu werden. Seit Beginn der achtziger Jahre versucht man diesen Vorgang aufzuhalten, umfassende Restaurierungsmaßnahmen wurden beschlossen, von denen ein Großteil im Rahmen der Vorbereitungen für die Fußballweltmeisterschaft im Sommer 1990 abgeschlossen werden konnten. Langfristig ist zudem eine Umwandlung der Innenstadt in eine verkehrsberuhigte, archäologische Zone geplant, die u. a. die Stillegung der Via dei Fori Imperiali vorsieht. Mittelfristig bleiben die Folgen der zusätzlich notwendigen Restaurierungsarbeiten auch weiterhin für den Touristen spürbar: Zahlreiche Bauwerke sind eingerüstet. Sie werden in aufwendigen Verfahren gereinigt und mit einer Schutzschicht versehen, wobei die Konservierungsmethoden von Bauwerk zu Bauwerk differieren.

Bevölkerung

Dem Aufstieg Roms zur Herrin des Römischen Reiches entsprach eine stetig zunehmende Bevölkerung, so daß Rom zur Kaiserzeit, um Christi Geburt, etwa eine Million Einwohner zählte. Mit dem Niedergang des Imperiums sank die Bevölkerungszahl im 5. Jh. auf 25 000, fiel nach den goldenen Jahrhunderten des Mittelalters noch weiter zurück und stieg erst nach der Rückkehr der Päpste aus Avignon (15. Jh.) langsam wieder an; 1870 zählte Rom 200000 Einwohner, 1921 rund 700000. In den folgenden sechzig Jahren war diese Zahl durch zunehmende Landflucht aus den umliegenden Provinzen und durch Einwanderungsströme aus dem Süden auf rund drei Millionen angewachsen (die inoffizielle Zahl liegt vermutlich erheblich höher); seit 1981 ist sie wieder leicht rückläufig. Vor allem im Innenstadtbereich nehmen die Bevölkerungszahlen immer mehr ab. Grund für diese Entwicklung sind in erster Linie die italienischen Mietgesetze. Die Mieten werden so niedrig gehalten, daß kein Eigentümer in seine Bausubstanz investiert. Den Mietern bleibt angesichts der total heruntergekommenen Wohnungen kaum eine Alternative als in eine der Neubausiedlungen am Stadtrand zu ziehen. Dann werden die Häuser aufwendig restauriert und schließlich zu einem Vielfachen des ursprünglichen Preises an Firmen oder Ausländer (für die die italienischen Mietgesetze nicht gelten) vermietet.

Das Straßenbild in Rom wird jedoch nicht nur von Italienern geprägt, sondern auch durch Hunderttausende von Touristen, vermehrt durch viele Priester und Nonnen aus aller Herren Länder. Dazu gesellen sich in letzter Zeit immer mehr Afrikaner aus den ehemaligen italienischen Kolonien (Somalia) sowie Immigranten aus anderen Ländern der Welt.

Im Zentrum der katholischen Kirche ist die ganz überwiegende Mehrheit im wahrsten Sinne des Wortes "römisch"-katholisch. Die jüdische Syn-

Blick vom Gianicolo über Trastevere zur römischen Innenstadt

Verkehr

Bevölkerung,
Religion (Forts.)

agoge, Kirchen für christliche Gemeinschaften und das im Bau befindliche Islamische Kulturzentrum mit Moschee auf dem Monte Antenne weisen jedoch darauf hin, daß in Rom fast alle Konfessionen vertreten sind. Viele Länder haben eine eigene Nationalkirche in Rom, die Deutschen Santa Maria dell' Anima an der Piazza Navona.

Verkehr

Hafen

Rom erstreckt sich 20–30 km oberhalb der Tibermündung zu beiden Seiten des Flusses. In der Antike konnten auch Seeschiffe bis in den Stadthafen fahren. Da der Tiber jedoch im Laufe der Jahrhunderte versandete, trägt er heute lediglich kleine Schiffe und Hausboote.
In Ostia, das in der Antike zu den bedeutendsten Häfen des Mittelmeeres gehörte, liegen nur noch Fischerboote und Segeljachten. Mittelmeerhafen für Rom ist heute die 85 km nordwestlich gelegene Stadt Civitavecchia.

Flughafen

Rom besitzt zwei große internationale Flughäfen, den Aeroporto "Leonardo da Vinci" in Fiumicino, 25 km südwestlich der Stadt am Meer gelegen (nationaler und internationaler Linienverkehr), und den Aeroporto di Ciampino, etwa 14 km südöstlich vom Zentrum an der Via Appia Nuova (vornehmlich für Charterflüge, Auslandsflüge des Papstes und Militärbetrieb). Der Aeroporto di Urbe ist reserviert für Sportflugzeuge (touristische Rundflüge möglich).

Eisenbahn,
U-Bahn,
Straßenbahn

Rom ist wichtiger Knotenpunkt für den nationalen Eisenbahnverkehr zwischen Nord- und Süditalien und Ausgangspunkt nach Osten. Der Schienenverkehr innerhalb der Stadt ist jedoch wenig ausgebaut. Es gibt insgesamt nur zehn Bahnhöfe; auch der Vatikan hat einen eigenen. Die wichtigste Bahnstation ist die Stazione Termini, auf der die meisten Fernzüge eintreffen (manchmal auch in Tiburtina und Ostiense).
Der Berufsverkehr wird hauptsächlich von Autobussen bewältigt.
Die erste Linie der U-Bahn, der Metropolitana, führt als Linie B vom Hauptbahnhof Termini zum EUR-Viertel (Ausbau nach Nomentano und Pietralata geplant); die zweite (Linie A), 1980 fertiggestellt, verbindet Cinecittà (Filmstadt) im Südosten über Termini mit dem Stadtbezirk bei Sankt Peter. Wer es nicht eilig hat, kann für eine Fahrt um die Innenstadt die "Circolare" benutzen, eine der wenigen noch verbliebenen Straßenbahnen.

Autobahnen und
Ausfallstraßen

Bereits im Altertum nahmen in der Hauptstadt des Römischen Reiches neun Konsularstraßen von dem Goldenen Meilenstein auf dem Forum Romanum ihren Ausgang: Aurelia, Cassia, Flaminia, Salaria, Tiburtina, Prenestina, Casilina, Tusculana, Appia Antiqua. Zu diesen Straßen, deren Trassen alle weiter benützt werden, kamen neue hinzu, so daß die Provinz Rom über ein leistungsfähiges Straßennetz verfügt. Dem modernen Auto-Schnellverkehr dienen der Grande Raccordo Anulare (Autobahnring um Rom) und mehrere Autobahnen:
A 1: Richtung Norden: Florenz, Bologna, Mailand, Brenner.
A 2: Richtung Südosten/Süden: Neapel, Bari, Reggio Calabria, Sizilien.
A 12: Richtung Westen/Nordwesten: Civitavecchia und Anschluß zum
         Flughafen "Leonardo da Vinci" in Fiumicino.
A 24: Richtung Osten: L'Aquila, Gran Sasso, Pescara.
Eine ausgebaute Schnellstraße führt nach Latina.

Innenstadtverkehr

Im Innenstadtbereich von Rom herrscht meist ein unüberschaubares Verkehrschaos. Jahrzehnte hindurch scheute man vor eingreifenden Maßnahmen zurück. Radikale Vorschläge sehen heute eine totale Sperrung des bereits z.T nur mit Sondergenehmigung befahrbaren Centro storico für den privaten Autoverkehr vor. Für eine Regierung, die wiedergewählt werden will, sind derartige Vorhaben aber fast nicht zu verwirklichen. So wird sich in Rom auf Jahre hinaus sicher nichts am 'Verkehrsnotstand' ändern.

Kultur

Römische Mosaikkunst... ...in der Kirche des heiligen Klemens

Kultur

Rom war Jahrhunderte hindurch die Hauptstadt des päpstlichen Kirchenstaates; Hauptstadt von ganz Italien wurde Rom erst 1870. Deshalb kommt die dominierende Rolle einer Hauptstadt auf kulturellem und wissenschaftlichem Gebiet neben den konkurrierenden Zentren der ehemaligen Republiken, Großherzogtümer und Königreiche auf italienischem Boden nicht so eindeutig zur Geltung wie in anderen, zentral ausgerichteten Staaten. Dennoch bietet die Stadt mit ihren Universitäten und wissenschaftlichen Forschungsinstituten, mit ihren Theatern und Orchestern, der Oper und den Bibliotheken, überreiche, nicht nur vergangenheitsbezogene Kultur.

Allgemeines

Die Universitätsstadt mit der staatlichen "Universität von Rom" wurde von 1932 bis 1935 errichtet. Jahrhunderte hindurch hatten päpstliche Hochschulen und Ordensinstitute, vor allem die Sapienza, für die höhere Bildung gesorgt. Zur staatlichen Universität, mit ihren 14 Fakultäten, kommen noch die Università Cattolica del Sacro Cuore (Katholische Universität; für Medizin), die Internationale Universität für Sozialstudien "Pro Deo" und die päpstlichen Universitäten, an der Spitze die Jesuitenhochschule Gregoriana, die für die Ausbildung von Priesteramtskandidaten aus allen Teilen der Welt zuständig sind.
Zahllose Bibliotheken (staatliche, päpstliche und private) stellen nicht nur modernste Literatur, sondern auch Bücher, Wiegendrucke und Handschriften aus alter Zeit für umfassende Studien bereit.

Universitäten und Bibliotheken

In Rom gibt es über 70 Museen. Das meistbesuchte – abgesehen von den Vatikanischen Museen mit 1,5 Mio. Besuchern jährlich – ist das Museo Nazionale Etrusco in der Villa Giulia (ca. 100 000 Besucher jährlich); nur etwa halb so viele Gäste zieht es in das Museo Nazionale Romano. Ursa-

Museen

Kultur

Jakob-Joseph-Lünette der Sixtinischen Kapelle

Museen (Fortsetzung)

che für diese verhältnismäßig bescheidenen Besucherzahlen ist sicher die Tatsache, daß sich die unumgänglichen Renovierungsarbeiten, bei denen allenfalls Teile der Sammlungen zu sehen sind, oft über Jahre hinziehen.

Akademien und wissenschaftliche Gesellschaften

Rom bietet mit seinen Bauwerken, Kirchen und Museen einzigartige Möglichkeiten für künstlerische, historische, archäologische und kirchlich-theologische Studien. Zahlreiche staatliche und päpstliche Akademien und Institute kümmern sich um die Erforschung der römischen Vergangenheit und um die Pflege von Wissenschaft und Kultur, z. B. die 1603 gegründete Accademia Nazionale dei Lincei und die Accademia Nazionale San Luca (mit Galerie). Daneben unterhalten auch viele ausländische Nationen in Rom bedeutende Akademien und wissenschaftliche Institute, die Bundesrepublik Deutschland neben dem Goethe-Institut (Kulturaustausch und deutsche Sprache) die Villa Massimo (für deutsche Schriftsteller und Künstler), das Historische Institut, das Archäologische Institut und die Hertziana-Bibliothek (Kunstgeschichte); auch Österreich und die Schweiz besitzen Kulturinstitute in Rom.

Theater und Orchester

Knapp vierzig Theater – immer wieder kommt eine Neugründung hinzu, fällt ein anderes weg – erfüllen den Wunsch nach Schauspiel und Unterhaltung. Nach wie vor entfällt ein Großteil der Aufführungen auf Gastspiele, wenngleich in den letzten Jahren viele feste Ensembles eingerichtet wurden. Besonderer Beliebtheit beim römischen Publikum erfreuen sich Bühnenstücke von → Pirandello und Goldoni, dem Erneuerer der italienischen Komödie. Aber auch ausländische Dramatiker wie Shakespeare, Brecht und Strindberg werden gerne gespielt. Einige Orchester, das der Accademia di Santa Cecilia, der Oper und der RAI (der staatlichen Rundfunk- und Fernsehgesellschaft) sowie Kammerorchester garantieren ein musikalisch hohes Niveau. Auch in den Sommermonaten werden in Kirchen und auf Plätzen hervorragende Konzerte gegeben. Opernaufführungen in den Caracalla-Thermen während des Sommers genießen einen guten Ruf.

Wirtschaft

Zu Füßen der Spanischen Treppe beginnt die elegante Via Condotti

Wirtschaft

Als Hauptstadt des Römischen Weltreiches war Rom auch das führende Wirtschafts- und Handelszentrum des Mittelmeerraumes. Diesen Rang hat es nicht mehr wiedererlangt, weder unter den Päpsten noch unter den italienischen Königen oder in der jetzigen Republik. Bei der industriellen Entwicklung, in den modernen Handelsströmen Europas, lag die Hauptstadt am Rande. Nur in der Mode- und Filmindustrie hat Rom eine über Italien hinausreichende gewerbliche Funktion.
Weltgeltung hat Rom in Kunst und Religion gesucht, selten in wirtschaftlichem und sozialem Wohlergehen.

Internationale Stellung

Das Schwergewicht von Industrie und Handel liegt in Italien seit Jahrzehnten im Norden, in Piemont und der Lombardei, in Ligurien und Venetien. Da ein großer Teil der italienischen Wirtschaft vor einigen Jahren in den Besitz des Staates überführt wurde, gewinnt Rom als Verwaltungszentrum der Staatsbetriebe auch wirtschaftlich zunehmend an Bedeutung. Darüber hinaus garantiert seine Lage in der Mitte Italiens für die Wirtschaft eine Brückenfunktion zwischen Nord und Süd.

Nationaler Rang

Nach wie vor mangelt es im Großraum Rom an industriellen Arbeitsplätzen. Die Mehrzahl der Beschäftigten arbeitet in der Verwaltung und im Dienstleistungsgewerbe. Diese Verzerrung der Arbeitsstruktur ist darin begründet, daß Rom keine industriellen Traditionen gebildet hat, dafür jedoch immer stärker wachsende Verwaltungsapparate zu besetzen hatte und als Tourismus- und Pilger-Zentrum einen überragenden Platz einnimmt. Die Zahl der kleinen Industriebetriebe in der Umgebung Roms hat sich jedoch in den letzten Jahren vermehrt. Von wachsender Bedeutung ist Rom als Standort und Direktionszentrum von Banken, Versicherungen sowie Unternehmen der Mode- und Designbranche.

Traditionelle Wirtschaftszweige

Berühmte Persönlichkeiten

Hinweis

Die nachstehende, namensalphabetisch geordnete Liste vereinigt historische Persönlichkeiten, die durch Geburt, Aufenthalt, Wirken oder Tod mit Rom verbunden sind und überregionale Bedeutung erlangt haben.

Papst Alexander VI. (um 1431 bis 18. 8. 1503)

Der Nachwelt hat sich Alexander VI. (Amtszeit: 1492–1503) als der Wüstling auf dem Papstthron eingeprägt. Die Kirche schämt sich seiner, aber sie verschweigt ihn nicht. An der Mauer des Vatikanischen Palastes, rechts bei den Kolonnaden, dicht neben der heutigen Poststelle, kann man ein kleines Wappen entdecken, das bescheiden an diesen Renaissance-Papst erinnert. Man fragt sich, wie dieser "Stellvertreter Christi" und "Nachfolger des Apostelfürsten" seine würdelosen Taten gerechtfertigt hat. Die Macht seiner Familie, der Borgia, zu mehren, war ihm oberstes Gebot, wichtiger als die Zehn miteinander; das Papsttum war ihm nur Instrument, er wollte als beerbbarer Monarch eines Staates herrschen. Dieses "Ideal", den sich aufs Geistliche gründenden Kirchenstaat vollends zu säkularisieren, verdrängte bei ihm alles andere. Mit 26 Jahren schon Kardinal, lernte er in der italienischen Renaissancewelt Skrupel zu vergessen. Daß Alexander, sonst kunstverständig und energisch, den Geschlechtsfreuden völlig erlag, war ein persönliches Laster, allerdings ein hervorstechendes. Der Bußprediger Savonarola endete der Borgia wegen auf dem Scheiterhaufen. Das Papsttum überlebte.

Augustus Gaius Octavianus (23. 9. 63 v. Chr. bis 19. 8. 14 n. Chr.)

Augustus, eigentlich Gaius Octavianus, Großneffe und Adoptivsohn Caesars, wurde der erste Kaiser, der Imperator des römischen Weltreichs. Er verband sich 43 v. Chr. zuerst mit Marcus Antonius und Lepidus gegen die Mörder Caesars im Triumvirat, dem mächtigen Dreimänner-Gremium. Die drei teilten das Imperium in drei Machtsphären auf (Augustus nahm den Westen, Marcus Antonius den Osten, Lepidus Afrika). Nach seinem Sieg über Antonius und Kleopatra bei Actium (31 v. Chr.) wurde er Alleinherrscher. Im "Augustäischen Zeitalter" befriedete er politisch das Reich, ließ militärisch die Grenzen ausbauen und förderte großzügig Kunst und Wissenschaft. Vergil, Horaz und Ovid lebten als Dichter in seiner Nähe. Heute erinnern in Rom an ihn vor allem sein Mausoleum mit der Ara Pacis (Friedensaltar) und sein Haus auf dem Palatin; im Vatikanischen Museum geben eine Büste und ein Marmorstandbild sein strahlendes Aussehen – wenn auch verklärt – wieder.

Gaius Iulius Caesar (13. 7. 100 v. Chr. bis 15. 3. 44 v. Chr.)

Gaius Iulius Caesar, talentierter Feldherr, machtbewußter Politiker, Geschichtsschreiber mit literarischem Ehrgeiz und großherziger Sieger, war die überragende Persönlichkeit am Ausgang der Republikanischen Zeit in Rom, so dominierend in der Weltgeschichte, daß später dem Träger der höchsten politischen Macht sein Name: "Caesar" ("Kaiser"), gegeben wurde.
Zuerst für ein Priesteramt vorgesehen, begann er 81 v. Chr. seine militärische Laufbahn, studierte von 76–73 in Rhodos und wurde 63 zum Pontifex Maximus gewählt. Er verband sich mit Pompeius, später auch mit Crassus und konnte daraufhin im Triumvirat seine politischen und sozialen Ideen auch gegen den Willen des Senats durchsetzen. Von 58–51 führte er den Gallischen Krieg, zuerst gegen die Helvetier, dann zwang er Gallien unter das römische Joch (53 v. Chr.); 55 v. Chr. überschritt er den Rhein nach Germanien und setzte noch im selben Jahr nach Britannien über. 49 v. Chr. überquerte er den Fluß Rubikon und trat so mit seinem Heer unerlaubt in das Hoheitsgebiet des römischen Senats ein. Nach Kämpfen in Spanien, Griechenland, einem halbjährigen Aufenthalt in der ägyptischen Metropole Alexandria (die Königin Kleopatra gebar ihm einen Sohn), weiteren Kriegen gegen seine Gegner in Afrika und nochmals in Spanien, wurde er 48 v. Chr. zum Diktator ernannt und erhielt 46 v. Chr. dieses Amt für zehn Jahre.

Berühmte Persönlichkeiten

Gaius Iulius Caesar

Gian Lorenzo Bernini

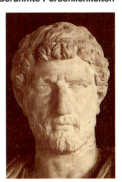
Kaiser Hadrian

Caesar regierte wie ein absolutistischer Monarch, ließ sich kultisch verehren (in dem von ihm erbauten Caesar-Forum beim Kapitol) und vermehrte so durch seine Maßlosigkeit die Zahl seiner Gegner. An den Iden des März, als ihm der Königstitel auf Antrag für die Provinzen zuerkannt werden sollte, wurde er von Verschwörern – darunter dem "Sohn" Brutus – ermordet.

Gaius Iulius Caesar (Forts.)

Das barocke Rom wäre ohne Gian Lorenzo Bernini, den Sohn des Bildhauers Pietro, nicht vorstellbar. Er hat als Baumeister und Bildhauer das Stadtbild entscheidend geprägt. Die Päpste und Kardinäle bedachten Bernini mit unzähligen Aufträgen, der Künstler dankte ihnen über das Werk hinaus, indem er ihre Wappen anbrachte (z. B. das von Urban VIII., mit den drei Bienen). Unter den Päpsten des 17. Jh.s, Urban VIII. (1623–1644), Innozenz X. (1644–1655) aus der Familie der Pamphili (Taube mit Zweig und Lilien), Alexander VII. (1655–1667, Chigi-Baum, Sterne, Hügelkuppen), entstand eine Fülle von Meisterwerken, nicht zuletzt im Wettstreit mit seinem Rivalen Borromini: der Bronze-Baldachin und das Grabmal Urbans VIII. in Sankt Peter, das Standbild "Die Verzückung der hl. Theresa von Avila" in Santa Maria della Vittoria, der Vier-Ströme-Brunnen auf der Piazza Navona, der Petersplatz mit den Kolonnaden, die Kirche Sant' Andrea al Quirinale, die Scala Regia im Vatikan, die Statuen, die heute im Museum der Villa Borghese zu finden sind – um nur einige zu nennen.

Gian Lorenzo Bernini (7. 12. 1598 bis 28. 11. 1680)

Giorgio de Chirico wurde 1888 in Volos, der Hauptstadt von Thessalien (Griechenland), als Sohn einer italienischen Familie geboren. Von 1906 bis 1909 studierte er an der Kunstakademie in München; dort beschäftigte er sich mit der Malerei von Arnold Böcklin und Max Klinger und las in den Schriften Schopenhauers und Nietzsches. Der Maler wechselte häufig den Wohnsitz. Nach dem Zweiten Weltkrieg ließ er sich in Rom nieder, wo er 1978 starb.

Giorgio de Chirico (10. 7. 1888 bis 20. 11. 1978)

De Chirico gilt – zusammen mit Carlo Carrà – als Begründer der 'Pittura metafisica', einer Richtung der modernen italienischen Malerei. In seinen hart und plastisch gestalteten Bildern stellt er alltägliche Gegenstände und Stadtlandschaften dar, die durch ungewöhnliche Verbindungen mit anderen Dingen – besonders Gliederpuppen – fremd und rätselhaft erscheinen. Der Leerraum seiner farblich verhaltenen Bilder ist erfüllt von metaphysischem Grauen beziehungsweise von einer unerklärlichen metaphysischen Gegenwärtigkeit. Ab 1919/1920 gab der Maler die Pittura metafisica zugunsten einer akademischen Malweise wieder auf. Zu den Hauptarbeiten des Frühwerkes, durch das de Chirico zu einem Wegbereiter der Surrealisten wurde, gehören u.a.: "Die Vergeltung der Wahrsagerin" (1913), "Geheimnis und Melancholie einer Straße" (1914), "Der große Metaphysiker" (1917), und "Großes metaphysisches Interieur" (1917).

Berühmte Persönlichkeiten

Enrico Fermi
(29. 9. 1901
bis 28. 11. 1954)

Der Physiker Enrico Fermi war gebürtiger Römer. Er beschäftigte sich hauptsächlich mit der um 1925 von Werner Heisenberg und anderen begründeten Quantenmechanik; ihm ist die Entdeckung der Tatsache zu verdanken, daß durch Beschuß mit Neutronen Atomkerne umgewandelt und somit neue, in der Natur nicht vorkommende radioaktive Elemente künstlich erzeugt werden können. Im Jahre 1938 wurde ihm in Anerkennung seiner Forschungstätigkeit der Nobelpreis für Physik verliehen.
Im Jahre 1942 gelang es Fermi an der berühmten Universität von Chicago (USA), in einem von ihm entwickelten Uranmeiler die erste kontrollierte Kettenreaktion in der Geschichte der Naturwissenschaften auszulösen. Nach ihm sind auch der erste wirtschaftlich genutzte Brutreaktor (Detroit, USA) und der seit 1954 von der amerikanischen Atomenergiekommission jährlich vergebene Enrico-Fermi-Preis benannt.
Fermi starb in Chicago.

Papst Gregor VII.
(um 1019/1030
bis 25. 5. 1085)

Ein Mönch "vom Mutterschoß an", fanatisch dem Geistlichen ergeben, das Irdische verachtend, kompromißlos bis zur Selbstaufgabe, reißt das Papsttum nach Jahrhunderten jämmerlichen Niedergangs wieder empor. Der "Mönch Hildebrand", den Kaiser und Könige verfluchten und fürchteten, Papst Gregor VII. (1073–1085), den die Kirche heilig sprach, will die Reinheit in die Kirche zurückzwingen. Klein von Gestalt, wenig ansehnlich, indes von unbeugsamem Willen erfüllt, selten liebenswürdig, meist scharf und herausfordernd, hatte er nichts anderes im Sinn als die Erhöhung des Papsttums, die Erneuerung der Kirche, darin bestärkt durch die Gewißheit seiner überirdischen Sendung. Dazu waren ihm viele Mittel recht; Verbot der Simonie (des Kaufs geistlicher Ämter) und Priesterehe; der Bannstrahl gegen den deutschen König, Kreuzzüge. Bedenkenlos verfocht er die Ansprüche der Kirche mit dem Schwert. Aus seiner Herrschgier machte er keinen Hehl, er verlangte Gehorsam, nichts sonst; wenig liebend und kaum geliebt, glühend hassend und gehaßt, trieb er die Geschichte voran – und der deutsche König lag ihm in Canossa zu Füßen. Maßlos war das. Dennoch: Hätte Gregor nicht seine übersteigerten Ziele aufgestellt, das Papsttum wäre in Mittelmäßigkeit versunken.

Papst Gregor der Große
(um 540
bis 12. 3. 604)

Aus römischem Senatsadel stammte Gregor I. Die Urteile der Zeitgenossen, der Kirchengeschichtler schwanken zwischen Bewunderung und kritischem Tadel. Er war ein Mann der Gegensätze – von unterschiedlicher Qualität. Die ersten Missionare schickte er nach England. Er war so reich, daß er die Klöster selbst gründete, in denen er als Benediktinermönch wirkte. Er hatte sich die Niedrigkeit freiwillig gewählt; eine aufrichtige Demut war das aber nicht, dafür stritt Papst Gregor der Große zu gern, zu unklug um die Ehren der Römer. In dem Titel "Diener der Diener Gottes", den er sich und allen künftigen obersten Pontifices zulegte, schwingt viel mit von sich selbst erhöhender Bescheidenheit. Gregor war Mönch. Darin lag bei ihm, dem Großen, etwas Enges, Kleinliches. Indes wurde dadurch die religiöse Dimension des Papsttums gestärkt. Noch als alter, kranker Mann, von der Gicht gequält, schrieb er erbauliche Literatur.
Sein "Handbuch der Seelsorge" wurde vom Klerus des Mittelalters fleißig benutzt.

Hadrian Publius Aelius Hadrianus
(24. 1. 76
bis 10. 7. 138)

Hadrian (Publius Aelius Hadrianus, → Abb. S. 17) war von 117–138 römischer Kaiser, Nachfolger Trajans und wie er in der Provinz Spanien geboren. Seine lange Regierungszeit diente zunächst der Festigung des Reiches: Auf seine Anordnung hin wurden der Hadrianswall in Britannien und der Limes in Germanien (Reste bestehen heute noch) als befestigte Grenzwälle errichtet. Hadrian reiste gern und viel; es heißt, daß er alle Provinzen seines Reiches besucht hat. Im fernen Luxor (Ägypten) findet man seinen Namen in den Memnon-Kolossen eingeritzt.
Der Kaiser mit dem Philosophenbart, dessen Lieblingsstadt Athen war, begeisterte sich für die griechische Kultur und förderte das Eindringen hellenistischer Denkart in die römische Welt. Unübersehbar sind die Spuren der Baufreudigkeit dieses Kaisers in Rom: Hadrians-Mausoleum (heute

Berühmte Persönlichkeiten

Mark Aurel

Michelangelo Buonarroti

Raffael

Engelsburg, → Sehenswürdigkeiten, Castel Sant'Angelo), Pantheon und im nahen Städtchen Tivoli die Villa des Hadrian (→ Sehenswürdigkeiten, Tivoli: Villa Adriana).
In der Regierungszeit Hadrians fand der verzweifelte Aufstand der Juden unter Bar Kochba (132–135) in Judäa statt.

Hadrian
(Fortsetzung)

Schon als der Adlige aus der Lombardei mit 37 Jahren Papst wurde, ging ihm der Ruf einer genialen Persönlichkeit voraus. Herrschwillig und -fähig, wirkte er dennoch versöhnlich. Er konnte beides sein: stolz gebietend und sanft mitfühlend, gewinnend-humorvoll und unnahbar-hoheitsvoll. Er hielt die Welt – Königreiche und Völker – für wert genug, über sie zu herrschen. Innozenz III. war ein kluger Politiker, wenn auch nicht so weise, zuweilen die Politik sein zu lassen, zu sehr Politiker, um immer klug zu sein. Er war der vollkommenste Mann auf dem Papstthron; das Papsttum zeigte sich unter ihm in seiner mächtigsten Gestalt.

Papst Innozenz III.
(um 1160/1161
bis 16. 7. 1216)

Flavius Valerius Constantinus lebte als Jüngling am Hof Kaiser Diokletians. Dadurch gewann er früh einen Einblick in die Regierungsgeschäfte und war Zeuge der von Diokletian angeordneten Christenverfolgungen. 306 wurde Konstantin Mitkaiser des Römischen Reiches. 312 besiegte er seinen "Kollegen" und Rivalen Maxentius an der Milvischen Brücke vor Rom (die heute noch steht), 324 seinen Mitregenten Licinius. Mit dem Toleranzedikt von Mailand (313) bereitete er dem Christentum den Weg zur Staatsreligion. 330 verlegte er die Kaiserresidenz von Rom in das neugegründete Konstantinopel (Byzanz, Istanbul). Kurz vor seinem Tode (337) ließ er sich taufen. Konstantin I. wurde von der armenischen, russischen und griechischen Kirche als Heiliger verehrt.
In Rom erinnern an seine Regierungszeit die Basilika des Maxentius im Forum Romanum (die er vollenden ließ), Santa Costanza (als Grabstätte seiner Tochter), die Teile seiner Kolossalstatue im Konservatorenpalast (auf dem Kapitol) und die frühchristlichen Basiliken, die zu seiner Zeit in Rom begonnen wurden.

Konstantin I.,
der Große
Flavius Valerius
Constantinus
(um 285–337)

Zwei Päpsten kommt allgemein der Beiname "der Große" zu, dem ersten Leo und dem ersten Gregor. Den toskanischen Administrator Leo (Amtszeit: 440–461) beseelte der Wille zu herrschen, die Möglichkeiten des römischen Bischofsamtes zu weiten und auszuschöpfen. Er begriff als erster ganz, welches Instrument ihm in der Cathedra Petri zur Verfügung stand. Den Stolz des Adligen, dessen weltliche Macht mit dem weströmischen Reich schwand, projizierte er ins Geistliche. Da entstand der römische Primat für die Kirche, wuchs unter Leos eindrucksvoller Formulierungskunst und seiner kühnen Theologie vom Petrus-Amt, wirkte in die praktische Kirchenverwaltung hinein und siegte im orthodoxen Glaubens-

Papst Leo
der Große
(† 10. 11. 461)

Berühmte Persönlichkeiten

Papst Leo der Große (Forts.)

bekenntnis. Seinen Mut bewies er in den Wirren der Völkerwanderung. Raffael noch hat es ihm in den Stanzen, Papst Leo XII. in einem Marmorrelief links vorn in Sankt Peter gedankt.

Mark Aurel Marcus Aurelius Antoninus (26. 4. 121 bis 17. 3. 180)

Mark Aurel (Marcus Aurelius Antoninus) regierte das römische Kaiserreich von 161–180. Geboren 121, weckte Mark Aurel schon früh das Interesse Kaiser Hadrians und wurde auf dessen Wunsch von seinem direkten Nachfolger Kaiser Antoninus Pius adoptiert und früh an der Regierung beteiligt. Mark Aurel mußte während seiner Regierungszeit immer bedrohlichere äußere Gefahren für das römische Reich abwehren: die Chatten in Germanien, die Kalidonier in Britannien; der Angriff der Parther auf die römische Provinz Syrien, Einfälle und Verwüstungen römischer Provinzen durch die Quaden, Markomannen sowie Jazygen (sarmatischer Stamm, der zwischen Donau und Theiß siedelte) und Mauren in Spanien, die mit Aufständen das Reich gefährdeten. Fern von Rom starb der Kaiser im Jahre 180 in Vindobona (Wien). Mark Aurel gilt trotz der vielen Kriege als der Philosoph auf dem römischen Kaiserthron.

Michelangelo Buonarroti (6. 3. 1475 bis 18. 2. 1564)

Michelangelo Buonarroti, Bildhauer, Maler, Baumeister und Dichter, ein Genie der Renaissance, vielleicht der größte Künstler aller Zeiten, wurde in Caprese/Casentino in der Toskana geboren. Er verlebte Jugendzeit und Lehrjahre in Florenz, wohin er nach einjähriger Tätigkeit in Bologna (1494 bis 1495) und verschiedenen jahrelangen Aufenthalten in Rom immer wieder zurückkehrte. In Florenz herrschten die kunstsinnigen Medici, für die Michelangelo viele Werke schuf.

Im Jahr 1496 begann seine erste Romzeit (Pietà in Sankt Peter). 1505 berief ihn Papst Julius II. della Rovere wieder in den Vatikan und beauftragte ihn mit dem Entwurf (1. Entwurf) für sein Grabmal. (Fast ein ganzes Leben lang drückte Michelangelo die Last dieses Auftrags; selbst nach dem Tod Julius' II. gab es immer noch Kämpfe mit den Erben des Papstes.) Von 1508–1512 malte Michelangelo in mühevoller Arbeit die Fresken der Schöpfungsgeschichte in das Gewölbe der "Sixtinischen Kapelle", 1513/1514 arbeitete er für das Juliusgrab zwei Sklavenfiguren aus (heute im Louvre in Paris) und anschließend (bis 1516) seinen berühmten Moses (in San Pietro in Vincoli in Rom). Durch immer neue Veränderungen der Pläne für das Grabmal des Rovere-Papstes verzögerte sich die Vollendung dieses Werkes.

In Florenz entstanden (1520–1534) unter seiner Leitung der Bau der Medici-Kapelle San Lorenzo, dazu die Skulpturen der Medici-Denkmäler. Von 1536–1541 schuf Michelangelo in der Sixtinischen Kapelle im Vatikan das berühmte Fresko des Jüngsten Gerichts an der Altarwand, vielleicht das großartigste Gemälde der Welt. 1545 endlich wurde das Grabmal für Julius II. in San Pietro in Vincoli aufgestellt.

Immer mehr beschäftigte sich Michelangelo mit der Baukunst: Der Palazzo Farnese, der Kapitolsplatz, die Peterskirche, deren Riesenkuppel seine größte architektonische Leistung darstellt, entstanden in Rom. Michelangelo starb nach einem außerordentlich schaffensreichen, oft schwierigen, doch von Erfolg gekrönten Leben 1564 in Rom. Sein Grabmal befindet sich in Florenz in der Kirche Santa Croce.

Alberto Moravia (geb. 28. 11. 1907)

Alberto Moravia, eigentlich A. Pincherle, wurde als Sohn einer bürgerlichen, aus Mähren eingewanderten Familie 1907 in Rom geboren. Er gilt als einer der bedeutendsten Vertreter des psychologischen Realismus in Italien. Von 1959 bis 1962 war er Präsident des internationalen PEN-Clubs. In seinen Romanen und Erzählungen behandelt der Schriftsteller in erster Linie das Verhältnis der Geschlechter zueinander und die psychologische Situation innerhalb der Familie, er zeichnet Situationsbilder aus der Bourgeoisie und dem Straßenmädchenmilieu. Dabei erweist er sich als scharfer und zugleich ironisch-distanzierter Beobachter. Moravia übt schonungslose Kritik am Bürgertum, dessen sittliche Indifferenz er anprangert; die Thematik von Entfremdung und Langeweile durchzieht alle seine Arbeiten. Bekannt sind u.a. die Romane "Die Gleichgültigen" (1929), "Gefährliches

Berühmte Persönlichkeiten

Spiel" (1935), "Agostino" (1945), "Adriana, ein römisches Mädchen" (1947), "Die Verachtung" (1954) und "Das schöne Leben" (1965), "Ich und Er" (1971) sowie die Erzählungen "Die Mädchen vom Tiber" (1954). Im Mittelpunkt des Romans "Der Konformist" (1951) steht ein Mann, der sich ein Leben lang darum bemüht, normal und durchschnittlich zu wirken.
Alberto Moravia hat neben Romanen und Erzählungen auch Dramen und Essays geschrieben sowie Reisebücher ("Eine russische Reise", 1958; "Indienreise", 1963).

Alberto Moravia (Fortsetzung)

Claudius Drusus Germanicus Nero, der sich viel lieber als Dichter, Musiker und Maler denn als Herrscher sah, der politische Entscheidungen treffen mußte, war von 54–68 römischer Kaiser. Als Jüngling also übernahm er die Herrscherwürde und verlor sie mit 31 Jahren wieder. In der ersten Zeit seiner Regierung maßvoll, übte er später ein Schreckensregiment aus: So betrieb er die Ermordung seiner Mutter (59 n. Chr.) und seiner Gattin Octavia (62 n. Chr.). Der Brand von Rom (64 n. Chr.) wird ihm zugeschrieben; er jedoch verfolgte die Christen als Schuldige. Im Jahre 68 herrschte Unruhe in den vielen Provinzen des Römischen Reiches. Nero wurde vom Senat geächtet und beging Selbstmord.
Der Name des Kolosseums geht auf die ihn darstellende Riesenstatue vor der Arena zurück (Koloß). Sein "Goldenes Haus", eine riesige Palastanlage auf dem Mons Oppius, regte Maler und Bildhauer der Renaissance an.

Nero Claudius Drusus Germanicus (15. 12. 37 bis 9. 6. 68)

Neben den großen Gestalten der Antike verdient hier ein Mann aus der Zeit des Barock Erwähnung – auch deshalb, weil er sich selbst unübersehbar präsentiert; oben auf der Fassade der Peterskirche, nach der Vollendung der Basilika: Papst Paul V. Burghesius Romanus (Amtszeit: 1605–1621), mit Reif und Adler im Wappen. Nepotismus belastete auch ihn, dem sonst ein bescheidener Lebenswandel attestiert wird.
Die Welt drehte sich bei ihm längst nicht mehr um Rom (sondern um die Sonne; den ersten Prozeß gegen Galilei ließ Paul V. führen). Politisch war der Kirchenstaat eine europäische Randmacht. Die anderen wußten das; der streitlustige, gebildete Jurist Paul nicht ganz. Er überschätzte seinen Einfluß auf die Großmächte. Mit seinen Diplomaten konnte er dem Ausbruch des Dreißigjährigen Kriegs, der bald ganz Europa mit sich reißen sollte, nur tatenlos zusehen.

Papst Paul V. (1552 bis 28. 1. 1621)

Luigi Pirandello, 1867 in Agrigent (Sizilien) geboren, studierte in Palermo, Rom und Bonn romanische Philologie. Im Jahre 1925 gründete er das 'Teatro d'arte'; 1934 erhielt er den Nobelpreis für Literatur.
Der Schriftsteller, der zu den bedeutendsten Dramatikern und Novellisten des 20. Jh.s zählt, verfaßte zunächst realistische Romane und Erzählungen, deren Handlung sich meist vor dem Hintergrund seiner sizilianischen Heimat vollzieht und die formal dem 'verismo' verpflichtet sind. Im Alter von mehr als 50 Jahren wandte er sich der Bühnendichtung zu und befreite das italienische Theater von den Fesseln einer – meist provinziell verengten – Tradition.
Pirandellos Hauptthema ist die ständige Umkehrbarkeit von Schein und Sein; der Mensch ist weder als natürliches noch als gesellschaftliches Wesen fixierbar und seiner eigenen Wirklichkeit nie völlig sicher. In psychologischer Hinsicht nimmt Pirandello die Lebensangst voraus, die nach dem Zweiten Weltkrieg – insbesondere in der französischen Literatur – als Grundgefühl des Menschen proklamiert wird. Die meisten Theaterstücke des Sizilianers – u.a. "Die Narrenkappe" (1917), "Heinrich IV." (1922), "Jeder nach seiner Art" (1924) – sind mehr Aufführungsskizzen als fertige Bühnenwerke.
Mit "Sechs Personen suchen einen Autor" (1921) schuf Pirandello eine bühnenwirksame Form des modernen Masken- und Spiegeltheaters: Als gerade ein Stück geprobt wird, treten sechs Personen auf, die nichts mit dem Theater zu tun haben und einen Autor suchen, der das Drama ihrer eigenen Familie schreiben soll. Auf dem Ineinanderfließen von Schein und Wirklichkeit baut sich nun das "Stück, das gemacht werden soll" auf.

Luigi Pirandello (28. 6. 1867 bis 10. 12. 1936)

Berühmte Persönlichkeiten

Raffael (Raphael)
Raffaello Santi
(Sanzio)
(6. 4. 1483
bis 6. 4. 1520)

Raffaello Santi (Sanzio) wurde 1483 in Urbino (in den Marken) geboren und starb 1520 in Rom. Er war zugleich Maler, Bildhauer und Architekt, ein Universal-Künstler wie Michelangelo, doch haben vor allem seine Gemälde ihm unsterblichen Ruhm gesichert. Als Gehilfe seines Vaters, des Malers Giovanni Santi, begann er seinen Werdegang, wurde anschließend Schüler des Perugino, der aus Perugia in Umbrien stammte, ging 1504 nach Florenz und 1508 nach Rom. Hier übernahm er (mit 32 Jahren) 1515 die Bauleitung von Sankt Peter; zugleich wurde er Konservator der antiken Denkmäler. Der jugendliche Maler gewann die Zuneigung der römischen "Gesellschaft" und erhielt dadurch viele Aufträge. Das Volk beeindruckte er durch die Innigkeit und Frömmigkeit seiner Madonnenbilder, die an Schönheit kaum zu übertreffen sind. Sein Meisterwerk schuf er in den nach ihm benannten Stanzen im Vatikanischen Palast – die Krönung der Renaissance-Malerei.

Romulus und
Remus

Vielleicht haben Romulus und sein Zwillingsbruder Remus nicht gelebt, doch die Sage schreibt die Gründung Roms durch die Umgrenzung der ersten palatinischen Siedlung Romulus zu. Er soll die ersten militärischen und staatlichen Ordnungen für die Bewohner der neuen Stadt geschaffen und die Römer auf dem Palatin mit den Sabinern und dem Quirinal zu einer Gemeinde zusammengeführt haben. Auch seine Herkunft ist von Legenden umwoben: Romulus und Remus seien Söhne des Gottes Mars und der Tochter des Königs Numitor von Alba Longa, Rhea Silvia. Amulius, ein Bruder des Königs Numitor, hatte diesen vom Thron vertrieben, die Tochter Rhea Silvia zur Vestalin gemacht (Keuschheitsgebot) und so für sich die Macht gesichert. Die Brüder Romulus und Remus ließ er gleich nach ihrer Geburt aussetzen, doch wurden sie von einer Wölfin (dem römischen Wappentier) gesäugt und später von dem Hirten Faustulus gefunden. Sie töteten ihren Onkel, gründeten Rom und raubten die Sabinerinnen. Im Streit erschlug Romulus seinen Bruder Remus.
Der Tod des Stadtgründers Romulus ist von vielen Sagen umwoben: Er sei einem Mord zum Opfer gefallen, in einer Erdspalte samt Roß verschwunden (Forum Romanum) und zu den Göttern erhoben worden. Tatsächlich wurde Romulus in Rom als Gott verehrt.

Trajan
Marcus Ulpius
Traianus
(18. 9. 53
bis 8. 8. 117)

Marcus Ulpius Traianus war der erste römische Kaiser, der aus einer der Provinzen (Spanien) stammte. Er regierte von 98–117 n. Chr., nachdem ihn Kaiser Nerva wegen seiner hervorragenden militärischen und politischen Fähigkeiten adoptiert hatte. In Trajans Regierungszeit erreichte das römische Imperium seine größte Ausdehnung: In zwei Kriegen bezwang er das an Gold reiche Dakien (Darstellungen auf der Trajanssäule); im Partherkrieg drang Trajan bis Mesopotamien und Assyrien vor. Die unterdrückten Völker der Parther und Juden erhoben sich 117 n. Chr. gegen die römische Herrschaft. Die Kriege, die Trajan dazu zwangen, häufig im Feld zu sein, trugen ihm den Beinamen "Soldatenkaiser" ein. Auf der Rückreise vom Persischen Golf starb Trajan in der kleinasiatischen Stadt Selinus. Das Trajansforum in Rom mit der Triumphsäule, auf der sich in alter Zeit das Standbild des Kaisers erhob, erinnert an die große Bautätigkeit Trajans.

Stadtgeschichte

Chronologie

Viele Erklärungen werden dafür angegeben, warum aus etruskisch-latinisch-sabinischen Siedlungen am Unterlauf des Tibers Rom wurde: die "Ewige Stadt", "Haupt der Welt", Mittelpunkt des Imperium Romanum, Zentrum der abendländischen Christenheit, der katholischen Kirche, Mitte der europäischen Kunst. Doch es gehört zu den Geheimnissen der Geschichte, wie Großreiche der politischen Macht und der Kultur entstehen.

Caput Mundi – Haupt der Welt

Den 21. April 753 v. Chr. – "sieben, fünf, drei, kroch Rom aus dem Ei" – legten die Römer als heilige Gründungszeit ihrer Stadt fest und versahen den Ursprung mit Legenden: Romulus, als Kind von einem bösen König zusammen mit seinem Zwillingsbruder Remus ausgesetzt, aufgefunden von einer Wölfin (oder Hirten) und aufgezogen, habe die Siedlung auf dem Palatin umgrenzt, ihr Namen und Gestalt gegeben. Wie auch immer, aus dem Dunkel eines Mythos entsteht Anfang des ersten Jh.s v. Chr. eine Siedlung, die größer wird, sich ihre religiöse, politische und militärische Mitte auf dem Kapitol schafft, von Königen (wahrscheinlich aus dem nördlichen Etrurien stammend) regiert wird, bis sie sich 510 v. Chr. zur Republik wandelt und die etruskische Vormundschaft abwirft. Vornehme Bürger übernehmen die religiöse und politische Führung; doch sehen sie ihre Stellung ständig durch die "Plebejer" bedrängt. Trotz dieser inneren Auseinandersetzungen in einem sich erweiternden Gemeinwesen, trotz der Bedrohungen durch Nachbarstämme und durch die Gallier (387 v.Chr.), vergrößert Rom im 4. Jh. v.Chr. seine Macht in Latium. Im 3. Jh. v.Chr. ist die Republik militärisch, wirtschaftlich und kulturell bereits so stark – seit 270 v. Chr. Herrin von ganz Mittel- und Süditalien –, daß sie den Kampf um die Vorherrschaft im Mittelmeerraum aufnehmen kann. Am Ende der drei Punischen Kriege (von 264–146 v. Chr.) sind die Karthager besiegt, Rom wird von keiner Macht mehr gehindert, sich die Länder an den Mittelmeerküsten zu unterwerfen.

Vom Ursprung zur Herrin des Mittelmeers

Je gewichtiger die äußere Macht, die sich auch im Stadtbild in größeren und schöneren Bauten ausdrückt, desto heftiger Erschütterungen und Spannungen im Inneren. Bauern, Soldaten und Beamte, Adlige und das Volk geraten aneinander. Bürgerkriege sind die Folge, unter den Brüdern Gracchus (133–121 v. Chr.), unter Marius und Sulla (88–82 v. Chr.), unter Pompejus und Caesar (70 v. Chr.–44 n. Chr.) sowie ein Sklavenaufstand unter Spartakus (73–71 n. Chr.); Verschwörungen und der Machtehrgeiz einzelner (Catilina) bringen der Stadt Unruhen und schließlich die Ermordung Caesars durch Brutus an den Iden des März im Jahre 44 v. Chr.

Bürgerkriege

War man schon in der Republikanischen Zeit unter den Konsuln an große Bauprojekte gegangen (Aquädukte, Fernstraßen, Tempel- und Staatsbauten), so setzen die Kaiser neue, prächtigere Maßstäbe: Augustus (31 v. Chr.–14 n. Chr.) findet eine Stadt aus Lehm vor und hinterläßt eine aus Marmor, Nero (54–68) ordnet vielleicht selbst die Zerstörung der Slums durch Brände an und nützt die dadurch entstandenen Lücken zu großartigen Bauten, darunter seine Domus Aurea, das "Goldene Haus", Vespasian (69–79) beginnt mit dem Bau des Flavischen Amphitheaters, des "Kolosseums". Titus (79–81), Vespasians Sohn, eröffnet mit glänzenden Festspielen das Kolosseum. Unter Trajan (98–117), einem Spanier, erreicht das Imperium Romanum seine größte Ausdehnung: von Schottland bis Mesopotamien, von der Donau bis nach Marokko.
Jeder Kaiser wetteifert mit seinem Vorgänger darin, die Stadt zu verändern, zu verschönern, ihr einen untilgbaren Stempel aufzudrücken, wis-

Kaiserzeit

23

Stadtgeschichte

Unter Kaiser Trajan erreicht das Imperium Romanum seine größte Ausdehnung

Kaiserzeit (Fortsetzung)

send, daß der Nachfolger ihn zu übertrumpfen suchen wird. Tempel und Thermen, Siegessäulen und Triumphbögen, Theater, Paläste und Grabstätten, die noch heute die Stadt prägen, verleihen dem Rom der Kaiserzeit imperiale Bedeutung und Würde.

Von Konstantin zum Papst

Unter Kaiser Konstantin (306–337) neigt und wandelt sich die Macht Roms. Das von Kaiser Galerius 311 erlassene Toleranzedikt, das die Religionen gleichstellt, beendet die Christenverfolgungen und ermöglicht den Christen, öffentliche Kultbauten zu errichten. Der Sieg Konstantins über seinen Mitkaiser Maxentius an der römischen Tiberbrücke Pons Milvius eröffnet dem Christentum den Aufstieg zur herrschenden Religion (Edikt von Mailand 313).

Aus der weltlichen Hauptstadt wird das geistliche Zentrum der Christenheit; die großen Basiliken, die im 4. und 5. Jh. entstehen und heute noch Bestand haben, bezeugen es; die Kirchen Sankt Johannes im Lateran (San Giovanni in Laterano) und Sankt Peter (San Pietro, Vatikan), Sankt Paul vor den Mauern (San Paolo fuori le Mura) und Sankt Lorenz vor den Mauern (San Lorenzo fuori le Mura), Sankt Sebastian (San Sebastiano) und Sankt Stephan (Santo Stefano Rotondo), der heiligen Kosmas und Damian (dei Santi Cosmas e Damiano) und Sankt Klemens (San Clemente), die Marien- und die Heilig-Kreuz-Kirche (Santa Maria Maggiore und Santa Croce in Gerusalemme). Der römische Bischof erringt als Nachfolger des heiligen Petrus die Vorrangstellung im Weströmischen Reich, dem Abendland.

Zeit der Völkerwanderungen
Die Deutschen in Rom

Die Stürme der Völkerwanderungen zerstören diese erste christliche Blüte. Rom wird 410 durch die Westgoten unter Alarich, 455 durch die Vandalen unter Geiserich (jedoch ohne die berüchtigten barbarischen Zerstörungen, die man "Vandalen" nachsagt), 546 durch die Ostgoten unter Totila erobert und geplündert. Mit der Absetzung des Kaisers Romulus Augustulus 476 durch Odoaker endet das Weströmische Reich. Germanen und Byzantiner

Stadtgeschichte

streiten sich um das Erbe, die Päpste Leo der Große (440–461) und Gregor der Große (590–604) suchen die Stadt zu schützen, ohne dauerhaften Erfolg. Roms Bevölkerung schrumpft auf 25 000 Einwohner.

Erst als Papst Stephan II. im Jahre 754 den fränkischen König Pippin gegen die Langobarden zu Hilfe ruft, von diesem als Gegengabe für die Legitimierung des karolingischen Geschlechts in der Pippinischen Schenkung den Grundstock für den Kirchenstaat erhält, als diese Verbindung zwischen deutschen Königen und dem Papsttum im "Heiligen Römischen Reich Deutscher Nation" mit der Kaiserkrönung Karls des Großen am Weihnachtstag des Jahres 800 in der Peterskirche durch Papst Leo III. bekräftigt wird, geht es aufwärts mit Rom. Nicht zuletzt, weil die geistlichen Macht des Papstes die weltliche des Kaisers zur Seite steht. Freilich nicht immer. Denn wenn die Deutschen fern sind, liefern sich römische Stadtgeschlechter, die Frangipani, Pierleoni, Colonna und Orsini, und Grafen aus der Umgebung untereinander und mit dem Papst wahrhaft blutige Fehden.

Dunkel ist die Geschichte des Papsttums im 9. und 10. Jahrhundert. Um die Jahrtausendwende gewinnen die Päpste wieder mehr Macht. Ihren neuen Reichtum zeigen sie durch den Bau und die Verschönerung von Kirchen; die vier Marienkirchen "in Cosmedin", "in Trastevere", "in Aracoeli" und "sopra Minerva" stehen als Beispiele für viele. Innozenz III. (1198 bis 1216), der Herr von Kaisern und Königen, führt das Papsttum auf einen Gipfel, auf dem es sich ein Jahrhundert hält.

Der Widerstand gegen den Papst als politischen Herrn findet seinen Ausdruck in der Erhebung des Arnold von Brescia (1155 hingerichtet) und der des Cola di Rienzo (1354 in Rom ermordet).

So wie der Verfall des Römischen Reiches, die Völkerwanderungen und der fehlende Schutz der deutschen Könige Rom und die Römer niedergeworfen haben, so ist die Ewige Stadt aufs neue bedroht, als die Päpste auf Druck der französischen Könige im Exil zu Avignon in der Provence (1309 bis 1377; "Die Babylonische Gefangenschaft der Kirche") residieren müssen. Wieder sinkt die Zahl der Bevölkerung Roms auf 20000. Straßen und Plätze, Kirchen und Paläste veröden.

Das ändert sich auch nicht, als die Päpste zwar nach Rom zurückkehren, doch von 1378–1417 das "Große Schisma" die abendländische Christenheit spaltet, weil mehrere die Tiara des Papstes tragen wollen.

Im 15. Jh. sind es geschickte Päpste, die, von Humanismus und der aufkommenden Renaissance geprägt, mit dem römischen Erbe wuchern und Rom langsam seine Weltgeltung als Zentrum der Christenheit und der europäischen Kunst zurückgeben, die freilich auch ihre Schuld mittragen, daß sich die abendländische Christenheit in der Reformation teilt. Für drei Jahrhunderte, von 1417 bis zum Ende des 17. Jahrhunderts, nehmen die Päpste die Ewige Stadt als Schaubühne für ihre äußere Prachtentfaltung, und es entsteht der Welt schönste Stadtanlage, ein Zaubergarten der Kirchen, Plätze, Brunnen und Straßen, der alle Möglichkeiten der Renaissance und des Barocks zu eindrucksvoller Darstellung bringt. Die größten Künstler wetteifern miteinander. Was wären die Päpste ohne Bramante, Michelangelo, Raffael, Bernini, Borromini – doch was wären diese ohne die Fürsten auf dem Papstthron! Ohne den drängenden Julius II. della Rovere, ohne den kunstsinnigen Leo X., einen Medici aus Florenz, ohne die Farnese, die Boncompagni, die Borghese. Die drei Bienen aus dem Wappen der Barberini kehren überall in der Stadt wieder: am Baldachin über dem Altar von Sankt Peter, an der Sakramentskapelle dort, auf Brunnen und auf Kirchen, das heraldische Gütezeichen eines päpstlichen Bauherrn, Urbans VIII. (1623–1644), Zierde der Bauten neben den Blumen und Tieren, Sternen und Hügeln anderer Päpste.

Der Sacco di Roma, die Plünderung Roms durch die Landsknechte Kaiser Karls V., im Jahre 1527 bedeutet für diese ununterbrochene Bauwütigkeit kaum eine Störung, wirkt fast eher wie ein Anreiz zu neuen architektonischen Darbietungen.

Zeit der Völkerwanderungen
Die Deutschen in Rom
(Fortsetzung)

Exil der Päpste in Avignon

Renaissance und Barock

Stadtgeschichte

Liberaler Reformer Camillo Cavour   *König Vittorio Emanuele II.*

Sinken der päpstlichen Macht

Die Päpste verschreiben sich in diesen Jahrhunderten fast ganz dem kunstvollen Ausbau ihrer Stadt. Doch ihre weltliche Macht sinkt, die Bedeutung Roms geht zurück.
Die Französische Revolution und der Wirbelwind, mit dem Napoleon die europäische Staatenwelt durcheinanderbringt, treffen auch Rom. 1798 ist Rom Hauptstadt der Römischen Republik, von 1809–1811 Teil des französischen Kaiserreiches und Sitz des "Königs von Rom", des einzigen Sohnes Napoleons, 1814 durch den Wiener Kongreß wieder Hauptstadt des Kirchenstaats mit dem Papst als Souverän. Nicht lange: Als 1870 die französischen Schutztruppen aus Rom abziehen, rücken die Italiener durch die Porta Pia ein. Rom wird Hauptstadt des Königreiches Italien (1870); die Päpste ziehen sich aus Protest gegen den Raub des Kirchenstaates in den Vatikan zurück.

Königreich Italien und Republik

Das neue Königreich will regiert werden. Die dazu notwendigen Verwaltungsbauten entstehen überall in der Stadt und mischen den Stil des 19. Jh.s in den der vergangenen Epochen. Die Bautätigkeit wird nochmals belebt, als Mussolini 1922 die Macht in Italien übernimmt. Rom vergrößert sich zur volkreichsten Stadt im Mittelmeerraum. Mussolini gelingt es 1929 durch die Lateranverträge zwischen dem Heiligen Stuhl und dem italienischen Staat mit dem Papst Frieden zu schließen. Die Päpste erhalten den winzigen Vatikanstaat mit einer Reihe von exterritorialen Bezirken als souveränes Hoheitsgebiet. Im 19. und 20. Jh. fördern die italienischen Regierungen und die verschiedenen Päpste Kunst und Forschung.
Rom erleidet in beiden Weltkriegen keine nennenswerten Schäden. 1962 bis 1965 findet im päpstlichen Rom das Zweite Vatikanische Konzil statt (Teilnahme von mehr als 3000 Bischöfen aus aller Welt). 1978 Wahl des Krakauer Erzbischofs Karol Wojtyla zum Papst als Johannes Paul II.; erster Ausländer nach 453 Jahren auf dem Stuhl Petri; 1981 Attentat auf den Papst. 1984 nehmen die USA nach über 100 Jahren wieder volle diplomatische Beziehungen zum Vatikan auf. Neues Konkordat zwischen der

Römische Kaiser und Päpste

Republik Italien und dem Heiligen Stuhl unterzeichnet (u.a. Garantie der
Religionsfreiheit, aber Katholizismus nicht mehr Staatsreligion in Italien,
Rom nicht mehr 'Heilige Stadt'). – Im Rahmen der 'mondiale', der Fußballweltmeisterschaft 1990, werden zahlreiche Bauwerke der Stadt restauriert
und neue Sanierungs- und Bauprojekte durchgeführt.

Stadtgeschichte,
Republik
(Fortsetzung)

Römische Kaiser und Päpste

Gegenkaiser und Mitkaiser sind nur zum Teil aufgeführt.
Die Zeitangaben für die Päpste vor Pontianus, 230–235, beruhen auf späteren Rekonstruktionen. Alle Päpste von Petrus bis Gelasius, gestorben
496, werden als heilig verehrt. S = Sanctus = Heiliger.

Jahr	Kaiser	Päpste	Jahr	Kaiser	Päpste
v. Chr.			270	Aurelianus	Felix I. (um 269–274)
44	Ermordung Caesars		275	Tacitus	Eytychianus (um 274–283)
27	Octavianus wird		276	Probus	
	Augustus		282	Carus	
n. Chr.			283	Carinus u.	
14	Tiberius			Numerianus	Caius (um 282–296)
37	Caligula		284	Diokletian	
41	Claudius		286	Maximianus (Mitkaiser	
54	Nero			bis 305)	
63/67		Martyrium des Petrus	296		Marcellinus (um 296–304)
64/67		Linus			Dann vier Jahre
68	Galba				Sedesvakanz wäh-
69	Otho				rend der diokletiani-
69	Vitellius				schen Verfolgung.
69	Vespasian		305	Constantius 1. († 306)	
79	Titus	Anencletus (Anaklet 1.; um 79)		und Galerius (†311)	
81	Domitian	Klemens 1. (90/92)	306	Konstantin I. (Allein-	
96	Nerva			herrscher 324–337)	
98	Trajan	Evaristus (99/101)	306	Severus († 307)	
		Alexander 1. (um 107)	308	Licinius (–324, †325)	Marcellus (307/308)
117	Hadrian	Xystus (Sixtus 1.; um 116)	309	Maximinus II. († 313)	Eusebius (309–311)
		Telesphorus (um 125)	311		Miltiades
138	Antoninus Pius	Hyginus (136/138)	314		Sylvester I.
		Pius 1. (140/142)	336		Marcus
		Anicetus (154/155)	337	Konstantin II. († 340).	Julius I.
161	Mark Aurel mit Lucius			Constantius II. (Allein-	
	Verus († 169)	Soter (um 166)		herrscher 350–360,	
		Eleutherus (um 174)		† 361) Constans († 350)	
180	Commodus	Victor 1. (um 189)	352		Liberius (325–355, 358–366,
193	Pertinax				dazwischen Felix II.)
193	Didius Iulianus		361		Julianus
193	Septimius Severus	Zephrinus (198/199)	363	Iovianus	
211	Caracalla mit Geta		364	Valentinian I. († 378)	
	(† 212)			und Valens † 376)	
217	Macrinus		366		Damasus I.
218	Elagabalus	Calixtus 1. (um 217)	375	Gratian († 383)	
222	Alexander Severus	Urban 1. (222)	375	Valentinian II. († 392)	
230	Pontianus (230–235)		379	Theodosius I. (Allein-	
235	Maximinus 1.	Anterus (235–236)		herrscher 392–395)	
236		Fabianus (236–250)	383	Arcadius	
238	Gordian I. u. II.		384		Siricius
238	Pupienus			*Weströmisches Reich*	
238	Balbinus		395	Honorius (Herrscher	
238	Gordian III.			im Westen 393–423)	
244	Philippus Arabs		399		Anastasius I.
249	Decius		401		Innocentius I.
251	Hostilianus		417		Zosimus
251	Trebonianus Gallus	Cornelius (251–253)	418		Bonifatius I.
253	Aemilianus	Lucius 1. (253–254)	422		Coelestinus I.
253	Valerianus	Stephanus I. (254–257)	425	Valentinian III.	
257	Gallienus	Sixtus II. (257–258)	432		Sixtus III.
268	Claudius II.	Dionysius (um 259–268)	440		Leo I. d. Große (Forts. S. 28)

27

Römische Kaiser und Päpste

Jahr	Kaiser	Päpste	Jahr	Kaiser	Päpste
455	Petronius Maximus		817		S. Paschalis I.
455	Avitus		824		Eugen II.
457	Maiorianus		827		Valentinus
461	Libius Severus († 465)	Hilarus	827		Gregor IV.
467	Anthemius		843	Lothar (823)	
468		Simplicius	844		Sergius II.
472	Olybrius		847		S. Leo IV.
473	Glycerius		855	Ludwig II. (852)	Benedikt III.
474	Iulius Nepos		858		S. Nikolaus I.
475	Romulus (Augustulus)		867		Hadrian II.
476	Untergang des west-		872		Johannes VIII.
	römischen Reiches		875	Karl der Kahle († 877)	
483		Felix III.	881	Karl der Dicke	
492		Gelasius I.		(881, † 888)	
496		Anastasius II.	882		Marinus I.
498		Symmachus	884		Hadrian III.
514		Hormisdas	885		Stephan VI.
523		Johannes I.	887	Arnulf (896, † 899)	
526		Felix IV.	891		Formosus
530		Bonifatius II.	896		Stephan VII.
533		Johannes II.	897		Romanus
535		S. Agapetus I.	897		Theodorus II.
536		S. Silverius	898		Johannes IX.
537		Vigilius	900	Ludwig das Kind	
556		Pelagius I.		(Dt. König)	Benedikt IV.
561		Johannes III.	903		Leo V.
575		Benedikt I.	903		Christophorus
579		Pelagius II.	904		Sergius III.
590		S. Gregor I. d. Große	911	Konrad I. (Dt. König)	Anastasius III.
604		Sabinianus	913		Lando
607		Bonifatius III.	914		Johannes X.
608		S. Bonifatius IV.	919	Heinrich I. (Dt. König)	
615		Deusdedit (Adeodatus i.)	928		Leo VI.
619		Bonifatius V.	928		Stephan VIII.
625		Honorius I.	931		Johannes XI.
640		Severinus	936	Otto I.	Leo VII.
640		Johannes IV.			
642		Theodorus I.		Römisches Reich	
649		S. Martin I.		Deutscher Nation (962)	
654		S. Eugen I.	939		Stephan IX.
657		S. Vitalianus	942		Marinus II.
672		Adeodatus II.	946		Agapetus II.
676		Do(m)nus	955		Johannes XII.
678		S. Agatho	963		Leo VIII.
682		S. Leo II.	964		Benedikt V.
684		S. Benedikt II.	965		Johannes XIII.
685		Johannes V.	973	Otto II. (967)	Benedikt VI.
686		Conon	974		Benedikt VII.
687		S. Sergius I.	983	Otto III. (996)	Johannes XIV.
701		Johannes VI.	985		Johannes XV.
705		Johannes VII.	996		Johannes XVI.
708		Sisinnius	996		Gregor V.
708		Konstantin I.	999		Sylvester II.
715		S. Gregor II.	1002	Heinrich II. (1014)	
731		S. Gregor III.	1003		Johannes XVII.
741		S. Zacharias	1003		Johannes XVIII.
752		Stephan II.	1009		Sergius IV.
752		Stephan III.	1012		Benedikt VIII.
757		S. Paul I.	1024	Konrad II. (1027)	Johannes XIX.
767		Konstantin II.	1032		Benedikt IX.
768		Philipp	1039	Heinrich III. (1046)	
768		Stephan IV.	1045		Gregor VI.
772		Hadrian I.	1046		Clemens II.
795		S. Leo III.	1048		Damasus II.
	Erneuerung des west-		1049		S. Leo IX.
	lichen Kaisertums		1055		Viktor II.
800	Karl d. Gr.		1056	Heinrich IV. (1084)	
814	Ludwig d. Fromme		1057		Stephan X.
	(813, † 840)		1059		Nikolaus II.
816		Stephan V.	1061		Alexander II.

Römische Kaiser und Päpste

Jahr	Kaiser	Päpste	Jahr	Kaiser	Päpste
1073–85		S. Gregor VII. (Hildebrand)	1400	Ruprecht v. d. Pfalz	
1086		Viktor III.		(Dt. König)	
1088		Urban II.	1404		Innozenz VII.
1099		Paschalis II.	140S		Gregor XII. (dankt ab 1415, † 1417)
1106	Heinrich V. (1111)		1409		Alexander V.
1118		Gelasius II.	1410	Sigismund (1433)	Johannes XXIII. (abgesetzt 1415,
1119		Calixtus II.	1417		† 1419) Martin V.
1124		Honorius II.	1431		Eugen IV.
1125		Lothar (1133)	1438	Albrecht II. (Dt. König)	
1130		Innocenz II.	1440	Friedrich III. (1452)	
1138	Konrad III. von Hohen-		1447		Nikolaus V.
	staufen (Dt. Kg.)		1455		Calixtus III.
1143		Cölestin II.	1458		Pius II. (Aeneas Sylvius Piccolomini)
1144		Lucius II.	1464		Paul II. (Pietro Barbo)
1145		Eugen III.	1471		Sixtus IV. (Francesco della Rovere)
1152	Friedrich I.		1484		Innozenz VIII. (Giov. Batt. Cibo)
	Barbarossa (1155)		1492		Alexander VI. (Rodrigo Lanzol Borgia)
1153		Anastasius IV.	1493	Maximilian I. (1508,	
1154		Hadrian IV.		Krönung nicht	
1159		Alexander III.		vollzogen)	
1181		Lucius III.	1503		Pius III. (Francesco Todeschini
1185		Urban III.			Piccolomini)
1187		Gregor VIII.			Julius II. (Giuliano della Rovere)
		Clemens III.	1513		Leo X. (Giov. de'Medici, † 1521)
1190	Heinrich VI. (1191)		1519	Karl V. (1530)	
1191		Cölestin III.			
1198	Philipp von Schwaben	Innozenz III.		*Letzte Kaiserkrönung*	
	(Dt. König)			*in Italien*	
	Otto IV. (1209)		1522		Hadrian VI. (Dedel aus Utrecht)
1212	Friedrich II. (1220)		1523		Clemens VII. (Giulio de'Medici)
1216		Honorius III.	1534		Paul III. (Alessandro Farnese, † 1549)
1227		Gregor IX.	1550		Jlius III. (Giovanni Maria del Monte)
1241		Cölestin IV. († 1241)	1555		Marcellus II. (Marcello Cervino)
1243		Innozenz IV.			Paul IV. (Giov. Pietro Caraffa)
1250	Konrad IV. (Dt. König)		1556	Ferdinand I.	
1254	*Interregnum*	Alexander IV.	1559		Pius IV. (Giov. Angelo Medici, † 1565)
1261–64		Urban IV.	1564	Maximilian II.	
1265–68		Clemens IV.	1566		S. Pius V. (Mich. Ghislieri)
1271		Gregor X.	1572		Gregor XIII. (Ugo Boncompagni)
1273	Rudolf v. Habsburg		1576	Rudolf II.	
	(Dt. König)		1586		Sixtus V. (Felice Peretti)
1276		Innozenz V.	1590		Urban VII. (Giov. Batt. Castagna)
		Hadrian V.			Gregor XIV. (Nic. Sfondrati)
		Johannes XX. oder XXI.	1591		Innozenz IX. (Giov. Ant. Facchinetti)
1277–80		Nikolaus III.	1592		Clemens VIII.
1281		Martin IV.			(Ippolito Aldobrandini)
1285–87		Honorius IV.	1605		Leo XI. (Alessandro de'Medici)
1288–92		Nikolaus IV.			Paul V. (Camillo Borghese)
1292	Adolf v. Nassau		1612	Matthias	
	(Dt. König)		1619	Ferdinand II.	
1294		S. Cölestin V.	1621		Gregor XV. (Alessandro Ludovisi)
		Bonifatius VIII.	1623		Urban VIII. (Maffeo Barberini)
1298	Albrecht I. (Dt. König)		1637	Ferdinand III.	
1303–04		Benedikt XI.	1644		Innozenz X. (Giov. Batt. Pamphili)
1305–14		Clemens V. († 1314)	1655		Alexander VII. (Fabrio Chigi)
1308	Heinrich VII. v. Luxem-		1658	Leopold I.	
	burg (1312)		1667		Clemens IX. (Giulio Rospigliosi, † 1669)
1314	Ludwig d. Bayer		1670		Clemens X. (Emilio Altieri)
	(1328) (Friedrich		1676		Innozenz XI. (Benedetto Odescalchi)
	v. Österreich)		1689		Alexander VIII. (Pietro Ottoboni)
1316		Johannes XXII.	1691		Innozenz XII. (Ant. Pignatelli)
1334		Benedikt XII.	1700		Clemens XI. (Giov. Franc. Albani)
1342		Clemens VI.	1705	Joseph I.	
1346	Karl IV. v. Luxemburg		1711	Karl VI.	
	(1355)		1721		Innozenz XIII. (Mich. Ang. de Conti)
1352		Innozenz VI.	1724		Benedikt XIII. (Vinc. Maria Orsini)
1362		Urban V.	1730		Clemens XII. (Lorenzo Corsini)
1370		Gregor XI.	1740		Benedikt XIV. (Pr. Lambertini)
1378	Wenzel (Dt. König)	Urban VI.	1742	Karl VII.	
1389		Bonifatius IX.	1745	Franz I.	(Forts. S. 30)

Römische Kaiser und Päpste

Jahr	Kaiser	Päpste	Jahr	Kaiser	Päpste
1758		Clemens XIII. (Carlo Rezzonico)		*Italienisches*	
1765	Joseph II.			*Königreich*	
1769		Clemens XIV. (Giov. Ant. Ganganelli,	1861	Viktor Emanuel II.	
	† 1774)			*(König von Italien)*	
1775		Pius VI. (Giov. Angelo Braschi, † 1799)	1878	Umberto I.	Leo XIII. (Gioacchino Pecci)
1790	Leopold II.		1900	Viktor Emanuel III.	
1792	Franz II.		1903		Pius X. (Giuseppe Sarto)
1800		Pius VII. (Gregorio Chiaramonti)	1914		Benedikt XV. (Giacomo della
1806	*Franz II. legt die*				Chiesa a. Genua)
	Kaiserkrone		1922		Pius XI. (Achille Ratti)
	nieder.		1939		Pius XII. (Eugenio Pacelli)
	Damit ist		1946	Umberto II. (geht am	
	das Hl. Römische			13. 6. 1946	
	Reich Deutscher			außer Landes)	
	Nation aufgehoben.		1958		Johannes XXIII. (Angelo Giuseppe
1823		Leo XII. (Annib. della Genga)			Roncalli)
1829		Pius VIII. (Franc. Sav. Castiglioni'	1963		Paul VI. (Giovanni Battista Montini)
		† 1830)	1978		Johannes Paul I. (Albino Luciani;
1831		Gregor XVI. (Mauro Capellari)			† 28. 9. 1978)
1846		Pius IX. (Giov. Maria Mastai-Feretti)	1978		Johannes Paul II. (Karol Wojtyla)

Rom in Zitaten

Sprichwort

Alle Wege führen nach Rom.

Ingeborg Bachmann (25. 6. 1926 bis 17. 10. 1973) Österreichische Lyrikerin

Ich sah auf dem Campo dei Fiori, daß Giordano Bruno noch immer verbrannt wird. Jeden Sonnabend, wenn um ihn herum die Buden abgerissen werden und nur mehr die Blumenfrauen zurückbleiben, wenn der Gestank von Fisch, Chlor und verfaultem Obst auf dem Platz verebbt, tragen die Männer den Abfall, der geblieben ist, nachdem alles verfeilscht wurde, vor seinen Augen zusammen und zünden den Haufen an. Wieder steigt Rauch auf, und die Flammen drehen sich in der Luft. Eine Frau schreit, und die anderen schreien mit. Weil die Flammen farblos sind in dem starken Licht, sieht man nicht, wie weit sie reichen und wonach sie schlagen. Aber der Mann auf dem Sockel weiß es und widerruft dennoch nicht.
(Römische Impressionen, 1953)

Werner Bergengruen (16. 9. 1892 bis 4. 9. 1964) Deutscher Schriftsteller

Wir kommen nach Rom mit großen, ja mit ungeheuerlichen Erwartungen und finden uns, was auf der Welt selten geschieht, nicht betrogen. Wir betreten Rom in einer erhöhten Verfassung des Gemüts, wie keine andere Stadt des Erdkreises sie unserer Natur abzunötigen vermöchte, und etwas von dieser Verfassung wird uns für immer zurückbleiben. Das Zurückbleibende ist mehr als eine Summe vom Gedächtnis aufbewahrter Dinge: es ist ein neuer, freilich in der Anlage vorbegründeter Bestandteil unser selbst.
(Aus: Römisches Erinnerungsbuch, 1949)

Hector Berlioz (11. 12. 1803 bis 8. 3. 1869) Französischer Komponist

Die Villa Medici, welche die Pensionäre und die Direktoren der französischen Akademie bewohnen, wurde im Jahre 1557 von Hannibal Lippi erbaut: Michelangelo fügte später einen Flügel und einige Verschönerungen hinzu; sie liegt auf dem Teil des Monte Pincio, welcher die Stadt beherrscht und von welchem man eine der schönsten Aussichten der Welt genießt. Rechts erstreckt sich die Pincio-Promenade: sie ist die Avenue des Champs-Elysées von Rom.

Rom in Zitaten

Ich hatte in London und in Paris Bälle und Soireen veranstaltet, und obwohl ich ein Kind der einsamen Heidelandschaft bin, habe ich mich in diesen so andersartigen Einsamkeiten ganz gut zurechtgefunden; aber ich habe nicht geahnt, was Feste in Rom sein können. Sie haben etwas von antiker Poesie, wo der Tod neben der Lustbarkeit steht. Bei der Villa Medici, deren Gärten bereits ein Schmuckstück sind und wo ich heute morgen die Großfürstin Helene empfangen habe, bietet sich ein herrlicher Rahmen: auf der einen Seite die Villa Borghese mit dem Haus Raffaels, auf der anderen Seite die Villa Monte-Mario und die Hügel, die den Tiber umgeben; zu Füßen des Betrachters ganz Rom wie ein altes, verlassenes Adlernest.

François-René Vicomte de Chateaubriand (4. 9. 1768 bis 4. 7. 1848) Französischer Schriftsteller und Politiker

Eine Trattoria am Trastevere eröffnet mir auf der Höhe des Bürgersteigs dieses enge und fröhliche Refugium, dessen ich gerade angesichts meiner Sehnsucht als Exilantin bedarf. Es ist 9 Uhr abends, ein hungriges Volk, noch träge von der Siesta, setzt sich eben erst zu Tisch. Das Hinterzimmer ist ein überdachter Garten, von elektrischem Licht überflutet und mit Fahnen drapiert, in dem es nach Safran und frischem Wein riecht. Die Trattoria füllt sich mit einem animalischen und wohltuenden Geräusch voll von dem Gelächter der Frauen, dem Klingen hart aneinanderstoßender Gläser und den Schreien der Kinder. Denn die römische Familie nimmt ihren rührigen Nachwuchs, selbst den Säugling mit, der gestillt wird, während die Mutter gleichzeitig einen Teller Spagetti leert. (...) Der Wein von Castelli leuchtet in den Glaskaraffen, auf denen, in eine dicke Lackschicht eingelassen, das kleine Kontrollsiegel aus Blei sitzt. Das ist ebenso neu wie der schwere Kuchen, den man mir nach dem gebratenen Fisch serviert; alles ist angenehm für die Augen, für die Hand und für den Gaumen.
(Römische Impressionen in Trastevere im Jahre 1915).

Sidonie-Gabrielle Colette (28. 1. 1873 bis 3. 8. 1954) Französische Schriftstellerin

Seit meinem ersten Besuch war mir die Stadt nicht nur in allen ihren historischen Schichten, sondern in ihrer seelischen Essenz, also in einem übergeschichtlichen Sinn, die heilige Stadt geworden, damit aber nicht zugleich eine nicht erwählte, sondern entdeckte, eine angestammte Heimat, ein Wahlfahrtsziel.

E. R. Curtius (14. 4. 1886 bis 19. 4. 1956) Deutscher Historiker und Philologe

Als wir wieder unterwegs waren, spähten wir voll fiebernder Erwartung nach Rom aus, und als schließlich... die Ewige Stadt in der Ferne auftauchte, sah sie genau so aus – ich fürchte mich fast, das Wort niederzuschreiben – wie London! Da lag sie unter einer dicken Wolkendecke, mit unzähligen in den Himmel ragenden Türmen, Spitzen und Dächern, und hoch über allem der Petersdom. So tief ich auch die Ungereimtheiten dieses Vergleichs empfinde, kann ich dennoch beschwören, daß Rom in dieser Entfernung London ähnlich sah, und wäre mir die Ewige Stadt in einem Spiegel gezeigt worden, so hätte ich sie für nichts anderes gehalten.

Charles Dickens (7. 2. 1812 bis 9. 6. 1870) Englischer Schriftsteller

Wenn man so eine Existenz ansieht, die zweitausend Jahre und darüber alt ist, durch den Wechsel der Zeiten so mannigfaltig und vom Grund aus verändert, und doch noch derselbe Boden, derselbe Berg, ja oft dieselbe Säule und Mauer, und im Volke noch die Spuren des lateinischen Charakters, so wird man ein Mitgenosse der großen Ratschlüsse des Schicksals, und so wird es dem Betrachter von Anfang schwer zu entwickeln, wie Rom auf Rom folgt, und nicht allein das neue auf das alte, sondern die verschiedenen Epochen des alten und neuen selbst aufeinander.
(5. November 1786, aus: Italienische Reise, 1816/1817)

Johann Wolfgang von Goethe (28. 8. 1749 bis 22. 3. 1832) Deutscher Dichter

Oh, wie fühl' ich in Rom mich so froh! gedenk ich der Zeiten,
Da mich ein graulicher Tag hinten im Norden umfing,
Trübe der Himmel und schwer auf meine Scheitel sich senkte,
Farb- und gestaltlos die Welt um den Ermatteten lag,
Und ich über mein Ich, des unbefriedigten Geistes,
Düstre Wege zu spähn, still in Betrachtung versank.
Nun umleuchtet der Glanz des helleren Äthers die Stirne;
Phöbus rufet, der Gott, Formen und Farben hervor.

Rom in Zitaten

J. W. von Goethe
(Fortsetzung)

Sternhell glänzet die Nacht, sie klingt von weichen Gesängen.
Und mir leuchtet der Mond heller als nordischer Tag.

(Aus: Römische Elegien, 1795)

Ferdinand Adolf Gregorovius
(19. 1. 1821
bis 1. 5. 1891)
Deutscher Journalist und Schriftsteller

Nächst den Römern und Italienern hat kein anderes Volk einen näheren und gleich nationalen Bezug auf die Geschichte Roms im Mittelalter als das deutsche. Denn seit die Goten Theoderichs, welche zuerst Rom beherrscht und mit Ehrfurcht aufrecht gehalten haben, seit den Franken Pippins und Karls, welche diese Stadt aus der Gewalt der Langobarden und Byzantiner befreiten und wieder aufrichteten, hat Deutschland in langen Jahrhunderten durch das germanisch-römische Reich ein außerordentliches Verhältnis zu Rom gehabt. Rom ist ein unverlöschlicher Ruhmestitel für die deutsche Nation, die mittelalterliche Geschichte der Stadt ein unzertrennlicher Bestandteil der Geschichte Deutschlands selbst geworden.

(Aus: Die Geschichte der Stadt Rom im Mittelalter, 1859–1872)

Heinrich Heine
(13. 12. 1797
bis 17. 2. 1856)
Deutscher Lyriker

Rom wollte immer herrschen, und als seine Legionen fielen, sandte es Dogmen in die Provinzen. Wie eine Riesenspinne saß Rom im Mittelpunkte der lateinischen Welt und überzog sie mit einem unendlichen Gewebe. Generationen der Völker lebten darunter ein beruhigtes Leben, indem sie das für einen nahen Himmel hielten, was bloß römisches Gewebe war; nur der höherstrebende Geist, der dieses Gewebe durchschaute, fühlte sich beengt und elend, und wenn er hindurchbrechen wollte, erhaschte ihn leicht die schlaue Weberein und sog ihm das kühne Blut aus dem Herzen.

Wilhelm Heinse
(15. 12. 1746
bis 22. 6. 1803)
Deutscher Erzähler

Es ist ein unaufhörlich Vergnügen, in Rom zu sein. Man findet immer Neues, was von der Gewalt und Herrlichkeit des alten Volkes zeugt und oft einen entzückt oder erschüttert. Es ist eine wahre Tiefe von Menschheit. Die anderen Städte sind dagegen wie erst angepflanzt.

Wilhelm Freiherr von Humboldt
(22 6. 1767
bis 8. 4. 1835)
Deutscher Philologe und Politiker

Rom ist der Ort, in dem sich für unsere Ansicht das ganze Altertum in Eins zusammenzieht, und was wir also bei den alten Dichtern, bei den alten Staatsverfassungen empfinden, glauben wir in Rom mehr noch als zu empfinden, selbst anzuschauen. Wie Homer sich nicht mit anderen Dichtern, so läßt sich Rom mit keiner anderen Stadt, römische Gegend mit keiner anderen vergleichen.

Ernst Jünger
(geb. 29. 3. 1895)
Deutscher Schriftsteller

Rom, 25. April 1968.

Nachmittags an der Spanischen Treppe; sie war breit von Azaleen umfaßt. Heute hatten sich dort keine Edelgammler versammelt, sondern Burschen, die ziemlich gefährlich aussahen. Zerlumpt und barfuß lagen sie in der Sonne ausgestreckt. Mädchen in kurzen Röcken wurden von Matrosen aufgegriffen und zogen mit ihnen fort. Letzte Lockerungen, verglichen mit 1925 - damals war selbst ein öffentlicher Kuß schon ein Angriff auf die Moral.

Conrad Ferdinand Meyer
(11. 10. 1825
bis 28. 11. 1898)
Schweizer Erzähler und Lyriker

Der römische Brunnen

Aufsteigt der Strahl, und fallend gießt
Er voll der Marmorschale Rund,
Die, sich verschleiernd, überfließt
In einer zweiten Schale Grund;
Die zweite gibt, sie wird zu reich,
Der dritten wallend ihre Flut,
Und jede nimmt und gibt zugleich
Und strömt und ruht.

(1882)

Rom in Zitaten

Schon wuchs ein Kropf mir bei den Quälerei'n,
Wie's Katzen in der Lombardei geschieht
Vom Wasser (oder wie man's sonst wo sieht),
Denn in den Bauch drückt schon das Kinn sich ein.
Der Bart starrt aufwärts, der Gedächtnisschrein
Liegt im Genick; wie bei Harpyien flieht
Die Brust, und über's Antlitz tröpfelnd zieht
Der Pinsel Mosaiken reich und fein.
Die Lenden sind mir in den Wannst gespannt,
Dagegen wird mein Hinterteil zur Kruppe;
Unsichern Schritts, ein Blinder, wanke ich.
Vorn nimmt die Haut in Falten überhand,
Und hinten spannt sie über harter Kuppe
Denn wie ein Syrerbogen krümm ich mich.
So geht auch wunderlich
Und falsch das Urteil aus dem Hirn hervor,
Denn schlecht nur fährt ein Schuß aus schiefen Rohr.
Such' nun, o Freund, hervor,
Was noch für meine toten Bilder spricht!
Schlecht ist mein Platz, zum Malen taug ich nicht!

Michelangelo
Buonarroti
(6. 3. 1475
bis 18. 2. 1564)
Italienischer Bild-
hauer, Maler und
Baumeister

(An Giovanni Pistoja während der Arbeiten an der Sixtinischen Kapelle,
1511)

Dir wird Rom so viele und so schöne Mädchen geben, daß Du sagst:
"Diese Stadt hat alles, was es je auf der Welt gegeben hat." Soviel Saatfel-
der Gargara hat, soviel Trauben Methymna, soviel Fische das Meer, soviel
Vögel das Laub, soviel Sterne der Himmel, soviel Mädchen hat Dein Rom.
(Aus: Ars Amatoria, Unterweisungen in der Liebeskunst)

Ovidius Naso
(20. 3. 43 v. Chr.
bis 17 n. Chr.)
Römischer
Dichter

Als die Amerikaner in Rom einmarschierten, warf man ihn samt seiner
Familie, ebenso wie all die anderen Caciottari vom Lande, aus der Schule
hinaus, denn dort sollten Truppen Quartier beziehen. Um ihnen die Auswei-
sung etwas schmackhafter zu machen, gab man jedem ein paar Lebens-
mittelpackete und ein paar lumpige Lire. Damit waren die Flüchtlinge nicht
einverstanden, sie wehrten sich, denn sie wußten wirklich nicht, wohin sie
sich nun wenden sollten. Es war in jenen Sommertagen, da die Luft kochte
und jeder Stein auf der Straße glühte: Da erschienen Milizsoldaten, verlu-
den die Menschen gewaltsam auf Lastwagen und setzten sie mit den
wenigen Habseligkeiten, die sie am Leibe oder in der Hand trugen,
irgendwo mitten auf der Straße wieder ab.
So hatte man sich denn so gut man eben konnte mit der Lage abgefunden.
Jeder für sich, und Gott für alle! Der eine riskierte zweitausend Lire im
Monat für einen Schuppen, der andere kroch in einer Garage unter, ein
Dritter baute sich unter den Bogengängen oder im Innern eines zerfallenen
Palazzo aus den herumliegenden Trümmern eine winzige Burg.
Damals fand die Familie Puzzilli Unterkunft in jener Baracke zwischen Pie-
tralata und Montesacro, am Abhang, der zum Aniene hinunterführt; ein
Bauer, der auf dem schwarzen Markt reich geworden und geschnappt
worden war, hatte ihnen die Hütte überlassen. Seitdem rührten sie sich
nicht mehr vom Fleck. Zuerst suchte Torquato sich sein Auskommen mit
Gelegenheitsarbeiten zu verschaffen, dann stellten sie ihn bei der Stadt-
verwaltung ein, und er wurde Straßenkehrer.
Er hatte eine Eingabe nach der anderen gemacht, um nach dem Friedens-
schluß wieder zu einem Haus zu kommen: an die Stadt, an das Flücht-
lingsamt, an die Priester, an alle Heiligen. Aber die Monate, die Jahre ver-
strichen, und sein Haus – es war immer noch die Baracke in dieser kleinen
Ansiedlung, die im Sommer stets in Flammen aufzugehen drohte und im

Pier Paolo Pasolini
(5. 3. 1922
bis 2. 11. 1975)
Italienischer
Lyriker und
Erzähler

Rom in Zitaten

Francesco Petrarca
(20. 7. 1304 bis 19. 7. 1374)
Italienischer Dichter

Was soll jemand von der Stadt Rom erwarten, der so viel schon über ihre Hügel vernommen hat? Du glaubst, ich würde etwas Großes zu schreiben haben, sobald ich nach Rom gekommen wäre. Vielleicht ist mir für späterhin ein ungeheurer Stoff zum Schreiben geboten, im Augenblick gibt es nichts, wo ich wagte anzufangen, überschüttet von dem Wunder so großer Dinge und von der Wucht des Staunens.
(An den Kardinal Colonna in Avignon, 1337)

Rainer Maria Rilke
(4. 12. 1875 bis 29. 12. 1926)
Deutscher Dichter

Römische Fontäne

(Borghese)

Zwei Becken, eins das andre übersteigend
aus einem alten runden Marmorrand,
und aus dem oberen Wasser leis sich neigend
zum Wasser, welches unten wartend stand,

dem leise redenden entgegenschweigend
und heimlich, gleichsam in der hohlen Hand,
ihm Himmel hinter Grün und Dunkel zeigend
wie einen unbekannten Gegenstand;

sich selber ruhig in der schönen Schale
verbreitend ohne Heimweh, Kreis aus Kreis,
nur manchmal träumerisch und tropfenweis

sich niederlassend an den Moosbehängen
zum letzten Spiegel, der sein Becken leis
von unten lächeln macht mit Überhängen

(Paris, 8. Juli 1906)

John Ruskin
(8. 2. 1819 bis 20. 1. 1900)
Englischer Schriftsteller, Maler und Sozialreformer

Man kann sich vielleicht keine eindrucksvollere Schau denken auf Erden, als die einsame Weite der römischen Campagna in Abendbeleuchtung. Denke man sich einen Augenblick den Klängen und Bewegungen der lebenden Welt entrückt und allein in diese wilde und brache Ebene versetzt zu sein. Die Erde gibt nach und zerkrümelt sich unter den Füßen, trete man noch so leicht auf, denn ihr Grund ist weiß, hohl und zerfressen wie das staubige Überbleibsel menschlicher Gebeine. Das knotige lange Gras weht und wendet sich schwach im Abendwind hin und her und die Schatten seiner Bewegungen schütteln sich wie im Fieber an den Trümmerwällen, die sich zum Sonnenlicht erheben. Hügel von modernder Erde schwellen ringsherum an, als ob die Toten drunten im Streit wären und gleichsam um sie niederzuhalten, liegen zerstreute viereckige Blöcke von schwarzem Fels darauf, Reste mächtiger Gebäude, von denen kein Stein auf dem anderen geblieben ist. Ein schwerer, purpurner giftiger Dunst dehnt sich flach über die Wüste hin, verhüllt ihre geisterhaften Wracke massiger Trümmer, deren Risse das rote Licht bleibt, wie sterbendes Feuer auf entweihten Altären und der blaue Rücken des Albaner Berges hebt sich in den feierlichen Raum eines grünen, klaren, stillen Himmels.

Anne Louise Germaine, Baronne de Staël-Holstein
(22. 4. 1766 bis 14. 7. 1817)
Französische Schriftstellerin

Als sie der St. Peters-Kirche näherkam, war ihr erster Gedanke, sich vorzustellen, wie es sein würde, wenn auch diese zur Ruine geworden sein würde, ein Gegenstand der Bewunderung für die kommenden Jahrhunderte. Sie dachte sich die jetzt stehenden Säulen halb auf der Erde liegend, den Bogeneingang zertrümmert, das Gewölbe abgedeckt; selbst dann aber noch wird der ägyptische Obelisk über die neuen Ruinen siegen; dieses Volk hat für die irdische Ewigkeit gearbeitet. Endlich brach der Morgen an, und vom Gipfel der St. Peters-Kirche betrachtete Corinna Rom, hingeworfen in die unbebaute Gegend wie eine Oase in den Wüsten Libyens. Öde umgibt es; aber die Menge von Türmen, von Kuppeln, von Obelisken und von Säulen, die es beherrschen, über denen jedoch St. Peter sich wie-

Rom in Zitaten

der erhebt, geben seinem Anblick eine wundervolle Schönheit. Diese Stadt besitzt gleichsam einen eigentümlichen Reiz; man liebt sie gleich einem beseelten Wesen, ihre Gebäude, ihre Ruinen sind Freunde, denen man Lebewohl sagt.
(Aus: Corinna oder Italien, 1807)

Baronne de Staël-Holstein (Fortsetzung)

Wir besuchten heute abend bei schönem Mondschein das Kolosseum; ich hatte geglaubt, uns würde dort ein Gefühl von sanfter Schwermut erwarten. Aber es stimmt, was Herr Isimbardi uns sagte: Das Klima ist so schön, es atmet solche Wollust, daß selbst der Mondschein hier all seine Traurigkeit verliert.
(Aus: Rom, Neapel und Florenz, 1817)

Stendhal (i.e. M.-H. Beyle) (23. 1. 1783 bis 23. 3 1842 Französischer Schriftsteller

Pantheon

Die Scheibe aus Luft gewichtlos
freigestellt die Ringe aus Stein
gemacht daß die Scheibe
hinzieht von Sonne gefüllt
oder Schatten grau
schwebt

als Gleichnis
erreichbare Wahrheit

(1982)

Franz Tumler (geb. 16. 1. 1912) Österreichischer Erzähler und Lyriker

Das Haupt und die Krone aller Kirchen ist ohne Zweifel St. Peter, und wenn die Alten es für ein Unglück hielten, den Tempel des olympischen Jupiters nicht gesehen zu haben, so könnte dieses noch eher von St. Peter gesagt werden. Denn dieses Gebäude ist größer als der Tempel der Griechen und Römer und wird auch an Baukunst und Pracht jene alle übertreffen. Ich gehe niemals hin, ohne Gott zu preisen, daß er mich so glücklich gemacht hat, dieses Wunderwerk zu sehen und viel Jahre zu sehen und kennen zu lernen.

Johann Joachim Winckelmann (9. 12. 1717 bis 8. 6. 1768) Deutscher Kunsthistoriker und Schriftsteller

Rom ist nicht mehr in Rom, Rom wird eine halbe Welt sein oder nicht mehr sein. (...) In gestaltloser Wucht wie von ungefähr an das Ufer seines Stromes hingegossen, mußte Rom zum Staat werden, um sich mitteilen zu können. Mein Wille war es, daß dieser Staat in neue Dimensionen hineinwachsen sollte, daß er zur Weltordnung würde und zur Ordnung aller Dinge. Die Tugenden, die für das bescheidene Leben auf den sieben Hügeln genügten, mußten sich vervielfältigen und verfeinern, um den Bedürfnissen einer Weltherrschaft zu entsprechen. (...) Je mehr es Rom gelingen wird, die Enge seiner steinernen Leiblichkeit zu sprengen, je sicherer winkt ihm aus dem Staatsbegriff, aus dem Bürgersinn, aus dem Rechtsgedanken die Palme der Unsterblichkeit.
(Aus: Ich zähmte die Wölfin – Die Erinnerungen des Kaisers Hadrian, 1951)

Marguerite Yourcenar (geb. 8. 6. 1903) Französische Schriftstellerin

Übersichtsplan der Innenstadt

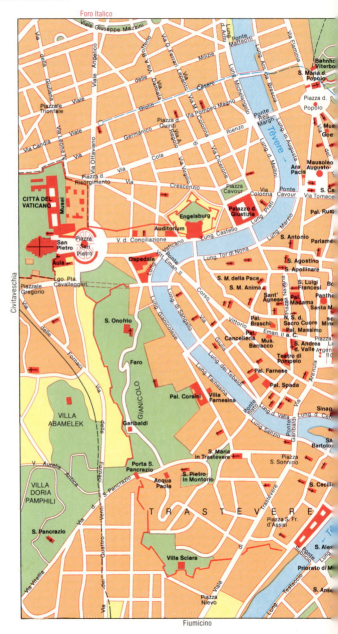

Übersichtsplan der Innenstadt

37

Sehenswürdigkeiten von A bis Z

Vorschläge für die Gestaltung eines Kurzaufenthaltes in Rom findet man unter dem Stichwort 'Besichtigungsprogramm' bei den Praktischen Informationen im hinteren Teil dieses Reiseführers.

Hinweis

*Ara Pacis Augustae (Friedensaltar des Augustus)   D 5

Zwischen dem Mausoleum des Augustus (→ Mausoleo di Augusto) und dem Tiber steht die Ara Pacis Augustae, der Friedensaltar des Augustus. Kaiser Augustus brachte nach den Wirren der Bürgerkriege, 'sozialen Kriege' wie dem Spartakusaufstand und nach Niederringen seiner Gegner dem Römischen Reich Frieden: Das goldene Augustäische Zeitalter brach an. Deshalb "beschloß der Senat", heißt es in dem Res Gestae, in dem Rechenschaftsbericht des Augustus an seinem Mausoleum (jetzt auch im Außenbau der Ara Pacis), "als Weihegeschenk den Altar des Augustäischen Friedens auf dem Marsfeld zu errichten". Der Altar, zwischen 13. und 9. v. Chr. erbaut, wurde im 16. und 19. Jh. unter dem Erdreich wieder aufgefunden und freigelegt. In ihm kommt das Imperium Romanum des Augustus, das kaiserliche Weltreich mit seinen religiösen Wurzeln und Feiern, seinem beherrschenden Machtanspruch, dem Kaiserhaus und den staatstragenden Institutionen zu vollendetem Ausdruck.
Die äußere Umfassungsmauer des Altars, die aus Carrara-Marmor gefertigt wurde, ist unten reich mit Ornamenten versehen: Blattranken aus Akanthus, Efeu, Lorbeer und Wein, dazwischen Kriechtiere und Vögel. Den oberen Teil nehmen (alle vier Seiten) Bilderfriese ein: An den Schmalseiten Darstellungen aus der Myhologie, an den Längsseiten Reliefs über geschichtliche Ereignisse, Allegorien der Fruchtbarkeit und Vögel (→ Abb. S. 41). Auf zehn Stufen steigt man zu dem Sockel (11,62 × 10,60 m) empor, in dessen Mitte der Altar steht.
Von den Reliefs am eigentlichen Altar, den Löwensphingen bewacht, ist nur etwa ein Drittel erhalten geblieben. Sie zeigen Opferfeiern.

Lage
Via di Ripetta/
Piazza Augusto
Imperatore

Buslinien
2, 26, 81, 90, 115,
507, 911, 913

Öffnungszeiten
Di.–Sa.
9.00–12.30,
15.30–17.30,
Mo., So.
9.00–12.30

*Arco di Costantino (Triumphbogen des Konstantin)   E 7

Der Triumphbogen für Kaiser Konstantin, vom Senat nach dem Sieg über Maxentius an der Milvischen Brücke (312 n.Chr.) zu Ehren des "Befreiers der Stadt und des Friedensbringers" errichtet, ist der größte (Höhe 21 m, Breite 25,70 m, Tiefe 7,40 m) und besterhaltene der römischen Siegesbögen, obwohl auch er wie das → Colosseo (Kolosseum) in die Festung der Frangipani miteinbezogen war und erst im 16. Jh. und endgültig im 19. Jh. freigelegt wurde. Zur Ausschmückung des dreiteiligen Bogens, dessen umfangreiche Restaurierung 1990 abgeschlossen werden konnte, wurden Reliefs älterer Denkmäler benutzt; die römische Bildhauerzunft war Anfang des 4. Jh.s nicht mehr auf der Höhe ihres Könnens. Deshalb zeigen die Darstellungen auch Motive, die mit Konstantin und seinen kriegerischen Leistungen wenig zu tun haben: Auf der Nordseite in Richtung Kolosseum u. a. eine Eber- und Löwenjagd, ein Opfer für Herkules sowie für Apollo von einem Jagdmonument Hadrians, Flußgottheiten und Viktorien; auf der Südseite u. a. eine Bärenjagd, Flußgottheiten und Kriegsszenen aus der Herrschaftszeit des Kaisers Konstantin (Eroberung von Susa, Schlacht an der Ponte Milvio) und des Kaisers Mark Aurel sowie Opferfeiern für Diana und Sylvanus. Den Triumpf des Konstantin zeigt die Ostseite, den Sieg des

Lage
Piazza del
Colosseo/Via di
San Gregorio

U-Bahn-Station
Linie B, Colosseo

Buslinien
11, 15, 27, 81, 85,
87, 88, 118, 673

Straßenbahn-linien
13, 30, 30b

◀ Im Pantheon

39

Arco di Giano

Arco di
Costantino
(Fortsetzung)

Crispus und die Dakarschlacht findet man auf der Westseite.
Das mittlere Feld der Attika auf der Seite des Kolosseums trägt sinngemäß übersetzt die lateinische Inschrift: "Dem Imperator Caesar Flavius Constantinus Maximus, dem frommen und glücklichen Augustus, widmen der Senat und das Volk von Rom diesen Bogen als ein Zeichen des Triumphes, denn durch göttliche Eingebung und durch Großmut hat er mit seinem Heer den Staat mit Hilfe eines gerechten Krieges gleichzeitig vom Tyrannen und von allem Aufruhr befreit."

Arco di Giano (Janus-Bogen; Ianus Quadrifrons)　　　　D 7

Lage
Via del Velabro

Buslinien
15, 80, 90

Der Marmorbau inmitten der Via del Velabro vor der Kirche → San Giorgio in Velabro wurde lange Zeit für den Teil eines Janus-Tempels gehalten. Er diente jedoch als überdachte Straßenkreuzung (Janus) nach vier Seiten (Quadrifrons) an einem belebten Punkt im Geschäftsviertel des antiken Rom. Der sogenannte Janus-Bogen wurde in konstantinischer Zeit mit Steinen aus anderen Bauwerken errichtet. Im Mittelalter hatte das Geschlecht der Frangipani hier einen Stützpunkt.

*Basilica di Massenzio (Basilika des Maxentius)　　　　E 7

Lage
Via dei Fori
Imperiali

U-Bahn-Station
Linie B, Colosseo

Buslinien
11, 27, 81, 85. 87,
88, 118

Die Ruinen der Maxentius- oder Konstantinsbasilika (306–312 n. Chr. unter Kaiser Maxentius als Gerichtsgebäude begonnen und 330 n. Chr. unter Konstantin nach erheblichen Umbauten eingeweiht) zwischen der → Via dei Fori Imperiali und dem → Foro Romano (Forum Romanum) vermitteln einen guten Eindruck von dem einst imposanten Bau, der wie alle römischen Basiliken für Rechtsprechung und Geschäftsverkehr bestimmt war. Das Mittelschiff wölbte sich über einer Fläche von 60 × 25 m bis zu einer Höhe von 35 m, die Seitenschiffe steigen bis zu einer Höhe von 24,50 m empor. Dem Bau dienten die riesigen Thermenanlagen der Kaiser Caracalla und Diokletian als Vorbild. Mächtige korinthische Säulen standen vor den Pfeilern, deren einer heute vor dem Haupteingang der Kirche → Santa Maria Maggiore mit einer Marienstatue auf der Spitze steht. Dieser letzte gewaltige Großbau der römischen Kaiser – im Jahr der Einweihung wurde die Residenz nach Konstantinopel verlegt – wirkte richtungsweisend in der europäischen Architektur, etwa für den Neubau der Basilica di → San Pietro (Peterskirche). Der Verfall der Maxentius-Basilika wurde beschleunigt, als Papst Honorius I. im 7. Jh. die Bronzeziegel abnehmen und damit die alte Peterskirche decken ließ, ein Erdbeben im 9. Jh. zerstörte weitere Teile der Basilika. Reste eines Standbildes von Konstantin, das sich hier einst in der ersten Apsis befand, sind im Hof des → Palazzo dei Conservatori zu besichtigen.
Im Sommer finden hier Konzerte statt.

Basilica di Porta Maggiore　　　　H 6/7

Lage
Via Prenestina 17

Buslinien
152, 153, 154,
155, 156, 157

**Straßenbahn-
linien**
13, 14, 19, 19b,
516, 517

Das unterirdische Heiligtum der Basilica di Porta Maggiore (wahrscheinlich 1. Jh. n. Chr.) gibt trotz seines guten Erhaltungszustandes den Archäologen noch immer Rätsel auf. Das 1917 entdeckte Gebäude liegt 13 m unter dem Erdboden. Es hat die Form einer Basilika, mit einer Vorhalle, einem dreischiffigen 12 × 19 m großen Raum und einer halbrunden Apsis. Das Innere (Mosaikfußboden, Stuckdekorationen an der Decke, Bilderzyklen der Mythologie) legt den Schluß nahe, daß eine mystische Sekte (vielleicht Neupythagoräer) hier ihren Kult feierte. Manche vermuten, daß dieses Gebäude, dessen Typ im römischen Reich offenbar weit verbreitet war, auch auf die Entwicklung der christlichen Basiliken einwirkte.

Basilica di Porta Maggiore

Bilderfries der Ara Pacis Augustae

Arco di Costantino – Triumphbogen des Konstantin

Basilica di San Marco   D 6

Lage
Piazza Venezia

Buslinien
46, 56, 60, 62, 64,
65, 70, 75, 85, 87,
88, 90, 95, 170

Die Überlieferung schreibt dem Papst Marcus im Jahr 336 die Gründung der Kirche zu Ehren des Evangelisten Markus zu. Restaurierungen und Umbauten um 800 sowie im 15 und 18. Jh. geben der Kirche die heutige Gestalt neben und im Palazzo Venezia. (Daß von 1564–1797 die venezianische Gesandtschaft beim Heiligen Stuhl im Palast ihren Sitz hatte und Markus der Stadtpatron Venedigs ist, erscheint also als nachträgliche Fügung.)

Beachtenswert sind die zweigeschossige Vorhalle, der Campanile dicht neben dem Wehrturm des Palastes und das Apsismosaik aus der Zeit Gregors IV. (827–844) mit dem Thema: "Christus übergibt das göttliche Gesetz". Christus, auf einem Podest, umgeben von Aposteln und Heiligen (Papst Gregor als Lebender mit quadratischem Nimbus) über einem Fries, auf dem zwölf Lämmer mit dem apokalyptischen Lamm in der Mitte und zwei Städte symbolisch dargestellt sind.

Borsa (Börse)   D 6

Lage
Piazza di Pietra

Buslinien
26, 87, 94

Die römische Börse ist in eine ausgedehnte antike Tempelanlage hineingebaut, von der noch elf korinthische Säulen an der Längsseite der Börse erhalten sind.

An dieser Stelle erhob sich im Altertum der Tempel des Kaisers Hadrian (Hadrianeum), der lange Zeit für den des Gottes Neptun gehalten wurde. Der Boden des Tempels liegt heute unter dem Straßenniveau.

In den Jahren 1691–1700 wurde der Tempel von Carlo Fontana und seinem Sohn Francesco unter Papst Innozenz II. in das neue Gebäude des Zollamtes integriert, in dem heute die Börse ihren Sitz hat.

Korinthische Säulen der Börse

Abgeordnetenhaus

Campidoglio

Camera dei Deputati (Abgeordnetenhaus)   D 5

Im Palazzo Montecitorio, einem im Jahr 1650 von Bernini im Auftrag von
Papst Innozenz X. Pamphili begonnenen und 1694 von Carlo Fontana fer-
tiggestellten Palast, hat seit 1871 die italienische Abgeordnetenkammer
(Zweites Haus des Parlaments nach dem Senat) ihren Sitz. Anfang dieses
Jahrhunderts wurde der Bau erweitert, um den Bedürfnissen des Parlaments Rechnung zu tragen.
Auf der Piazza Montecitorio steht ein altägyptischer Qbelisk (594 bis
589 v. Chr.). Deutsche Archäologen entdeckten hier die nach eigenen
Angaben "größte Sonnenuhr der Welt". Sie stammt aus dem 2. Jh. n. Chr.,
ihr Zeiger ist der Obelisk. Die 60 m große bronzene Anzeigetafel der Uhr
befindet sich auf der Rückseite der Abgeordnetenkammer, 6,5 m tief unter
dem heutigen Straßenniveau. Darunter liegt die noch berühmtere Sonnenuhr des Augustus.

Lage
Palazzo Monteci-
torio, Piazza di
Montecitorio

Buslinien
52, 53, 56, 58,
58b, 60, 61, 62,
71, 81, 85, 88, 90,
90b, 95, 115

Campidoglio (Kapitol)   D/E 6

Das Kapitol, der kleinste der sieben klassischen Hügel Roms, war im Alter-
tum das politische und religiöse Zentrum der Stadt. Auf seinen beiden
Hügelkuppen standen die beiden wichtigsten Tempel, der des Jupiter
Optimus Maximus Capitolinus und der Juno Moneta; dort, wo sich heute
der Konservatorenpalast (→ Palazzo dei Conservatori) und die Kirche
→ Santa Maria in Aracoeli befinden. In der zwischen ihnen liegenden
Senke breitet sich der heutige Kapitolsplatz aus.

U-Bahn-Station
Linie B, Colosseo

Buslinien
57, 85, 87, 88, 90,
90b, 92, 94, 95,
716, 718, 719

Noch heute vermittelt die Gesamtanlage von Platz und Palästen mit dem
feierlichen Aufgang der Rampentreppe den Eindruck von Größe und
Würde, die die Stadt Rom in all den Jahrhunderten bewahrt hat. Daß die
siegreichen Feldherren im Römischen Reich ihren Triumphzug über die Via
Sacra, den heiligen Weg, hinauf aufs Kapitol halten durften, daß im Mittelalter hier Dichter gekrönt, Volkstribunen bejubelt, daß 1955 die "Römischen Verträge" zur Gründung der Europäischen Wirtschaftsgemeinschaft
und der Europäischen Atomgemeinschaft (EAG und Euratom) unterzeichnet wurden, der römische Bürgermeister seinen Sitz im Senatorenpalast
(→ Palazzo dei Senatori) hat und auf dem Kapitol berühmte Gäste aus
aller Welt empfängt, unterstreicht die Bedeutung des Kapitols. Seit jeher ist
hier die politische Mitte der Stadt, das geistlich-religiöse Zentrum hingegen im Vatikan.

Piazza del Campidoglio
(Kapitolsplatz)

Auf den Kapitolsplatz führt von der Via di Teatro di Marcello eine von
Michelangelo ausgeführte feierliche Rampentreppe: vorbei an einem
Denkmal (links) für den Volkstribun Cola di Rienzo, und weiter an den Sta-
tuen der Dioskuren Kastor und Pollux, den Standbildern des Konstantin
und seines Sohnes, Konstantins II.
Der Platz, ebenfalls von Michelangelo geplant, wird von drei Fassaden, der
des Senatorenpalastes (→ Palazzo dei Senatori) an der Stirnseite, des
Konservatorenpalastes (→ Palazzo dei Conservatori, rechts) und des
"Neuen Palastes des Kapitolinischen Museums" (→ Museo Capitolino,
links) begrenzt, doch nicht eingeengt, da die Gebäude Zugänge (zum
Forum Romanum hinunter) offen lassen. Die Paläste stehen nicht recht-
winklig zueinander, sondern so, daß ein Trapez entsteht, in das Michelangelo ein Oval (durch Stufen) und einen kreisenden Stern (durch helle
Bahnen im Pflaster) setzte. Dadurch wird die Mitte des Platzes betont, in
der einst das Reiterstandbild des Kaisers Markus Aurelius (161 bis

Campo Verano

Aufstieg zum Kapitolsplatz

Campidoglio
(Fortsetzung)

180 n. Chr.) aufgestellt war. Das in früheren Zeiten vergoldete Bronzedenkmal stand ursprünglich vor der Laterankirche (→ San Giovanni in Laterano) und wurde für die Statue Konstantins gehalten, des den Christen freundlich gesinnten Kaisers (deshalb blieb es trotz seiner heidnischen Herkunft von Einschmelzung verschont); erst der vatikanische Bibliothekar Platina erkannte Ende des 15. Jh.s durch den Vergleich von Münzbildnissen die wahre Identität des Reiters; 1538 ordnete Papst Paul III. seine Aufstellung auf dem Kapitolsplatz an. Die Kaiserstatue diente als Vorbild für die großen Reiterstatuen der Gotik wie dem Bamberger Reiter, der Renaissance und des Barock, wie Donatellos Gattamelata in Padua, dem Colleoni-Denkmal von Verocchio in Venedig und Schlüters Denkmal des Großen Kurfürsten auf Berlins Flaniermeile Unter den Linden, wenngleich alle ihr Vorbild an künstlerischer Vollendung übertroffen haben.

Bis 1990 wurde das Reiterdenkmal, das durch die Luftverschmutzung stark beschädigt war, restauriert. Seit Beendigung der siebenjährigen Arbeiten steht die Entscheidung darüber offen, ob das Denkmal, mit einer vor Umwelteinflüßen schützenden Deckschicht versehen, wieder im Freien aufgestellt werden soll, oder ob eine Kopie das Standbild auf dem Sockel ersetzen wird, während das Original seinen neuen Platz im Kapitolinischen Museum behält.

Campo Verano (Friedhof Verano)   H/J 5/6

Lage
Via Tiburtina

Der Campo Verano, die größte Friedhofsanlage der Stadt, liegt, altrömischer Vorschrift folgend, außerhalb der Stadtmauern an der Via Tiburtina (Straße nach Tivoli). Der Friedhof spiegelt das soziale Gefälle der Stadt wider. In den parkähnlichen Quartieren befinden sich luxuriöse Familiengräber und Mausoleen; die Ärmeren hingegen müssen sich mit bescheidenen 'Locoli-Häusern' zufrieden geben. Diese hohen Marmor- und Traver-

Castel Gandolfo

tinaufbauten haben zahlreiche Fächer, in die die Särge hineingeschoben werden.
Besonders lebhaft geht es am Allerheiligen-Fest (1. November) zu, wenn die Römer dort alljährlich ihrer Toten gedenken und die Gräber festlich schmücken.

Linien: 11, 63, 65, 71, 109, 111, 163, 309,311, 411, 415, 490, 492, 495

Linien: 19, 19b, 30, 30b

(Right column:)
Campo Verano
(Fortsetzung)

Bus

Straßenbahn

Cappella di Sant'Ivo im Palazzo della Sapienza D 6

Unverkennbar in der ganzen Stadt Rom ist die Kuppel mit der luftigen Laterne und dem schneckenartig hochgedrehten weißen Türmchen von Sant'Ivo, der Kirche im Palazzo della Sapienza. Die "Sapienza" war seit ihrer Gründung 1303 durch Papst Bonifaz VIII. die römische Universität, bis im Jahr 1935 die neue "Universitätsstadt" größere Räume bot. Der dreistöckige, umfangreiche Palast der Sapienza, heute als Staatsarchiv benutzt, ist das Werk von Giacomo della Porta, der es 1587 im Auftrag von Papst Sixtus V. schuf.
Über den Innenhof zwischen den beiden mächtigen Flügeln des Palastes gelangt man zur Kirche Sant'Ivo, einer Palastkapelle mit beschwingter, sich in konkaven und konvexen Formen abwechselnder Fassade. Ihr Innenraum, der sich in Halbkreisen und Trapezen öffnet, sollte nach dem Plan des Architekten Borromini im Grundriß einer Biene ähneln, dem Wappentier des Papstes Urban VIII. (aus der Adelsfamilie der Barberini). Borromini, der Hausarchitekt der Barberini, hat mit Sant'Ivo ein meisterhaftes Beispiel seiner Kunst in Rom geliefert.

(Right column:)
Lage
Corso del Rinascimento

Buslinien
26, 46, 62, 64, 70, 81, 88, 90

Carcere Mamertino (Mamertinischer Kerker) E 6

Seit dem 4. Jh. v. Chr. war am Fuß des Kapitolinischen Hügels (→ Campidoglio) zum → Foro Romano hin ein Staatsgefängnis eingerichtet. Es bestand aus zwei übereinanderliegenden Gewölbekomplexen, dessen unterer auch Tullianum genannt wurde (nach einem Wasserbehälter). Hier waren, wie die Historiker belegen, der numidische König Jugurtha (104 v. Chr.), der Anführer der Gallier Vercingetorix (46 v. Chr.) und die Mitverschwörer des Catilina inhaftiert. Der christlichen Legende nach wurden hier auch die beiden Apostel Petrus und Paulus gefangengehalten. In dieser Zelt habe Petrus die anderen Gefangenen mit dem Wasser der Quelle aus dem Tullianum getauft. So erhielt die später darin erbaute Kapelle den Namen San Pietro in Carcere (Sankt Peter im Kerker). Die darüberliegende Kirche ist Joseph dem Zimmermann geweiht (San Giuseppe dei Falegnami).

Täglich 9.00–12.30 und 14.00–18.40 Uhr.

(Right column:)
Lage
am Osthang des Kapitol, zum Forum Romanum hin

U-Bahn-Station
Linie B, Colosseo

Buslinien
85, 87, 88

Öffnungszeiten

Castel Gandolfo

Wer nicht mit dem Auto über die Strada Statale N. 7 nach Castel Gandolfo fährt, kann für die Anfahrt zwischen U-Bahn mit Busanschluß (Linie A bis Subaugusta; (von dort – Via Tito Labieno – regelmäßiger Busverkehr) und der Bahnverbindung Ferrovia Roma – Albano wählen.
In Castel Gandolfo befindet sich die päpstliche Sommerresidenz, die als exterritoriales Gebiet zum Vatikanstaat gehört und deren Bau unter Urban VIII. begonnen wurde (1624). Von dem Städtchen, das der Sage

(Right column:)
Lage
25 km südöstlich von Rom

45

Castel Sant'Angelo

Päpstliche Sommerresidenz in Castel Gandolfo

Castel Gandolfo (Fortsetzung)

zufolge von Ascanius (Sohn des Aeneas) gegründet worden ist und das als Alba Longa im Krieg mit Rom unterlag, hat man einen weiten Blick hinein in die römische Campagna bis zur Kuppel der Peterskirche → San Pietro und hinunter zum Albaner See (→ Colli Albani).
Die Kirche San Tommaso di Villanova am Hauptplatz (gegenüber dem päpstlichen Palast) ist ein Werk Berninis.

*Castel Sant'Angelo (Engelsburg)   C 5

Lage
Lungotevere Vaticano/Lungotevere Castello

Buslinien
23, 28, 28b, 34, 64

Öffnungszeiten
Di.–Sa.
9.00–14.00
(im Sommer bis 18.30),
So. 9.00–12.00

Zu den eindrucksvollsten Bauwerken der Antike gehört die Engelsburg (heute Museum). Sie ist ursprünglich ein Grabbau, den Kaiser Hadrian (117–138 n. Chr.) in den letzten Jahren seiner Regierungszeit für sich und seine Nachfolger beginnen und den Kaiser Septimius Severus 193 n. Chr. vollenden ließ. Als Rom durch die Einfälle der Germanen von Norden her gefährdet war und unter Kaiser Aurelian eine neue Stadtmauer (→ Mura Aureliane) erhielt, wurde das Mausoleum des Hadrian in die Befestigungsanlagen miteinbezogen und dank seiner strategisch günstigen Lage zur stärksten Festung Roms ausgebaut. Seinen Namen wechselte das Hadrianeum, als im Jahre 590 Papst Gregor der Große eine Vision hatte: Ein Engel über dem Mausoleum kündigte das Ende der damals herrschenden Pest an, indem er sein Schwert wieder in die Scheide steckte (Bronzestatue von Piet van Verschaffelt aus dem Jahre 1753 auf der Spitze).
Im Jahre 1277 verband Papst Nikolaus III. die Burg mit den → Palazzi Vaticani (Vatikanische Paläste) durch eine "Passetto" genannte Mauer, in der ein gedeckter Gang verläuft; Alexander VI., der Borgia-Papst, sicherte – wegen seiner riskanten Eroberungspolitik aus nicht unverschuldetem Schutzbedürfnis – diesen Gang und befestigte das Kastell mit vier Eckbastionen. In bedrohlichen Situationen suchten die Päpste Zuflucht in der Engelsburg, so Papst Gregor VII. (1084) vor Heinrich IV., Papst Cle-

Castro Pretorio

Castel Sant'Angelo – die Engelsburg

mens VII. vor den Landsknechten Kaiser Karls V. (1527, beim Sacco di Roma), Papst Pius VII. vor den Truppen Napoleons. Berühmte Gefangene, berüchtigte Hinrichtungen haben die Mauern der Engelsburg gesehen. Zeitweilig nahmen sie die Päpstliche Schatzkammer und das Geheimarchiv auf.

Das Mausoleum des Hadrian erhob sich über einem quadratischen Unterbau (84 m Seitenlänge und 15 m Höhe) als Rundkörper mit einem Durchmesser von 64 m und einer Höhe von 20 m. Auf dem Gesims der Travertin- und Tuffquader standen Statuen, auf dem höchsten Punkt eine Quadriga aus Bronze. Der Zylinder mit seinen massiven Mauern, in dessen Innerem sich die Grabkammern der kaiserlichen Familie befanden, bildete den Kern der päpstlichen Festung. Die Päpste, ein jeder nach seinen Bedürfnissen (als kriegerische Schutzwehr oder für Repräsentationszwecke mit aufwendiger Ausschmückung), wandelten in 1500 Jahren den Bau um. Von etwa 1870 bis 1901 diente das Castel Sant'Angelo als Kaserne und Gefängnis, danach wurde es restauriert und als Museum eingerichtet. In 58 Sälen, einige davon reich mit Fresken ausgeschmückt, sieht der Besucher heute eine interessante Waffensammlung, Modelle zur Baugeschichte der Burg, mehrere Kapellen sowie eine Schatzkammer. Von der oberen Plattform der Engelsburg bietet sich eine hervorragende Aussicht auf Rom.

Engelsburg (Fortsetzung)

Castro Pretorio (Kaserne der Prätorianer)   F/G 5

Für die Prätorianer, die persönliche Garde der Kaiser, errichtete Seianus, ein Minister des Tiberius, im Jahre 23 n. Chr. auf einem 460×300 m großen Grundstück eine Kaserne, die mit ihren Befestigungen von Aurelianus in die Stadtmauer (→ Mura Aureliane) einbezogen wurde.

Lage
Via Castro Pretorio

Linien: 9, 163, 310, 415, 492

Bus

Catacombe di Domitilla

Catacombe di Domitilla (Katakomben der Domitilla) F 10

Lage
Via Ardeatina/
Via delle Sette
Chiese 282

Buslinien
94, 218 (vorher 93,
671 oder 118 und
dann umsteigen
auf 94 oder 218)

Öffnungszeiten
Mo, Mi.–So.
8.30–12.00 und
14.30–17.00 (im
Sommer bis 17.30)

Die Domitilla-Katakomben sind die größten und gehören zu den eindrucksvollsten der römischen Katakomben. Diese unterirdischen Grabstätten dienten heidnischen wie christlichen Römern als Friedhof, die es nicht vorzogen, ihres Reichtums oder ihres Rufes wegen sich an den großen Ausfallstraßen Roms begraben zu lassen. Domitilla war eine entfernte Nachfahrin von Vespasian. Nachdem sie zum Christentum bekehrt worden war, erlaubte sie Glaubensgefährten im Familiengrab ihre letzte Ruhe zu finden. Die Christen versammelten sich am Gedächtnistag eines bekannten Mitglieds der Gemeinde an dessen Grab (sie feierten also nicht immer in den Katakomben ihre Gottesdienste → Praktische Informationen, Katakomben).
In den Domitilla-Katakomben liegt die Basilika der heiligen Nereus und Achilleus, eine unterirdische Kirche, die mit ihren Säulen und Marmorfragmenten höchst eindrucksvoll wirkt. Von der Basilika geht man in die Gänge mit den Grabkammern und Wandnischen. Man findet dort noch gut erhaltene Malereien mit christlichen Themen ("Der gute Hirte", "Daniel in der Löwengrube", "Christus und seine Jünger" etc.).

Fosse Ardeatine

Etwa 300 m von der Catacombe di Domitilla entfernt liegt die Fosse Ardeatine mit einem Mausoleum zum Gedenken an die hier im März 1944 von den Deutschen als Vergeltung für einen Bombenanschlag erschossenen 335 italienischen Geiseln.

Catacombe di Priscilla (Katakomben der Priscilla) G 2

Lage
Via Salaria Nuova
430

Buslinien
135, 235, 319

Öffnungszeiten
Di.–So.
8.30–12.00 und
14.30–17.00 (im
Sommer bis 18.00)

Diese Katakomben, die ältesten in Rom, verdanken ihren Namen vermutlich der aus dem Hause Acilia stammenden Priscilla, die zum Christentum übergetreten war und deshalb auf Befehl Domitians getötet wurde. In den Katakomben befinden sich mehrere Wandgemälde mit Heiligen und frühchristlichen Symbolen. Die Grabkammer der Velatio birgt Fresken der "Schleiernahme", "das Opfer Abrahams" und eine Darstellung der "Drei hebräischen Jünglinge im Feuerofen". Besonders beachtenswert ist eine griechische Kapelle (Abb. S. 195), ein Geviert, welches durch einen Bogen gegliedert wird. Hier ist ein Fresko aus dem 2. Jh. zu sehen, das Szenen aus dem Alten und dem Neuen Testament zeigt ("Der Sommer", "Phönix auf dem Scheiterhaufen", "Drei hebräische Jünglinge im Feuerofen"; über der Apsis eine 'Fractio panis', Darstellung des Letzten Abendmahls).
Nahebei zeigt ein Gemälde vom Anfang des 3. Jh.s Maria mit dem Kind und dem Propheten Balaam (Abb. S. 195), die älteste Darstellung der Muttergottes unabhängig vom Thema der Anbetung der Magier. Das in der Capella Graeca (griechische Kapelle) erhaltene Gemälde von Maria mit dem Kind zusammen mit den Magiern stammt aus der zweiten Hälfte des 2. Jahrhunderts.

*Catacombe di San Callisto (Katakomben des hl. Kalixtus) G 10

Lage
Via Appia Antica

Buslinien
118, 218

Die Katakomben des Kalixtus wurden von Papst Johannes XXIII. "die erhabensten und berühmtesten Roms" genannt. Diese unterirdischen Grabanlagen in der → Via Appia Antica erstrecken sich in vier Geschossen auf einer Fläche von 300×400 m und bilden ein verwickeltes Netzwerk von Grabkammern und Gängen, die in den weichen Tuff des römischen Bodens getrieben wurden. Etwa 20 km dieser Gänge sind bisher erforscht. Die Zahl der Gräber wird auf rund 170000 geschätzt.
In den Katakomben sind in sechs Sakramentskapellen (zwischen 290 und 310 entstanden) römisch-heidnische und frühchristliche Malereien zu

Cerveteri

sehen. In der "Krypta der Päpste", zu der man auf 35 Stufen hinuntersteigt, sind die meisten Märtyrer-Päpste des 3. Jh.s begraben, ersichtlich aus den griechischen Inschriften (Urban I., Pontius, Anteros, Fabianus, Lucius, Sixtus II., Eutychianus).
Links neben der Papstkapelle liegt die Kammer der hl. Cäcilia mit Wandfresken des 8. Jh.s (das Grab befindet sich heute in der Kirche → Santa Cecilia in Trastevere).
Besondere Erwähnung verdienen ferner die Grabkammer des Papstes Eusebius (309–311), die Krypta der Lucina mit Wandmalereien des 2. Jh.s (Fische als Symbole der Eucharistie) und das Grab von Papst Cornelius (251–253).

Catacombe di San Callisto (Forts.)

Öffnungszeiten
Mo., Di., Do.–So.
8.30–12.00 und
14.30–17.00 (im
Sommer bis 17.30)

Cerveteri

Cerveteri ist aus dem alten Caere (Caere Vetus verschmolzen zum heutigen Namen) der Etrusker hervorgegangen.
Vom 8. bis 4. Jh. v.Chr war es Handels- und Machtzentrum eines etruskischen Teilstaates.

Lage
51 km nordwestlich von Rom in der Nähe der Via Aurelia

Seine Nekropole (nördlich der heutigen Ortschaft auf dem Tuffhügel Banditaccia gelegen) führt durch den Reichtum der aufgefundenen Grabbeigaben umfaßend in das Leben und den Totenkult des Volkes ein, das vor den Römern in ganz Mittelitalien seßhaft war und eine hohe Kultur in Architektur, Malerei, Bildhauerkunst und Schmiedehandwerk entfaltete.
Die hier gefundenen Gold- und Bronzearbeiten (Vasen und Urnen) sowie Malereien sind auf Museen in Paris, London und Rom verteilt.

Die eindrucksvollsten Gräber sind die Tomba (Grab) dei Capitelli, dei Dolii, dei Vasi Greci, dei 13 Cadaveri, dei Rilievi, della Cassetta, dei Letti e Sarcofagi sowie der Tumulus (Grabhügel) della Cornice und der Ophelia Maroi.

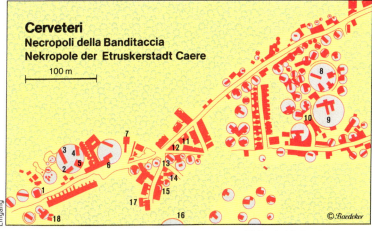

1 Tomba dei Capitelli
2 Tomba dei Letti e Sarcofagi
3 Tomba della Capanna
4 Tomba dei Dolii
5 Tomba dei Vasi Greci
6 Tomba dei 13 Cadaveri
7 Tomba dei Rilievi
8 Tumulo del Colonello
9 Tumulo Mengarelli
10 Tumulo Maroi
11 Tomba di Marce Ursus
12 Tomba della Casetta
13 Tumulo della Quercia
14 Tumulo dei 2 Ingressi
15 Tumulo della Cornice
16 Grande Tumulo della Tegola Dipinta
17 Tomba dei 6 Loculi
18 Tombe della Spianata

49

Chiesa Nuova

Oratorio dei Filippini und Chiesa Nuova

*Chiesa Nuova ("Neue Kirche"; Santa Maria in Vallicella)   C 6

Lage
Piazza della
Chiesa Nuova
(Corso Vittorio
Emanuele II)

Buslinien
46, 62, 64

Der heilige Filippo Neri, im 16. Jh. Gründer einer Priestergemeinschaft (Oratorium), ließ über einer seit dem 12. Jh. hier bestehenden Johannes-Kirche eine neue Kirche errichten: Santa Maria in Vallicella. Vom Volk wird sie jedoch nur die "Neue Kirche" genannt. Mehrere Geldgeber und Architekten waren an dem Bau beteiligt.

Die Kirche beeindruckt außen durch ihre von Fausto Rughesi gestaltete mächtige Fassade und die Vierungskuppel, die weit aus dem Häusermeer der Innenstadt herausragt.
Im Innern der hohen, dreischiffigen, kreuzförmigen Pfeilerbasilika, die mit prachtvollem Goldstuck ausgestattet wurde, sollte der Besucher vor allem die Mitte des 17. Jh.s von Pietro da Cortona gemalten Fresken ("Gottvater und Christus" in der Kuppel und "Himmelfahrt Mariens" in der Apsis) sowie die Frühwerke von Peter Paul Rubens am Hochaltar (Madonnenbild mit Engelsglorie und andere Heiligenbilder) beachten. Links vorn neben dem Chor die Kapelle für den hl. Philipp Neri mit seinem in Marmor und Perlmutt gehaltenen Grab.

Cimitero degli Stranieri acattolico (Protestantischer Friedhof)   D 8

Lage
Via Caio Cestio

Buslinien
11, 23, 57, 92, 95,
318, 673, 716

Neben der → Piramide di Caio Cestio (Cestius-Pyramide) im Innern der Stadtmauer → Mura Aureliane liegt der Protestantische Friedhof.
Berühmte Ausländer fanden hier ihre letzte Ruhestätte, so August Goethe, dessen Grabinschrift nur den "Sohn Goethes" gelten läßt, Shelley (englischer Dichter), der 1822 im Golf von La Spezia ertrank, und Keats, der am 24. Februar 1821 starb.

Colli Albani

Circo Massimo (Circus Maximus)   D/E 7

Der Legende nach soll der südlich gegenüber dem Palatin gelegene Circus Maximus von Tarquinius Priscus an der Stelle gegründet worden sein, wo der Raub der Sabinerinnen stattfand. Tatsächlich aber wurde der in erster Linie für Wagenrennen konzipierte Circus erst im 2. Jh. angelegt.
Die Anlage umfaßt in ihrer Länge 500 m mit zwei Bahnen und konnte 300000 Zuschauer aufnehmen. Die Überreste einstiger Bauten stammen aus der Zeit unter Kaiser Trajan. Der unter Kaiser Augustus hier aufgestellte Obelisk, ziert heute die → Piazza del Popolo.

Lage
Via dei Circo Massimo

U-Bahn-Station
Circo Massimo

Città Universitaria (Universitätsstadt)   G/H 5/6

Da die ehemalige Päpstliche Universität, die Sapienza (am Corso del Rinascimento) zu klein wurde, plante man seit 1870 einen Universitätsneubau, den Mussolini von 1932 bis 1935 als großen Komplex ausführen ließ; heute freilich ist er für die Masse der Studierenden längst zu klein geworden. In der Universitätsstadt befinden sich auch mehrere kleine Museen.

Lage
Viale delle Scienze

Buslinien
11, 71, 109, 111,
309, 310, 311,
411, 415, 492

Colli Albani (Albaner Berge)

Im Gebiet der Albaner Berge hatten früher die römischen Adelsfamilien und Päpste ihre Burgen. Daher wird das Gebiet auch Castelli Romani (Römische Schlösser) genannt. Heute ziehen sich viele Römer wegen der besseren Luft und der größeren Ruhe in diese höher als Rom gelegenen Zonen zurück. Die vulkanischen Berge steigen bis zu einer Höhe von 949 m auf (Monte Cavo); die Krater der Vulkane bilden zwei Seen, den Lago di Albano (Albaner See) und den Lago di Nemi (Nemisee).
Auf den Abhängen dieses Gebietes wächst ein guter Wein (mit der Bezeichnung Castelli Romani). Aus den alten Burgen haben sich bevölkerte Städtchen entwickelt: Das für gesundes Klima und trockene Weißweine bekannte Frascati, → Grottaferrata, das malerisch auf einem Bergvorsprung gelegene Marino, → Castel Gandolfo, Albano, Ariccia, Genzano, Nemi (kleines Schiffsmuseum) und das von schönen Wäldern umgebene Rocca di Papa am Außenrand eines großen ehemaligen Vulkankraters, der sogenannten Campo di Annibale.

Lage
20–30 km südöstlich von Rom

U-Bahn-Station
Linie A bis Cinecittà (von dort – Via Tito Labieno – regelmäßiger Busverkehr)

Eisenbahn
Ferrovia Roma-Albano

Lago di Albano

Der Krater des Albaner Sees (etwa 3,5 km lang und 2 km breit, 293 m hoch gelegen und bis zu 170 m tief) ist – von welchem Punkt auch immer – landschaftlich besonders reizvoll. Durch einen unterirdischen Ableitungskanal (Emissarium, 1,20 m breit, 1,60 m hoch und 2500 m lang) wird der Wasserspiegel des Sees auf gleicher Höhe gehalten; die überflüssige Wassermenge wird dem Tiber zugeführt. Die erste Anlage wurde von römischen Ingenieuren bereits 397 v. Chr. gebaut, und zwar aufgrund einer Weissagung, daß die Römer sonst die Etrusker-Stadt Veji nicht erobern würden.

Colombario di Pomponio Hylas (Kolumbarium des Pomponius Hylas)   F 8

Ein Kolumbarium ist eine für ein Gemeinschaftsgrab vorgesehene Grabkammer mit mehreren Wandnischen zur Aufnahme der Urnen; ihren Namen erhielt sie von ihrer Ähnlichkeit mit einem Taubenschlag (Colomba = Taube).

Lage
Via di Porta San Sebastiano

Colonna di Marco Aurelio

Colombario di
Pomponio Hylas
(Fortsetzung)

Ein besonders gut erhaltenes Exemplar, neben den Gräbern der Scipionen (Sepolcro degli Scipioni) zwischen der Via Appia und der Via Latina gelegen, ist das des Pomponius Hylas und seiner Frau. Vitalinis Pomponius Hylas war ein freigelassener Sklave,der es wohl in der Zeit der Kaiser Augustus und Tiberius zu Wohlstand gebracht hatte.

Bus Linie 118

Öffnungszeiten Di.–Sa. 10.00–17.00 (im Sommer bis 18.00), So. 9.00–12.00

*Colonna di Marco Aurelio (Mark-Aurel-Säule) D 6

Lage
Piazza Colonna

Mark-Aurel-Säule

Die Piazza Colonna mit dem Palazzo Chigi (Sitz des italienischen Ministerpräsidenten) wird beherrscht von der Ehrensäule des Kaisers Mark Aurel. Der römische Senat ließ nach dem Sieg Mark Aurels über die Markomannen, Quaden und Samaten diese Ehrensäule in der Mitte des Platzes, zwischen den Tempeln für die Kaiser Hadrian und Mark Aurel sowie anderen öffentlichen Gebäuden, errichten (die Inschrift am Fuß der Säule schreibt sie irrtümlich dem Kaiser Antonius Pius zu; daher auch manchmal so genannt). Die Säule, 29,60 m hoch (mit der Basis und dem Kapitell sogar 42 m) und mit einem Durchmesser von 3,70 m, wird von 29 Marmortrommeln (aus Carrara, dem damaligen Luni) gebildet, die auf einem spiralförmig steigenden Relief Szenen aus den Germanischen (171–173) und den Sarmatischen (174–175) Kriegen darstellen. Die Figuren der Soldaten und Pferde treten stärker aus dem Marmorgrund hervor als die der Trajanssäule; sie geben Aufschluß über Waffen und Uniformen, Techniken und Sitten der damaligen Zeit.
Im Innern der Säule führt eine Treppe (190 Stufen) zur Spitze, auf der früher ein Denkmal des Kaisers stand, seit 1589 jedoch die Bronzestatue des Apostels Paulus (von Domenico Fontana) ihren Platz hat.

Bus Linien: 52, 53, 56, 58, 58b, 60, 61, 62, 71, 81, 85, 88, 90, 90b, 95, 115

**Colosseo (Kolosseum) E 7

Lage
Piazza del Colosseo

U-Bahn-Station
Linie B, Colosseo

Buslinien
11, 15, 27, 81, 85, 87, 88, 118, 673

Straßenbahnlinien
13, 30, 30b

Öffnungszeiten
Di.–Sa.
9.00–15.30 (im Sommer bis 19.00), So., Mo., 9.00–13.00;
Zugang zu den Untergeschossen:
Di.–Fr. 9.00–12.00

Das Kolosseum, das Amphitheater der Flavier, ist das größte geschlossene Bauwerk der römischen Antike. Seine Form als Wettkampfarena ist bis in die moderne Zeit maßgebend: Wir schauen uns sportliche Wettkämpfe nicht anders an, als es sich die Architekten des Flavischen Kaiserhauses, eines Vespasian und eines Titus, ausgedacht haben. Mit dem Kolosseum wollten die Kaiser den Wunsch der Römer nach Circenses, nach Unterhaltung und Vergnügungen durch Zirkusspiele, erfüllen; ihr Ziel scheint erreicht worden zu sein (s. auch Titelbild).

Ein Bronzekreuz in der Arena soll daran erinnern, daß im Kolosseum in der Kaiserzeit christliches Märtyrerblut vergossen wurde. Historiker bezweifeln jedoch, daß sehr viele Christen während der Verfolgungen an diesem Ort sterben mußten.

Der Baukörper des Kolosseums ist so gut erhalten, daß er eindrucksvoll die ursprüngliche Form veranschaulicht, doch zugleich so beschädigt, daß er auch die Leiden seiner Geschichte zeigt: Brände, Erdbeben, Vernachlässigung der Wettkampfstätte durch die Christen, Umbau in eine Festung (der Frangipani), Verwendung seiner Schmuck-, Marmor-, Travertin- und Ziegelsteine für römische Paläste (→ Palazzo Venezia, → Palazzo della Cancelleria, → Palazzo Farnese) und Gefährdung durch den Verkehr.
Im Jahre 72 n. Chr. ließ Kaiser Vespasian den Riesenbau an der Stelle, wo im Bezirk der → Domus Aurea des Kaisers Nero die Kolossalstatue Neros

Colosseo

Colosseo – das flavische Amphitheater

Blick in die Zuschauerränge und unterirdischen Korridore

Domine Quo Vadis

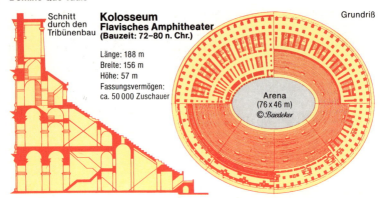

Colosseo
(Fortsetzung)

stand (daher der Name), beginnen. Sein Sohn Titus vergrößerte das Theater um das vierte Geschoß und feierte die Eröffnung im Jahre 80 mit Festspielen.
Der Bau, in dessen 78 m langer und 46 m breiter Arena Theateraufführungen, Festspiele, Zirkusdarbietungen und sportliche Veranstaltungen stattfinden konnten, war 186 m lang und 156 m breit (also ein Oval und nicht ein Rund, wie der Augenschein nahezulegen scheint). Er war 57 m hoch und bot rund 50000 Menschen Platz: im ersten Stock dem kaiserlichen Hof und den Staatsbeamten, im zweiten den vornehmen Familien, im dritten und vierten dem gemeinen Volk. Außen treten aus den Travertinmauern Halbsäulen hervor, die im ersten Geschoß der dorischen, im zweiten der jonischen und im dritten der korinthischen Form nachgebildet sind. Der technische Aufwand für die Vorführungen war immens, die Zuschauerränge wurden so klug angelegt, daß die 50000 Menschen in wenigen Minuten zu ihren Plätzen gelangen oder das Theater verlassen konnten. Von der Mauer des obersten Stockwerkes konnte von 240 Masten aus ein Zelt gespannt werden. Leider sind die prachtvolle Ausschmückung und Einrichtung des Innern verloren.
Unter der Arena lagen die Umkleidekabinen und Trainingsräume für die Gladiatoren, Käfige für die wilden Tiere und Magazinsäle; ihre Mauern sind gut sichtbar, weil der Fußboden der Arena eingestürzt ist.

Domine Quo Vadis (Kirche: "Herr, wohin gehst du?") F 9

Lage
Via Appia Antica,
km 0,8

Buslinien
118, 218

Die Legende berichtet, daß Apostel Petrus aus Angst vor dem Martyrium nach seiner Befreiung aus dem Kerker aus Rom fliehen wollte. Auf der Via Appia sei ihm ein Wanderer begegnet, den Petrus fragte: "Herr, wohin gehst Du?" ("Domine, quo vadis?"), worauf ihm dieser antwortete: "Ich komme, um mich ein weiteres Mal kreuzigen zu lassen!" ("Venio iterum crucifigi!"). Da erkannte Petrus, daß Christus mit ihm sprach, und kehrte beschämt um.

In Erinnerung an diese Erzählung, die der bekannte Roman "Quo vadis?" von Henryk Sienkiewicz aufgenommen hat, wurde im Mittelalter (9. Jh.) ein Kirchlein "Domine Quo Vadis" (eigentlich: Santa Maria in Palmis) errichtet, das im 17. Jh. umgestaltet wurde.

Im Innern der Kirche findet man gleich am Eingang in der Mitte eine Nachbildung der Fußspur Christi. Linker Hand erinnert eine Büste (1977) von Boguslaw Langman an den Schriftsteller Sienkiewicz.

E. U. R./Esposizione Universale di Roma

Domine Quo Vadis

Henryk-Sienkiewicz-Büste

Domus Aurea (Goldener Palast des Nero)   E 6/7

Der Brand Roms im Jahre 64 n. Chr. kam Nero gelegen. In dem frei gewordenen ausgedehnten Bezirk sollte dem Wunsch des Kaisers gemäß eine riesige und zugleich prachtvoll ausgestattete Residenz entstehen. In den unvollendeten Komplex, der eine größere Grundfläche als der heutige Vatikanstaat einnahm, setzten Neros Nachfolger andere Bauten, etwa an die Stelle des künstlichen Sees das Kolosseum (→ Colosseo).
In der Renaissance-Zeit begann man in dem Gebiet zwischen dem Forum Romanum (→ Foro Romano) und dem Esquilin-Hügel mit Ausgrabungen, die eine Fülle von antiken Kunstwerken, Fresken und Marmorstandbildern zu Tage förderten, darunter die heute im Vatikanischen Museum ausgestellte Laokoon-Gruppe (→ Vatikan – Musei Vaticani).

Di.–So. 9.00–13.00 Uhr.

Lage
Viale Monte Oppio

U-Bahn-Station
Linie B, Colosseo

Buslinien
15, 81, 85, 87, 88

Straßenbahnlinien
13, 30, 30b

Öffnungszeiten

Engelsburg

→ Castel Sant' Angelo

*E.U.R.: Esposizione Universale di Roma   H–K 10–12

Für das Jahr 1942 war in Rom eine Weltausstellung geplant. Die Arbeiten begannen 1938, mußten jedoch aufgrund des Kriegsausbruches unterbrochen werden. Mussolinis Plan war, zwischen dem alten Rom und dem Meer eine Satellitenstadt zu schaffen, die dank ihrer modernen Anlagen

U-Bahn-Stationen
Linie B, EUR-Marconi, EUR-Fermi

Fontana dell'Acqua Felice

E.U.R.
(Fortsetzung)

die alten Paläste des päpstlichen Roms in den Hintergrund zu drängen vermochte. Im monumentalen Stil der faschistischen Epoche wurden Straßen angelegt und ausgedehnte Gebäude (Kongreßpalast, Arbeitspalast, Museen, wie das → Museo della Civiltà Romana) errichtet. Nach dem Krieg kamen zum Teil architektonisch vorbildliche Bauwerke hinzu.

Bus

Linien: 93, 97, 123, 197, 223, 293, 393, 493, 593, 671, 703, 707, 708, 762, 765, 775

Fontana dell'Acqua Felice (Brunnen)   E 5

Lage
Via Orlando
(Ecke Piazza San Bernardo)

Sixtus V. gab 1585 den Auftrag für den Brunnen, dessen Zentralfigur Moses darstellt. Der Papst, Felice Peretti (daher der Name des Brunnens), dem Rom so viele großartige Bauten zu verdanken hat, bewies jedoch bei der Auswahl der Künstler keine glückliche Hand. Von dem Bildhauer des Moses, dem Prospero di Brescia, wird berichtet, er sei vor Gram gestorben oder habe sogar Selbstmord verübt, als er sein Werk mit dem Moses des Michelangelo in → San Pietro in Vincoli verglich.

Bus

Linien: 16, 37, 60, 61, 63, 415

*Fontana delle Tartarughe (Schildkrötenbrunnen)   D 6

Lage
Piazza Mattei

Der Florentiner Bildhauer Taddeo Landini schuf von 1581–1584 nach Zeichnungen von Giacomo della Porta den Brunnen. Aus seinem Becken erhebt sich ein mit vier Muschelschalen geschmücktes Fundament. Vier Epheben, schlanke, verspielt erscheinende Jünglingsgestalten mit empor-

Schildkrötenbrunnen

Tritonenbrunnen

Foro di Cesare

gestreckten Armen, tragen über ihren Köpfen eine große Schale. Die am Schalenrand sitzenden Schildkröten (und damit seinen Namen) erhielt der Brunnen im 17. Jahrhundert.

Schildkröten-brunnen (Forts.)

Linien: 26, 44, 58, 60, 65, 75, 170, 710, 718, 719

Bus

*Fontana di Trevi (Trevi-Brunnen) D 5/6

Inmitten eines kleinen, von Häusern eng begrenzten Platzes erhebt sich Roms größter Brunnen, die Fontana di Trevi. Bereits Agrippa, der Mäzen der Künstler im 1. Jh. v.Chr., ließ hier eine Wasserleitung für seine Thermen anlegen, die später auf Geheiß der Päpste wiederhergestellt wurde. Clemens XII. gab den Auftrag für den großartigen Brunnen an Nicolò Salvi, der von 1732 bis 1751 damit sein Meisterwerk schuf. Der Brunnenprospekt, 20 m breit und 26 m hoch, an die Rückseite des Palastes der Herzöge von Poli gebaut, zeigt das "Königreich des Ozeans", den Meeresgott Oceanus (Neptun, → Abb. S. 8) mit Rossen (das eine wild, das andere friedlich), Tritonen und Muscheln. Das Wasser umtost die Figuren und künstlichen Felsen und sammelt sich in einem riesigen Becken. Dort finden sich auch jene Münzen, die nach alter Sitte von Besuchern Roms in den Brunnen geworfen werden, um sich die Rückkehr in die Ewige Stadt zu sichern.
Die 1988 begonnene umfangreiche Restaurierung des Brunnens wird voraussichtlich noch bis Ende 1991 dauern.

Lage
Piazza di Trevi

U-Bahn-Station
Linie A, Barberini

Buslinien
52, 53, 56, 58, 58b, 60, 61, 62, 71, 81, 85, 88, 90, 90b, 95, 115, 415

*Fontana del Tritone (Tritonenbrunnen) E 5

In der Mitte der Piazza Barberini erhebt sich die Fontana del Tritone, ein Meisterwerk Berninis (1632–1637) für Urban VIII. (aus dem Geschlecht der Barberini). Vier Delphine halten mit ihren Leibern das Wappen der Barberini mit den drei Bienen. Aus einer großen Muschelschale wächst ein Triton empor, der aus einer zweiten Schale, von der aus ein Strahl gen Himmel steigt, Wasser schlürft. Gegenüber, am Beginn der → Via Veneto, steht der sogenannte Bienenbrunnen, ebenfalls von Bernini (1644) für Urban VIII. errichtet.

Lage
Piazza Barberini

U-Bahn-Station
Linie A, Barberini

Buslinien
52, 53, 56, 58, 60, 61, 62, 71, 80, 415

Foro di Augusto (Forum des Augustus) E 6

Vom Forum des Augustus an der Via dei Fori Imperiali sind wenig mehr als drei Säulen erhalten geblieben. Diese gehörten zum Tempel des Mars Ultor (Tempel des rächenden Mars), den Augustus zum Andenken an die Schlacht von Philippi (42 v.Chr.; Rache an den Mördern Caesars) im Jahre 2 v. Chr. einweihte. Um 1200 nutzten Johanniter-Ritter, später Rhodos- und Malteser-Ritter die Ruinen für ihre Paläste. In einer ehemaligen Exedra und im Antiquarium befindet sich heute das Priorat der Malteser-Ritter.
Lageplan: → Foro Romano.

Lage
Via dei Fori Imperiali, Eingang: Piazza del Grillo 1

U-Bahn-Station
Linie B, Colosseo

Foro di Cesare (Forum des Caesar) E 6

Das Forum des Caesar (auch Forum Julium) liegt zu Füßen des Kapitolinischen Hügels (→ Campidoglio), zum Teil in den Grünanlagen und Parkplätzen der Via dei Fori Imperiali. Es wurde zwischen 54 und 46 v. Chr. im Auftrag (und mit dem Geld) des Gaius Iulius Caesar angelegt. Caesar wollte seinen Ruhm mehren und zugleich Bedürfnisse der römischen Bürger erfüllen, denen das alte Forum Romanum nicht mehr genügte. Von

Lage
Via dei Fori Imperiali

U-Bahn-Station
Linie B, Colosseo

Foro di Nerva

Foro di Cesare (Fortsetzung)

Buslinien 85, 87, 88

dem 170×75 m großen Komplex geben die Überreste nur ein ungenügendes Bild. Kaufläden, die Basilica Argentaria, in der sich Wechselstuben und die Börse befanden, vor allem jedoch der Tempel der Venus Genetrix (der Gott gebärenden Venus), erhoben sich am Rande des Forum Julium. Von der Ausstattung, etwa dem Reiterstandbild Caesars, über das uns antike Schriftsteller ausführlich informieren, ist nichts übriggeblieben.
Auskunft über die Öffnungszeiten: Tel. 6710207.

Lageplan: → Foro Romano

Foro di Nerva (Forum des Nerva)   C 6

Lage Piazza del Grillo

Im Zentrum des Forum des Nerva (Kaiser von 96 bis 98 n. Chr.), das sich östlich an das Forum des Augustus (→ Foro di Augusto) anschloß, stand ein Tempel der Minerva, den Papst Paul V. abreißen ließ, um die Steine für eine Wasserleitung zu verwenden. Erhalten sind von der rechten Säulen-

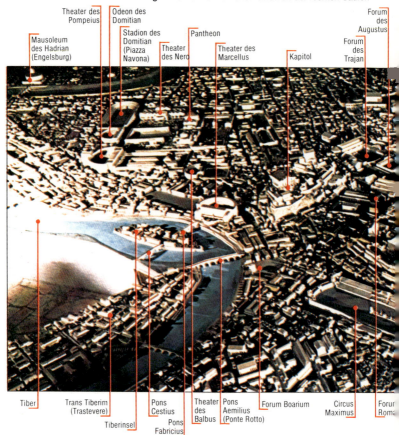

Foro Romano

halle zwei korinthische Säulen, Stücke eines Gebälkfrieses und Fragmente eines Bildreliefs.
Das Forum des Nerva ist derzeit nicht für die Öffentlichkeit zugänglich.

Lageplan: → Foro Romano

Foro di Nerva
(Fortsetzung)

U-Bahn-Station
Linie B, Colosseo

⁎⁎Foro Romano   D/E 6/7

Kein anderer Platz in Europa besitzt die Geschichtsmächtigkeit des Forum Romanum. Wenn auch die heutigen Ruinen nur noch ungenügend den Glanz der Antike zurückrufen können, so wirkt die Senke zwischen dem Kapitolinischen Hügel (→ Campidoglio) im Westen, Palatin (→ Palatino) im Süden und Quirinal und Viminal im Norden mit den aufragenden und umgestürzten Säulen, den Triumphbögen und Mauerresten doch höchst eindrucksvoll, weil hier für Jahrhunderte das Geschick Europas entschieden wurde. Die Macht des Imperium Romanum und die Schönheit der

Lage
Via dei Fori Imperiali

U-Bahn-Station
Linie B, Colosseo

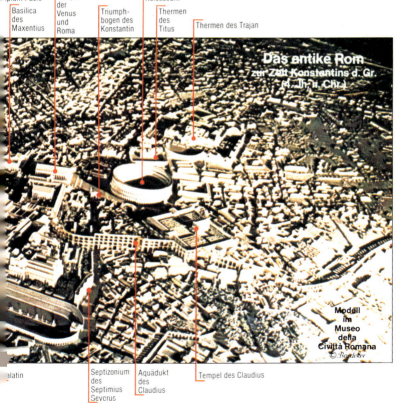

Modell im Museo della Civiltà Romana

59

Foro Romano

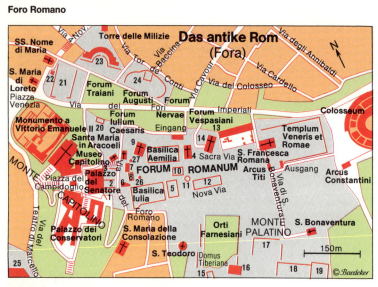

1 Portikus der zwölf Götter
   (Porticus Deorum Consentium)
2 Tempel des Vespasian
   (Templum Vespasiani)
3 Tempel der Concordia
   (Templum Concordiae)
4 Tempel der Faustina
   (Templum Divae Faustinae
   et Divi Antonini)
5 Tempel des Castor und Pollux
   (Templum Dioscurorum)
6 Tempel des Saturn
   (Templum Saturni)
7 Triumphbogen des
   Septimius Severus
   (Arcus Septimii Severi)
8 Rostra
   (Rednertribüne)

9 Curia Iulia
   (Kirche Sant' Adriano)
10 Tempel des Caesar
   (Templum Divii Iulii)
11 Tempel der Vesta
   (Aedes Vestae)
12 Haus der Vestalinnen
   (Atrium Vestae)
13 Basilika des Maxentius
   oder des Konstantin
   (Basilica Maxentii oder Constantini)
14 Kirche Santi Cosma e Damiano
15 Tempel der Kybele
   (Domus Cybelae)
16 Haus der Livia
   (Domus Liviae)
17 Palast der Flavier
   (Domus Flaviorum)

18 Palast des Augustus
   (Domus Augustiana)
19 Stadium (Hippodromus)
20 Tempel der Venus Genetrix
   (Templum Veneris
   Genetricis)
21 Basilica Ulpia
22 Säule des Trajan
   (Columna Traiani)
23 Markthalle des Trajan
   (Mercati Traiani)
24 Tempel des
   rächenden Mars
   (Templum Martis Ultoris)
25 Theater des Marcellus
   (Theatrum Marcelli)
26 Säule des Phokas
27 Lapis Niger

Buslinien
11, 27, 81, 85, 87, 88

Öffnungszeiten
Mo., Mi.–Sa. 9.00
bis eine Stunde
vor Sonnenuntergang;
So. 9.00–14.00

Kunst, das römische Recht und der antike Glaube kamen hier ein Jahrtausend lang zu überwältigender Darstellung.

Die Geschichte des Forum Romanum ist für lange Zeit die Geschichte Roms und des Abendlandes. Zunächst ein Sumpfgelände zwischen Hügeln, also außerhalb der Siedlungen, dann trockengelegt, nahm das Forum zuerst Tempelbauten für den religiösen Kult auf. Bald kamen öffentliche Bauten hinzu, es entstand das politische Zentrum, Platz für Versammlungen zur Rechtsprechung und zu Entscheidungen über das Schicksal der Republik im Innern und nach außen. Es war nur natürlich, daß sich Markthallen anschlossen, wo die Bürger ihren Geschäften nachgehen konnten. Politik, Wirtschaft und Religion gingen hier eine architektonische Verbindung ein, die um so prächtiger wurde, je mehr Rom an Macht gewann. Konsuln und Senatoren, Caesar und später die Kaiser wetteiferten darin, die Entscheidungsmitte des Reiches, den Kreuzungspunkt der Völker zu schmücken und zu vervollkommnen. Am Ende der Kaiserzeit war das Forum Romanum ein dicht bebauter Komplex, in dem sich "moderne" Bauten mit alten mischten, Geordnetes und zufällig Entstandenes sich nebeneinander behauptete, was die unterscheidende Identifizierung der Einzelheiten heute so schwierig macht.

Foro Romano

Forum Romanum

Das letzte antike Bauwerk war die 608 n. Chr. für den byzantinischen Kaiser Phokas errichtete schmucklose Ehrensäule. Danach verfielen die Bauwerke. Das Forum wurde zu anderen Zwecken benutzt, Kirchen und Festungen wurden hineingezwängt. Es diente als Steinbruch und als Kuhweide (Campo Vaccino). Erst im 18. und 19. Jh. förderten systematische Ausgrabungen unter einer zehn bis fünfzehn Meter tiefen Schuttschicht die antiken Ruinen zu Tage. Es bedarf der Phantasie (und kleiner Gipsmodelle), um das Forum Romanum der Kaiserzeit entstehen zu lassen; dies mindert jedoch keineswegs die suggestive Aussagekraft des Platzes.

Baugeschichte (Fortsetzung)

Das ganze Gebiet leidet sehr unter dem es umflutenden Verkehr. Langfristig ist daher eine Verkehrsberuhigung dieser archäologischen Zone geplant, die eine Stillegung der angrenzenden Via dei Fori Imperiali beinhalten soll.

Folgende Bauten sind besonders beachtenswert:

Tempio di Antonino e Faustina (Tempel des Antoninus und der Faustina)

Unübersehbar führt von der Via Sacra, dem heiligen Weg, eine breite Treppe hinauf zum Tempel des Kaisers Antoninus Pius und seiner Frau Faustina. Der Senat ließ den Tempel 141 n. Chr. zu Ehren der vergöttlichten Kaiserin errichten; nach dem Tode des Antoninus Pius wurde er auch dem Kaiser geweiht. Daher die Inschrift: Divo Antonino e Divae Faustinae ex S(enatus) C(onsulto) (auf Beschluß des Senats). Von dem Tempel sind die sechs Säulen der Front mit korinthischen Kapitellen und mehrere Säulen der Längsseite erhalten (→ Abb. S. 62).
Im 12. Jh. wandelte man den gesamten Tempel in die Kirche San Lorenzo in Miranda um. Anläßlich des Besuchs von Kaiser Karl V. 1536 in Rom wurden die Säulen jedoch wieder von den umgebenden Mauern befreit.

61

Foro Romano

Templo di Castore e Polluce (Tempel des Kastor und Pollux)

Viele Mythen ranken sich um die beiden Dioskuren Kastor und Pollux, teils griechischen, teils etruskischen Ursprungs. Heilungen (zusammen mit dem Gott Äskulap), schöne Frauen (die griechische Helena) und Reiter mit ihren Pferden kommen darin vor. Der Sohn des Diktators Aulus Postumius stiftete den ersten Bau des Kastor-und-Pollux-Tempels 484 v. Chr. als Dank für den Sieg über die Tarquinier, den man der Hilfe der Dioskuren zuschrieb; nach dem Sieg seien dann Kastor und Pollux nach Rom geritten und hätten ihre Pferde an einer Quelle auf dem Forum, dem Lacus Juturnae (von der Forschung bestätigt) getränkt.
Von dem im 1. Jh. n. Chr. unter Tiberius erneuerten Tempel stammen die drei 12 m hohen korinthischen Säulen des rechteckigen Tempels; das Volk nennt sie "die drei Schwestern".

Templo di Saturno (Tempel des Saturn)

Saturn, einem Gott wahrscheinlich etruskischen Ursprungs, den dann auch die Römer zunächst als oberste Gottheit verehrten, wurde der erste Tempel auf dem Forum Romanum geweiht. Der bereits um 497 v. Chr. (wenige Jahre nach der Vertreibung der Tarquinier) errichtete Bau war in republikanischer Zeit eines der bedeutendsten und am meisten verehrten Heiligtümer.
Der mehrfach durch Feuer zerstörte Tempel (das letzte Mal im 4. Jh. n. Chr.) wurde immer wieder aufgebaut. Von ihm blieben acht Säulen mit ionischem Kapitell erhalten, die allerdings heute stark von Umwelteinflüssen gefährdet sind. Zur Zeit der Republik war hier der Staatsschatz aufbewahrt.
Das Fest der Saturnalien, das jährlich am 17. Dezember feierlich begangen wird, nahm von dem Tempel seinen Ausgang. Neben dem Saturntempel

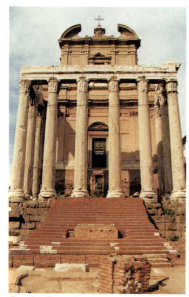

Faustina-Tempel

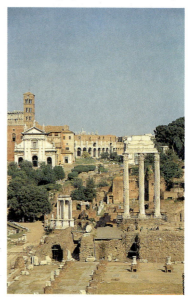

Kastor- und Pollux-Tempel (rechts)

Foro Romano

ein Bruchstück des "Goldenen Meilensteines" (Miliarium aureum), an dem die Via Sacra und alle römischen Konsularstraßen begannen und endeten. Auf ihm waren in goldenen Ziffern die Entfernungen von Rom zu den verschiedenen Provinzen des Römischen Reiches angegeben.

Tempio di Saturno
(Fortsetzung)

Arco di Settimio Severo (Triumphbogen des Septimius Severus)

Siegreichen Kaisern und Feldherren konnten der Senat und das Volk von Rom einen Triumphbogen stiften. Dem Kaiser Septimius Severus und seinen beiden Söhnen Caracalla und Geta wurde 203 n. Chr. nach ihren Siegen über die Parther und Wüstenstämme ein solcher Siegesbogen errichtet, gegenüber der heutigen Kirche Santi Marna e Luca.
Auf dem 23 m hohen und 25 m breiten Bogen (→ Abb. S. 64) stellen vier Marmorreliefs in bewegter Form mit weit hervortretenden Figuren Episoden aus diesen Kriegen dar; Siegesgöttinnen mit Trophäen und eine große Inschrift verkünden den Ruhm des Kaisers und seiner Söhne (der Name des Geta wurde später getilgt!).

Neben dem Septimius-Severus-Bogen sind weiterhin zu sehen:
die Decennalien-Basis (Zehnjahres-Basis) des Diokletian, Fragmente (nur das Podest ist erhalten) des Denkmals für ein Regierungsjubiläum des Kaisers, die Überreste der Rostra, der antiken Rednertribüne, die früher mit den Schnäbeln der eroberten feindlichen Schiffe versehen war, und eine kleine Stelle im Boden, die den Umbilicus (Nabel) Urbis, das symbolische Zentrum Roms, angibt.

Curia (Kurie)

Die Curia, der Versammlungsort des römischen Senats, gehört zu den besterhaltenen antiken Gebäuden des Forum Romanum. Schon in der Königszeit wurde ein erster Bau errichtet. Durch Brände und Verwüstungen waren immer wieder Neubauten notwendig, so unter Sulla, Caesar, Augustus, Diokletian, Julianus Apostata; schließlich wurde die Curia zur Kirche (im 7. Jh.) und blieb deshalb erhalten. Borromini verwendete ihre Bronzetore für die Lateran-Basilika (→ Basilica San Giovanni in Laterano; Hauptportal). Der auch im Altertum innen und außen einfache Bau gab für einige Jahrhunderte den Rahmen ab, in dem über das Schicksal der damals bekannten Welt entschieden wurde. Von 1931–1937 hat man den alten Senatsbau von späteren Zutaten befreit.
Zuweilen finden in der Kurie Ausstellungen statt.
Das Innere der Halle (27×18 m), die etwa 300 Senatoren Platz bot, bewahrt noch Fragmente eines farbigen Marmorfußbodens. Außerdem sind die sogenannten Trajans-Anaglypha zu sehen, Schranken aus Travertin, die den Kaiser mit dem Volk zeigen.

Tempio di Vesta (Tempel der Vesta)

Der Tempel der Vesta auf dem Forum Romanum (ein anderer Vesta-Tempel steht auf dem Forum Boarium) bewahrte in altrömischer Zeit das "Heilige Feuer", das von Vestalinnen (Jungfrauen, die aus den vornehmsten Familien der Stadt erwählt wurden) behütet wurde. Nach der Vorschrift versahen die sechs Priesterinnen den Dienst von ihrem zehnten bis vierzigsten Lebensjahr. Dieses "ewige Feuer" war den Römern wichtig: Am Neujahrstag (1. März) löschten sie in ihren Wohnungen das Feuer und holten sich ein neues an der Flamme im Vesta-Tempel.
Die heutigen Überreste stammen aus der Zeit des Kaisers Septimius Severus (193–211 n. Chr.) und zeigen noch gut, daß es sich um einen runden Tempel mit schlanken (insgesamt zwanzig) Säulen ringsum handelt. In seiner Dachmitte befand sich ein Abzug für den Rauch des heiligen Feuers.

Foro Romano

Atrium Vestae (Haus der Vestalinnen)

An den Tempel der Vesta schloß sich das Haus der Vestalinnen an, ebenfalls von Septimius Severus errichtet. Es bestand aus einem großen Atrium, den Wohnungen der jungfräulichen Priesterinnen (Hüterinnen des Heiligen Feuers) und den Wirtschaftsräumen. Noch heute sind die Umrisse mit Unterbau und zahlreichen Sockeln für die Ehrenstatuen gut erkennbar – die erhaltenen Statuen sind in verschiedenen römischen Museen ausgestellt. Lateinische Schriftsteller berichten, daß in dem Haus der Vestalinnen das Palladium (Bild der Pallas Athene) aufbewahrt war; der Sage nach hatte es Aeneas aus Troja nach Latium mitgebracht.

Colonna di Foca (Phokas-Säule)

Vor der ehemaligen Rednertribüne erhebt sich heute die Phokas-Säule, eine 13,80 m hohe korinthische Säule, die 608 n. Chr. zur Ehrung des byzantinischen Kaisers Phokas aufgestellt wurde sowie zum Dank dafür, daß der Kaiser Papst Bonifazius IV. das Pantheon zur Umwandlung in eine Kirche abtrat.

Lapis Niger (Schwarzer Stein)

Gegenüber der Curia findet man unter einem niedrigen Dach ein schwarzes Stück Marmor, den sogenannten Lapis Niger. Darunter liegt, so besagt es die antike Legende, das Grab von Romulus, dem Gründer der Ewigen Stadt Rom.

Daneben steht ein 1899 bei Ausgrabungen entdeckter Tuffsteinpfeiler mit der ältesten bekannten lateinischen Inschrift.

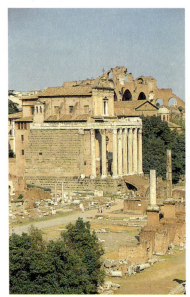

Basilica Aemilia

Bogen des Septimius Severus

Foro di Traiano

Arco di Tito (Titusbogen)

An der dem Kapitolinischen Hügel fernsten Seite des Forum Romanum
steht der Siegesbogen des Kaisers Titus, der älteste der römischen
Triumphbögen. Er wurde nach dem Tod des Kaisers von seinem Nachfolger Domitian errichtet.
Der Feldherr Titus, Sohn des Kaisers Vespasian, eroberte im Jahre 70
Jerusalem, damit die Niederlage des jüdischen Volkes in Palästina besie-
gelnd. Die Darstellungen auf dem einbogigen Denkmal, das für ähnliche
Bauten im Abendland Vorbild wurde, nehmen dieses Ereignis auf und stellen den Triumphzug des Titus auf das Kapitol dar: Den Feldherrn Titus (erst
79 zum Kaiser gekrönt) im Kampfwagen, begleitet von der Siegesgöttin mit
dem Lorbeerkranz, dazu die Beute aus dem Judäischen Krieg (der sieben-
armige Leuchter, der Tisch der Schaubrote und Trompeten aus dem Tem-
pelschatz zu Jerusalem).

Santa Maria Antiqua (Kirche)

Die heute nur selten zugängliche und stark beschädigte Kirche Santa
Maria Antiqua ist das älteste (daher der Name) und wichtigste christliche
Gebäude auf dem Forum Romanum. Im 6. Jh. durch Umwandlung der kaiserlichen Gebäude errichtet, im 8. Jh. von verschiedenen Päpsten (Johannes VII., Zacharias und Paul I.) reich ausgestattet, dann verfallen, wurde
die Kirche im 13. Jh. wiederhergestellt.
Sie verdient wegen ihrer ausgedehnten architektonischen Anlage am Fuß
des Palatinischen Hügels Interesse. Darüber hinaus beanspruchen die
Wandmalereien, die zu verschiedenen Zeiten vom 6. bis 8. Jh. entstanden,
besondere Aufmerksamkeit.

*Foro di Traiano (Trajansforum)   E 6

Das Forum des Kaisers Trajan (98–117 n. Chr.), das letzte, größte und am
besten erhaltene der Kaiserforen, bildete einen Komplex von Tempel und
Basilika mit den persönlichen Ehrenzeichen des Kaisers: Triumphbogen,
Reiterstandbild und Siegessäule. Daran schlossen sich die Märkte des
Trajan an (im Nordosten hinauf zum Quirinalshügel).
In der von dem Architekten Apollodoros aus Damaskus erbauten Anlage
(107 n. Chr. begonnen, 143 eingeweiht) wurden bereits im Mittelalter Neubauten der Familien Colonna und Caetani (davon ist erhalten die → Torre
delle Milizie an der Via Quattro Novembre) errichtet, später die Zwillings-
kirchen → Santa Maria di Loreto und Santissimo Nome di Maria; in diesem
Jahrhundert wurden die → Via dei Fori Imperiali als breite Autostraße und
schmalere Straßen darübergelegt.
Die seit 1928 ausgeführten Ausgrabungen machen die Vierergliederung
des Forums deutlich. Durch einen im Jahre 116 n. Chr. errichteten
Triumphbogen betrat man den freien Platz, in dessen Mitte dominierend
das Reiterstandbild des Kaisers aufragte. Quer vor der Stirnwand dieses
Platzes lag die Basilika Ulpia, eine Halle von 130×125 m. Diese Maße kann
man sich bei der heutigen Bebauung nur schwer vorstellen, und sie waren
auch damals, im Zentrum Roms, nur mit Mühe an diesem Platz zu gewinnen. An die Basilika schlossen sich zwei Bibliotheken an, die eine für lateinische, die andere für die griechische Literatur; dazwischen erhob sich die
Siegessäule für Trajan (Colonna Traiano). Begrenzt wurde das Forum von
einem Tempel für den vergöttlichten Trajan (bei den heutigen Marienkirchen). Die im Altertum vielbewunderte Anlage, von der heute nur noch die
Triumphsäule erhalten ist, ehrte den Kaiser, unter dessen Herrschaft das
Römische Reich seine größte Ausdehnung erreichte.

Lage
Via dei Fori
Imperiali

U-Bahn-Station
Linie B, Colosseo

Buslinien
85, 87, 88

Öffnungszeiten
Di.–Sa.
9.00–14.00
(im Sommer Di.,
Do., Sa. auch
16.00–19.00),
So. 9.00–13.00

Lageplan: → Foro Romano

65

Galleria Colonna im Palazzo Colonna

Colonna di Traiano (Trajanssäule)

Die Siegessäule des Kaisers Trajan ist ein großartiges Zeugnis kaiserlicher Macht und römischer Bildhauerkunst. Die 38 m hohe Säule, die während der achtziger Jahre in aufwendigen Verfahren gereinigt und restauriert wurde, ist aus Marmortrommeln von der griechischen Insel Paros zusammengesetzt. Sie zeigt auf einem 200 m langen spiralförmig ansteigenden Relief in mehr als 2 500 Figuren die von Trajan gegen die Daker in den Jahren 101–102 und 105–106 geführten Kriege. Man sollte sich der Mühe unterziehen, das Marmorrelief mit seinen lebendigen Darstellungen der kämpfenden Soldaten, der schnaubenden Rosse, des ganzen kriegerischen Instrumentariums zu betrachten, so wie es die alten Römer taten (diese allerdings etwas bequemer, von den Fenstern der beiden Bibliotheken aus). Im Innern führt eine Wendeltreppe 185 Stufen hinauf, die Licht von 43 kleinen, in den Mantel der Säule eingehauenen Schlitzen erhält. Der Sockel der Säule schloß eine goldene Urne mit der Asche des Kaisers ein. Auf der Säule erhob sich sein goldenes Standbild, das im Mittelalter verloren ging und von Papst Sixtus V. 1588 durch eine Statue des Apostels Petrus mit dem Schlüssel ersetzt wurde.

Lageplan: ⟶ Foro Romano

Mercati di Traiano (Markthalle des Trajan)

An das Trajanische Kaiserforum schlossen sich mehrgeschossige Markthallen an, deren Ruinen aus roten Ziegelsteinen mit hohen Gewölben heute eindrucksvoll den Bezitz der Foren gegen den aufsteigenden Quirinalshügel hin zur Via Quattro Novembre begrenzen. Der Höhenunterschied wurde bei dem Bau durch den Architekten Apollodoros von Damaskus (Anfang 2. Jh.) geschickt ausgenützt. Mit den Märkten suchte Trajan die Möglichkeit, durch preiswerte Angebote die Steuerlast und durch Verteilung kaiserlicher Stiftungen soziale Spannungen zu mindern.

Lageplan: ⟶ Foro Romano

Foro di Vespasiano (Forum des Vespasian)   E 6

Neben dem Forum des Nerva (⟶ Foro di Nerva), dort wo heute die Via Cavour auf die Via dei Fori Imperiali stößt, liegt das einstige Forum des Kaisers Vespasian (69–79 n. Chr.) mit dem Tempel des Friedens (Tempio della Pace) in seiner Mitte (es wurde deshalb auch Foro della Pace genannt). Von dem Forum sind nur einige wenige Fragmente erhalten. Der Bau wurde von Kaiser Vespasian in Auftrag gegeben und mit der Beute des Judäischen Krieges bezahlt.

Lage
Ecke Via Cavour/
Via Fori Imperiali

U-Bahn-Station
Linie B, Colosseo

Buslinien
11, 27, 81, 85, 87, 88

Lageplan: ⟶ Foro Romano

Galleria Colonna im Palazzo Colonna   D 5/6

Die riesige Palastanlage der Colonna, einer bedeutenden Adelsfamilie, aus der Papst Martin V. (1417–1431) und andere berühmte Persönlichkeiten hervorgingen, wurde im 15. Jh. begonnen und nach vielen Erweiterungen 1730 fertiggestellt.
Sie umfaßt neben anderem die Kirche ⟶ Santi Apostoli und die im 17. Jh. von Antonio del Grande und Girolamo Fontana erbaute Galleria Colonna.

Anschrift
Via della
Pilotta 17, Piazza
SS. Apostoli

◀ *Trajansforum mit der Colonna di Traiano und Santa Maria di Loreto*

Galleria Nazionale d'Arte Moderna

Galleria Colonna
(Fortsetzung)

Buslinien
56, 57, 60, 62, 64,
65, 70, 71, 75, 81,
85, 88, 90, 95, 170

Öffnungszeiten
Sa. 9.00–13.00
(Aug. geschl.)

Die Galleria enthält eine berühmte Gemäldesammlung, die von Kardinal Girolamo I. Colonna gegründet wurde. Sie umfaßt vor allem Werke von Meistern des 17. und 18. Jh.s (u. a. Gemälde von Pietro da Cortona, Paolo Veroneses "Porträt eines Edelmannes", das "Porträt Onofrio Panvinios" und "Narziß an der Quelle" von Tintoretto, das Anthonius van Dyck zugeschriebene "Porträt der Lucrezia Tomacelli Colonna" und ein Deckenfresko von Sebastiano Ricci)). Hinzu kommen Bilder, die an Leistungen der Colonna-Familie erinnern: so etwa an den Sieg des Marcantonio Colonna, der als Kommandant der abendländischen Seestreitkräfte in der Schlacht bei Lepanto (1571) gegen die Türken kämpfte.

Galleria Nazionale d'Arte Antica

⟶ Palazzo Barberini

*Galleria Nazionale d'Arte Moderna (Nationalgalerie der Modernen Kunst) D 4

Anschrift
Viale delle Belle
Arti 131

Buslinie
26

Straßenbahn-
linien
19, 19b, 30, 30b

Öffnungszeiten
Di.–Sa.
9.00–14.00,
So. 9.00–13.00
(bei Sonderaus-
stellungen auch
Mi., Fr.
15.00–18.00)

Die Galleria Nazionale d' Arte Moderna (Nationalgalerie der Modernen Kunst, ⟶ Abb. S. 172) enthält seit 1883 die bedeutendste Sammlung italienischer Maler und Bildhauer des 19. und 20. Jahrhunderts.
Der mächtige Bau bietet in 70 Sälen, von denen derzeit 25 (davon zwei für Wechselausstellungen) zugänglich sind, einen Überblick über italienische und außeritalienische Malerei und Plastik seit 1800. Allerdings fehlen Werke einiger berühmter Künstler ganz, andere werden nur durch schwächere Werke repräsentiert. Vertreten sind neben den Italienern Degas, Cézanne, Monet, Mondrian und Van Gogh ("Der Gärtner", ⟶ Abb. S. 188). Beachtenswert sind ferner die Gemälde der Macchiaioli, einer Gruppe von Freilichtmalern aus der Toskana (in der Malart zu vergleichen mit den Impressionisten) und die Bilder von Galileo Chini, die an Klimt erinnern; außerdem die Plastiken von Marino Marini, Giacomo Manzù und die Werke von Giorgio de Chirico.
Der Hof der Nationalgalerie, in dem Antoine Bourdells "Bogenschütze" (⟶ Abb. S. 188) zwischen Rosen und Efeuranken zu sehen ist, lädt zu einer erholsamen Pause ein.

*Il Gesù (Jesuskirche)   D 6

Lage
Piazza del Gesù

Buslinien
46, 56, 60, 62, 64,
65, 70, 75, 81, 88,
90, 170

Il Gesù ist die Hauptkirche der Jesuiten. Ignatius von Loyola, 1540 Gründer der Gesellschaft Jesu, eines Ordens, der sich rasch in den katholischen Ländern Europas ausbreitete und die Gegenreformation der papsttreuen Gläubigen organisierte, gab den Anstoß zu ihrem Bau. Sie lag damals neben seiner Wohnung (heute Jesuiten-Kolleg). Kardinal Alessandro Farnese, dessen Wappenlilien in der Kirche häufig anzutreffen sind, beauftragte den Architekten Vignola mit Planung und Ausführung; vollendet wurde sie von Ordensmitgliedern. Die grundlegend neue Idee war, auf eine Hallenbasilika, wie sie aus altrömisch-frühchristlichen und mittelalterlichen Vorbildern bekannt war, eine Kuppel zu setzen, und zwar über dem Schnittpunkt von Haupt- und Querschiff. So wurde die Kirche in ihrem Gesamtplan und den Einzelheiten sowie in der Fassade häufig nachgeahmt.

Fassade

Die von Giacomo della Porta entworfene Fassade, 1575 abgeschlossen, trägt sowohl Renaissance- als auch barocke Formelemente. Die beiden Nischenstatuen stellen den Ordensgründer Ignatius von Loyola und den im Jesuitenorden sehr stark verehrten Heiligen Franz Xaver dar, der als Missionar in Asien tätig war.

Il Gesù

Jesuitenkirche "Il Gesù"

Grabmal des Ignatius von Loyola (Gründer der Gesellschaft Jesu)

Grottaferrata

Il Gesù
(Fortsetzung),
Inneres der Kirche

Das Innere stellt einen einheitlichen Raum dar, der sich am Anfang in die Seitenkapellen (die fast wie abgetrennte Räume wirken), dann in ein größeres Querhaus und schließlich in den Chorraum mit der Apsis erweitert.

Reicher Schmuck, vielfarbiger Marmor, Skulpturen, Bronzestatuen, Stuckdekorationen, Vergoldungen und Fresken prägen das Innere. Das Fresko im Tonnengewölbe des Mittelschiffs stellt den "Triumph des Namen Jesu" dar, damit zugleich die bedeutenden Missions-Leistungen des Jesuitenordens herausstellend.

Beachtenswert sind die Altäre und Grabmäler für Heilige aus dem Jesuitenorden:

Rechts im Querschiff der Altar des hl. Franz Xaver, ein Werk von Pietro da Cortona (1674–1678);

zur Rechten des Hochaltars ein Denkmal für den hl. Robert Bellarmin mit der Büste von Bernini (1622);

links im Querschiff Altar und Grabmal des Qrdensgründers Ignatius von Loyola (1491–1556, → Abb. S. 69), errichtet von Andrea Pozzo (1696–1700).

Die heutige Statue des Heiligen ist eine Kopie des Silberstandbildes, das Pierre Legros geschaffen hatte und das Papst Pius VI. gemäß dem Vertrag von Tolentino für Reparationszahlungen an Napoleon einschmelzen lassen mußte.

Grottaferrata

Lage
21 km südöstlich
von Rom

Bei der Rundfahrt durch die Castelli Romani (→ Colli Albani) sollte man die alte Abtei der Basilianer (Qrden der griechisch-katholischen Kirche) bei Grottaferrata nicht auslassen. Sie sei eine "Gemme aus dem Orient in der Tiara des Papstes", lobte Leo XIII. Ende des letzten Jahrhunders. Die Abtei, in 329 m Höhe gelegen, ist nicht nur ein Festungsbauwerk der Renaissance, sondern auch ein ehrwürdiges Kloster mit bedeutenden Kunstwerken.

U-Bahn-Station

Linie A bis Cinecittà (von dort – Via Tito Labieno – regelmäßiger Busverkehr).

Ianiculum

→ Passeggiata del Gianicolo

Isola Tiberina (Tiberinsel)   **D 7**

Buslinien
15, 23, 26, 44, 56,
60, 65, 75, 170,
710, 718, 719, 774

Eine Legende sagt, an der Stelle der heutigen Tiberinsel sei einst ein schwer beladenes Schiff untergegangen. Tatsächlich liegt die Insel wie ein riesigbreites Schiff im Strom (in früher Zeit stand noch ein Obelisk, der wie ein Mast wirkte, darauf). Eine andere historische Deutung schreibt die Entstehung der Insel dem Schlamm zu, der sich nach der Vertreibung der Tarquinischen Könige durch Kornabfälle bildete. Um 200 v. Chr. wurde hier der Kult des Heilgottes Äskulap und seiner heiligen Schlangen gepflegt, dessen Boot einer anderen Sage zufolge hier Halt gemacht hatte.

Ponte Fabricio

Dank der Insel bot sich an dieser Stelle die bequemste Möglichkeit, Brücken über den Fluß zu schlagen. Im Jahre 62 v. Chr. ließ der Konsul Fabricius mit dem Ponte Fabricio die Verbindung zum linken Ufer (Kapitol) herstellen. Es ist die älteste erhaltene Brücke Roms. Im Volksmund heißt die Brücke "dei Quattro Capi" ("zu den vier Köpfen") nach zwei vierseitigen Hermesköpfen, die an der Brücke auf der Uferseite angebracht sind.

Isola Tiberina

Ponte Rotto und Tiberinsel

Auf der Insel, die noch heute die Tradition des Heilgottes Äskulap mit dem bei den Römern sehr bekannten Krankenhaus "Fatebenefratelli" fortführt, steht die Kirche San Bartolomeo. Sie wurde Ende des 10. Jh.s unter Kaiser Otto III. auf den Ruinen des Äskulap-Tempels errichtet und in der Barockzeit restauriert. Beachtenswert der schöne romanische Campanile sowie im Innern ein Marmorbrunnen vor der Apsis (wahrscheinlich über der Quelle des heidnischen Heiligtums), der die Figuren des Erlösers, des hl. Adalbert von Gnesen, eines Apostels (wohl des Bartholomäus) und Ottos III. zeigt.

San Bartolomeo

Zum rechten Tiberufer (Trastevere) führt der Ponte Cestio, im Jahr 46 v. Chr. von Lucius Cestius errichtet und von verschiedenen Kaisern erneuert.

Ponte Cestio

Ponte Rotto (= zerstörte Brücke) heißen die Überreste einer Tiberbrücke im Fluß südlich der Isola Tiberina, mit deren Bau 179 v. Chr. die Censoren Emilius Lepidus (daher der alte Name Pons Aemilius) und Fulvius Nobilior in Holz begannen und die 142 mit Steinbögen versehen (den ersten in Rom) beendet wurde.

Ponte Rotto

Kapitol

→ Campidoglio

Kolosseum

→ Colosseo

Largo di Torre Argentina

D 6

Buslinien
26, 44, 46, 56, 60, 62, 64, 65, 70, 75, 87, 94, 170, 710, 718, 719

Inmitten des verkehrsreichen Platzes Largo di Torre Argentina liegt einige Meter unterhalb des heutigen Straßenniveaus der Tempelbezirk des Largo Argentina. Der Name Torre Argentina wird abgeleitet von einem Turm beim Haus von Burckhardt von Straßburg (Argentinensis). Der päpstliche Zeremonienmeister bewohnte Anfang des 16. Jh.s das Haus in der naheliegenden Via del Sudario 44. Andere führen den Namen allerdings auf die umliegenden Läden der Silberschmiede (Argentarii) zurück. Die vier Tempel, die bei Ausgrabungen von 1926–1930 ans Licht kamen, bilden einen der wenigen Komplexe aus republikanischer Zeit. Man unterscheidet in dem Bezirk:
Den rechteckigen Tempel A (bei den Bushaltestellen), von dem noch 15 Säulen zu sehen sind und in den man im Mittelalter die heute zerstörte Kirche San Nicola dei Cesarini hineingebaut hatte;
den sich anschließenden runden Tempel B mit sechs erhaltenen Säulen, in dem sich einst die Statue der sitzenden Göttin Juno befand;
den rechteckigen, kleinsten, zugleich ältesten (4. oder 3. Jh. v. Chr.) und tiefstliegenden Tempel C;
schließlich den Tempel D, über dem teilweise die Straße verläuft.
Welchen Gottheiten im einzelnen die Tempel geweiht waren, ist nicht mit Sicherheit bekannt.

Lateran

→ San Giovanni in Laterano
→ Palazzo Laterano

Lido di Ostia (Lido von Ostia)

Lage
20 km südlich von Rom

S-Bahn
Ferrovia Roma-Ostia Lido Zweiglinie der Metro B

Der einst schöne Strand des Badeorts Ostia zählt zwar immer noch zu den beliebtesten Ausflugszielen der Römer und damit zu den belebtesten Sandstreifen und Promenaden der italienischen Halbinsel; doch ist das am Meer gelegene Ostia (Lido di Ostia) in den letzten Jahren fast eine Großstadt mit beinahe 55000 Einwohnern geworden. Da sie ihre Abwässer zumeist ins Meer leitet, außerdem die Abwässer Roms durch den Tiber herbeigeschwemmt werden, ist das Baden im Meer nicht zu empfehlen (zeitweilig sogar von der Gesundheitsbehörde verboten).

Mark-Aurel-Säule

→ Colonna di Marco Aurelio

Mausoleo di Augusto (Mausoleum des Augustus)

D 5

Lage
Piazza Augusto Imperatore

Buslinien
2, 26, 81, 90, 90b, 115, 911

Das Äußere des Platzes, der Piazza Augusto Imperatore, verrät nur noch wenig davon, daß hier lange Zeit Roms Geschichte Ihr Zentrum hatte. Einige Jahre vor seinem Tod ließ Kaiser Augustus für sich und seine Familie, die Julier-Claudier, ein Mausoleum errichten. Es hatte die Form eines riesigen Erdhügels (Durchmesser 89 m), in der Art wie seit der Vorzeit Könige und Fürsten im Mittelmeerraum bestattet worden waren.
Vor dem Eingang des Grabhügels standen zwei ägyptische Obelisken, die heute an der Rückfront von → Santa Maria Maggiore und auf dem Quiri-

Monumento Nazionale a Vittorio Emanuele II.

Mausoleum des Augustus

nalsplatz (⟶ Piazza del Quirinale) zu finden sind. Neben dem Eingangstor waren die Res Gestae angebracht: Bronzetafeln, auf denen Kaiser Augustus Rechenschaft über seine Regierungszeit gibt (die Originaltafeln sind verloren, ihr Inhalt ist jedoch in Inschriften erhalten geblieben). Im Mittelalter wurde das Mausoleum von den Colonna als Festung benutzt. Papst Gregor IX. ließ das Bollwerk 1241 zerstören. Später hat das Mausoleum als Weinberg, Garten, Amphitheater und sogar als Konzertsaal gedient, bis es 1936 in seinen ursprünglichen Zustand zurückversetzt wurde.

Mausoleo di Augusto (Fortsetzung)

Öffnungszeiten
Auskünfte unter
Tel. 67 10 20 70

Monte Testaccio (Scherbenberg) D 8

Zwischen dem Tiber und der Porta San Paolo erhebt sich ein kleiner Hügel, der 35 m hoch ist und einen Umfang von etwa 850 m hat. Er war schon in republikanischer Zeit dadurch entstanden, daß man dort Abfälle (in der Hauptsache Tonscherben aus den Lagerhäusern des Flußhafens) ablud. Hier befanden sich in der Antike große Kaufhäuser mit dem Porticus Emilius, einer 487 m langen Ladenstraße (2. Jh. v. Chr.). Heute enthält der Hügel viele Weinkeller, die z. T. mit Tavernen verbunden sind.

Buslinien
27, 92

*Monumento Nazionale a Vittorio Emanuele II. D 6
(Nationaldenkmal für Viktor Emanuel II.)

Das Nationaldenkmal für Viktor Emanuel II., über dessen Schönheit die Meinungen auseinandergehen, wurde von 1885 bis 1911 erbaut, um die 1870 gewonnene Einheit Italiens zu feiern und das Andenken des ersten italienischen Königs Viktor Emanuel II. († 1878) zu ehren. Das Ehrenmal ist

Lage
Piazza Venezia

Mura Aureliane

Nationaldenkmal für König Viktor Emanuel II.

Monumento Nazionale a Vittorio Emanuele II. (Fortsetzung)

70 m hoch, 135 m breit und 130 m tief. Auf halber Höhe befinden sich der "Altar des Vaterlandes" und das "Grabmal des Unbekannten Soldaten", zu dem häufig Staatsbesucher geführt werden.

Im östlichen Teil des Denkmals sind das Museo Centrale del Risorgimento (Auskünfte unter Tel. 6793598) sowie das Museo Sacrario delle Bandiere della Marina Militare (Fahnenmuseum; geöffnet: tgl. 9.30–13.30) untergebracht.

Bus

Linien: 46, 57, 85, 87, 88, 90, 90b, 92, 94, 95, 716, 718, 719

Mura Aureliane (Aurelianische Mauer) B 6/7 – C 7

Die Stadtmauer, die Kaiser Aurelianus 270–275 n. Chr. als zweiten Wehrring um die seit der Errichtung der Severianischen Mauer erheblich gewachsene Stadt bauen ließ, sollte Rom vor neuen Gefahren aus den nördlichen Provinzen des Reiches schützen, vor allem gegen die Alamannen, die im Jahre 268 n. Chr. aus der Po-Ebene nach Umbrien vorgedrungen waren.

Die aurelianische Stadtmauer war rund 20 km lang, etwa 4 m breit, zunächst 7,20 m hoch, später von Stilicho, dem General des Kaisers Honorius (395–423 n. Chr.), auf 10,60 m erhöht und mit 380 Türmen im Abstand von etwa 30 m bewehrt. 16 Tore öffneten sich in dem Mauerring. Allerdings hat die Mauer wegen der Länge selten ihren militärischen Zweck erfüllt.
Bis ins 19. Jh. bemühte man sich, die Aurelianische Mauer in Stand zu halten. Obwohl Teile der Mauer im letzten Jahrhundert als Steinbruch benutzt wurden, blieben einzelne Abschnitte erhalten (z. T. begehbar).

Museo Barracco   C 6

Das Museum Barracco, das sich im Palazzo della Piccola Farnesina befindet, wurde 1902 von dem Baron Giovanni Barracco der Stadt geschenkt. Es enthält eine kleine, interessante Sammlung von assyrischen, ägyptischen, babylonischen, griechischen, etruskischen und römischen Skulpturen in Originalen und Kopien, die die Entwicklung der antiken Kunst vor Christi Geburt anschaulich verdeutlichen.
Hervorzuheben sind assyrische Reliefs des 7. Jh.s v. Chr., Sphingen der Königin Hatschepsut (15. Jh. v.Chr.); griechische Statuen der frühen Klassik, etruskische Grabsäulen, ferner der Kopf des Diadumenos (2. Hälfte 5. Jh. v. Chr.) von Polyklet; der Kopf eines Apoll (Mitte 5. Jh. v. Chr.; Phidias zugeschrieben), eine Büste Epikurs (um 270 v. Chr.), Kopf des Lyzischen Apoll, Verwundete Hündin (Lysipp); Kopf des Alexander-Helios (Ende 4. Jh.).

Anschrift
Corso Vittorio
Emanuele II. 168

Buslinien
46, 62, 64

Öffnungszeiten
Di.–Sa.
9.00–14.00
(Di., Do. auch
17.00–20.00);
So. 10.00–13.00

*Museo Capitolino (Kapitolinisches Museum)   D 6

Das Kapitolinische Museum, 1471 von Papst Sixtus IV. angeregt, ist die älteste öffentliche Kunstsammlung Europas, reich an klassischen Skulpturen.
Im Palazzo Nuovo des Kapitolinischen Museums, einem um 1650 nach dem Vorbild des gegenüberliegenden Konservatorenpalastes (→ Palazzo dei Conservatori) errichteten Bau, sind unter den Skulpturen beachtenswert: der "Sterbende Gallier", die römische Kopie eines sterbenden Kriegers vom Siegesdenkmal, das König Attalos I. von Pergamon im 3. Jh. v. Chr. nach dem Sieg über die Galater anlegen ließ; die "Verwundete Amazone", Kopie eines Werkes des Kresilas aus dem 5. Jh. v. Chr.; die "Kapitolinische Venus", römische Kopie der Aphrodite von Knidos des Praxiteles;

Anschrift
Piazza del
Campidoglio

Buslinien
57, 85, 87, 88, 90,
90b, 92, 94, 95,
716, 718, 719

Kapitolinisches Museum: Palazzo Nuovo

Museo della Civiltà Romana

Museo Capitolino (Fortsetzung)
"Amor und Psyche" und die "Betrunkene Alte" aus hellenistischer Zeit, die Sammlungen von 64 Porträtköpfen römischer Kaiser und ihrer Verwandten sowie von 79 Büsten griechischer und römischer Gelehrter.
Seit 1990 steht im Hof des Kapitolinischen Museums hinter einer Glaswand das restaurierte Reiterstandbild des Marc Aurel (→ Campidoglio).

Öffnungszeiten
Di.–Sa. 9.00–13.30 (Di. auch 17.00–20.00; im Sommer 20.00–22.00), So. 9.00–13.00.

*Museo della Civiltà Romana (Museum der Römischen Kultur) K 11

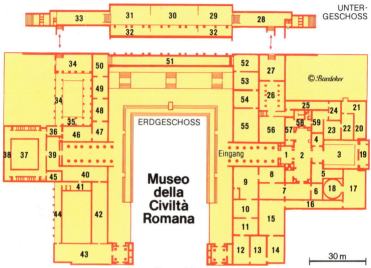

1 Vestibül
2 Atrium
3 Ehrensaal
4 Landkarte des Römischen Reiches
5 Römische Legenden Erste Zivilisation
6 Anfänge der Stadt Rom
7 Eroberung des Mittelmeerraumes
8 Cäsar
9 Augustus
10 Familie des Augustus iulisch-claudische Kaiser
11 Flavier
12 Trajan und Hadrian
13 Römische Kaiser von Antoninus Pius bis zu den Severern
14 Römische Kaiser von Macrinus bis Justinian
15 Christentum
16–19 Heer
20, 21 Marine
22 Häfen
23 Zentralverwaltung
24 Kaiserhof
25 Triumphzug
26 Provinzen des Römischen Reiches
27 Regionen in Italien
28 Bautechnik Stollen, Bergwerke
29 Thermen, Aquädukte Brunnen, Zisternen
30 Theater, Amphitheater, Arenen, Sportstätten
31 Foren, Tempel, Basiliken
32 Bögen und Tore
33 Straßen, Brücken Meilensteine, Fahrzeuge
34 Torbauten von Aphrodisias (Kleinasien) und Leptis Magna (Libyen)
35 Sozialwesen
36 Schule
37 Modell der Stadt Rom zur Zeit Konstantins d. Gr.
38 Pläne römischer Städte
39 Grabdenkmäler
40 Wohnbauten
41 Archiv und Verwaltung des Museums
42 Familienleben
43 Religion
44 Porträts
45 Silberschätze
46 Rechtswesen
47 Bibliotheken
48 Musikinstrumente
49 Literatur und Wissenschaft
50 Medizin und Pharmazie
51 Abdrücke aller Reliefs der Trajansäule
52 Industrie und Handwerk
53 Landwirtschaft, Viehzucht Landvermessung
54 Jagd, Fischerei, Ernährung
55 Handel und Wirtschaftsleben
56–58 Römische Kunst in wichtigen Beispielen
59 Säule des Mark Aurel

Das Museum der Römischen Kultur, dessen Gebäude der Stadt Rom von den Fiat-Werken geschenkt wurde, will mit Hilfe von Modellen und Rekonstruktionen die Geschichte Roms veranschaulichen. Dadurch vermittelt es einen guten Überblick über die Entwicklung des römischen Weltreiches sowie über die baulichen Veränderungen im republikanischen und kaiserlichen Rom (u.a. Modell des antiken Rom, → Abb. S. 58/59).

Museo della Civiltà Romana (Forts.)

Anschrift
EUR, Piazza Giovanni Agnelli 10

Linie B: EUR-Fermi

U-Bahn-Station

Di.–Sa. 9.00–13.30 (Do. auch 16.00–19.00), So. 9.00–13.00.
Das Museum ist montags geschlossen.

Öffnungszeiten

Museo Nazionale d'Arte Orientale   F 6
(Nationalmuseum der Orientalischen Kunst)

Das Nationalmuseum des italienischen Institutes für Orientalische Kunst enthält in 14 Sälen, beginnend mit der prähistorischen Zeit (5. Jh. v. Chr.) bis heute, Kunstgegenstände aus den Regionen Asiens zwischen Persien und Japan.
Afghanistan und China, Korea und Indien, Nepal und Tibet sind mit Goldschmuck und Bronzen, Vasen und Kleidern, Skulpturen und Gemälden, Büsten und Kelchen ebenso vertreten wie der Irak und Pakistan.

Anschrift
Via Merulana 248

Buslinien
11,16, 93, 93b, 93c

Di.–Sa. 9.00–14.00, So. 9.00–13.00.

Öffnungszeiten

*Museo Nazionale delle Arti e Tradizioni Popolari   J 11
(Museum für Volkskunst und Volkstraditionen)

Das Nationalmuseum für Volkskunst und Volkstraditionen zeigt in zehn Sektionen italienische Volkskunst und veranschaulicht anhand von Fahnen, Kostümen, Musikinstrumenten und Modellen die Bräuche in den einzelnen Regionen Italiens.
Nach und nach wird das Museum umgebaut; so sind nicht immer alle Abteilungen zu besichtigen.

Anschrift
EUR, Piazza Marconi 10

U-Bahn-Stationen
Linie B,
EUR-Marconi oder EUR-Fermi

Di.–Sa. 9.00–14.00, So. 9.00–13.00.

Öffnungszeiten

*Museo Nazionale Etrusco di Villa Giulia   D 4
(Etruskisches Nationalmuseum der Villa Giulia)

Die Villa, unter Papst Julius III. von Vignola (1550–1555) erbaut, beherbergt seit 1889 die Etruskischen Sammlungen (→ Abb. S. 78). Hier gewinnt man den besten Eindruck von der hohen Kultur dieses geheimnisvollen Volkes, dessen Andenken von den alten Römern bewußt verdunkelt wurde. Das Hauptsiedlungsgebiet der Etrusker war der nördliche Teil des heutigen Latium. – Beachtenswert sind u. a. die Funde aus den Nekropolen (Urnen und eine rekonstruierte Grabanlage von → Cerveteri), handwerkliche Arbeiten von feinem Geschmack (Kleinkunst und alltägliche Gebrauchsgeräte), zudem Statuen (v. a. der Apoll von Veji), ferner der berühmte Sarkophag mit einem liegenden Ehepaar, eine Terrakotta-Skulptur aus Cerveteri (um 530 v. Chr.). Daneben umfaßt die Sammlung kleine und große Figuren, Grabbeigaben und Votivgeschenke, Tongefäße sowie Gläser, Gold- und Silberschmuck.

Anschrift
Piazzale di Villa Giulia 9

Buslinie
26

Straßenbahn-linien
19, 30

Di., Do.–Sa. 9.00–14.00, Mi. 9.00–18.00 (im Sommer 15.00–19.30), So. 9.00–13.00.

Öffnungszeiten

Museo Nazionale Romano o delle Terme (Thermen-Museum)

⟶ Terme di Diocleziano

Museo di Roma im Palazzo Braschi (Braschi-Palast) C 6

Der Palazzo Braschi, nach 1792 für die Verwandten Pius' VI. aus der Familie der Braschi errichtet, beherbergt seit 1952 eine Sammlung von Gemälden, Zeichnungen, Aquarellen und Stichen zur römischen Stadtgeschichte sowie Skulpturen, Terrakotta-Figuren, Majoliken, Teppiche und Kostüme. Weitere Ausstellungsstücke sind ein Eisenbahnzug für Pius IX. (aus dem Jahr 1850) und zwei Prunkdroschken. Die Gegenstände in 51 Sälen sollen das mittelalterliche und moderne Leben in Rom, die städtische Entwicklung und Geschichte veranschaulichen.

Anschrift
Piazza San
Pantaleo 10

Buslinien
46, 62, 64

Dort, wo der Vorgängerbau des Palazzo Braschi stand, wurde im Auftrag von Kardinal Carafa der Überrest einer Menelaos-Patroklos-Gruppe aufgestellt.

Di.–Sa. 9.00–14.00 (Di., Do. auch 17.00–20.00), So. 9.00–13.00

Öffnungszeiten

Museo Torlonia (Museum Torlonia) C 6

Die Sammlung des Museo Torlonia ist eine der bedeutendsten privaten Antikensammlungen Europas (etwa 600 Skulpturen). Sie wurde von Giovanni Raimondo Torlonia (1754–1829), einem zu Reichtum gekommenen Römer, begonnen. Torlonia erwarb private Kollektionen und ergänzte sie mit Werken, die bei Ausgrabungen auf seinen Besitzungen gefunden wurden (Besichtigung nur nach Vereinbarung mit der Amministrazione Torlonia, Via della Conciliazione 30).

Anschrift
Via Corsini 5

Buslinien
23, 28, 65

Obelisco di Axum (Obelisk von Axum) E 7

Der 24 m hohe Obelisk von Axum, der auf der Piazza di Porta Capena steht, wurde während des italienischen Eroberungskrieges in Abessinien 1937 aus der heiligen Stadt Äthiopiens, Axum, weggenommen und nach Rom gebracht.

U-Bahn-Station
Linie B, Circo
Massimo

Oratorio dei Filippini (Oratorium für die Gemeinschaft des Filippo Neri) C 6

Links an die ⟶ Chiesa Nuova schließt sich das Oratorium (Wohn- und Gebetshaus) für die Gemeinschaft des hl. Filippo Neri an. Für die bei den Römern beliebten Oratorianer-Priester baute Borromini von 1637 bis 1650 ein Haus, das Geistlichen als gemeinsame Stätte für Gebet und Arbeit dienen konnte. Besonders die Fassade, die sich in Höhe, Form und Farbe von der benachbarten Kirchenfassade abhebt, verdient wegen ihrer künstlerischen Gliederung Beachtung (⟶ Abb. S. 50).

Anschrift
Piazza della
Chiesa Nuova

Buslinien
46, 62, 64

In der Sala del Borromini, dem alten Oratorium, finden heute Konzerte statt. Das Oratorium beherbergt zudem die Biblioteca Vallicelliana, die älteste der Öffentlichkeit zugängliche Bibliothek Roms.

◀ *Im Etruskischen Nationalmuseum der Villa Giulia*

Oratorio di San Giovanni in Oleo

Oratorio di San Giovanni in Oleo   F 8

Lage
Via di Porta San Sebastiano

Buslinie
118

Das Oratorium des heiligen Johannes "im Öl" ist ein kleiner achteckiger Bau, Anfang des 16. Jh.s über altem Gemäuer von Bramante errichtet und von Borromini später ausgeschmückt. Er erhebt sich über der Stelle, an der nach der Legende der hl. Johannes unbeschadet siedendem Öl entstiegen sei, bevor er in die Verbannung nach Patmos geschickt wurde. (Falls das Oratorium geschlossen ist: Bei Nr. 17, Missionarskollegium, läuten!)

*Ostia Antica

Lage
24 km südwestlich von Rom

S-Bahn
Ferrovia Roma-Ostia Lido, Zweig der Metro-Linie B, Station Ostia Antica

Öffnungszeiten
Di.–So. 9.00 bis eine Stunde vor Sonnenuntergang

An keinem Ort der Umgebung Roms kann man einen so anschaulichen und umfassenden Überblick über eine antike Stadt gewinnen wie in Ostia Antica, in den Ruinen des alten Ostia.

An der Mündung (Ostium) des Tibers, so lauten die Legenden, sei Aeneas, der Ahnherr der Latiner, an Land gegangen, habe der König Martius im 7. Jh. v. Chr. eine Siedlung gegründet. Archäologische Forschungen allerdings belegen, daß erst um 335 v. Chr. eine Fischer- und Hafenstadt an Fluß und Meer entstand, die zusammen mit Rom emporwuchs und in der Kaiserzeit einer der lebhaftesten und wichtigsten Handels- und Kriegshäfen wurde. Dieser Rang drückt sich in vielen Bauten für die damals etwa 50 000 Bewohner aus.

Daß die Stadt später in Vergessenheit geriet, hatte vielerlei Gründe: Roms Bedeutung als Macht- und Handelszentrum ging mit der Teilung des Rei-

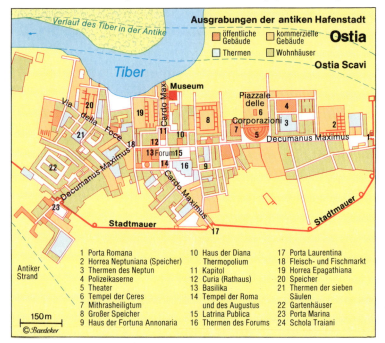

Ostia Antica

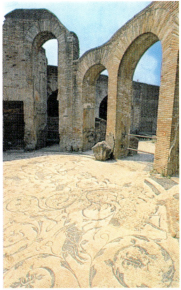 

Ostia Antica: Große Thermen... ...und Laden eines Fischhändlers*

ches unter Konstantin, mit dem Untergang des Weströmischen Reiches (5. Jh.) und mit den Wirren des Mittelalters immer weiter zurück. Zudem schwemmte der Tiber immer mehr Sandmassen an, wodurch Ostia immer weiter vom Meer abrückte. Schließlich kam noch die Malariaplage hinzu und endlich nahm 1613 ein Kanal bei Fiumicino den Einwohnern den Seehandel.

Seit dem 19. Jh. förderten archäologische Ausgrabungen etwas mehr als die Hälfte des verfallenen Stadtgebiets von 66 ha zutage: Straßen und Wohnhäuser, Theater und Verwaltungsbauten, Tempel und Kasernen, Kunststätten und Geschäfte, Grabanlagen und Lagerhäuser, Thermen und Stadttore, Wirtshäuser und Herbergen, Sportanlagen und Hafeneinrichtungen, Statuen und Mosaiken. All diese Ausgrabungen bilden jedoch keine beziehungslosen Fragmente, sondern einen zusammengehörenden Stadtorganismus, dessen Gliederung in fünf Stadtteile und rechtwinklige Straßenzüge klar vor Augen liegt. Die Besichtigung der Ausgrabungen (Scavi) beginnt entweder zu Fuß am Haupteingang. Der Weg führt dann über die Via dei Sepolcri (Gräberstraße) an der Porta Romana und den Grabanlagen, den Thermen und dem Piazzale della Vittoria (mit einem Standbild der Siegesgöttin Minerva Victoria), an Lagerhäusern (Horrea) und Wohnhäusern vorbei auf der von Rom kommenden Via Ostiense (hier: Decumanus Maximus) bis zum Theater; oder man fährt mit dem Auto in das Gebiet der Scavi hinein (bis zum Parkplatz).

Auch ein kurzer Rundgang sollte folgendes nicht auslassen: Das Theater; es wurde unter Kaiser Augustus errichtet, unter Septimius Severus und Caracalla umgestaltet, vor einigen Jahren wieder restauriert und faßt etwa 2700 Zuschauer. Hier finden während des Sommers Aufführungen statt. Von den Rängen sieht man auf den Piazzale delle Corporazioni, ein Geviert mit den Büros von 70 Handelsvertretungen. Mosaiken geben deren Herkunft und Tätigkeit an. In seiner Mitte erhebt sich der Tempel der Ceres. Weiter geht der Blick auf die Thermen des Neptun (mit Mosaiken) und eine Palästra (Sporthalle) sowie die Kaserne der Wachleute, schließlich auf die

Palatino

Ostia Antica
(Fortsetzung)

Horrea (Speicher) des Hortensius vor dem bisher noch nicht ausgegrabenen Teil.

Dann begibt man sich zum schönen Haus des Apulejus (Casa di Apuleio) mit dem danebenliegenden Mithrasheiligtum und weiteren Lagerhäusern hinüber in das Häusergewirr mit dem Collegium Augustale und dem Haus der Fortuna Annonaria. Man geht zum Tempel der Magna Mater Kybele und zurück Richtung Hauptstraße; auf dem Weg dorthin sind beachtenswert: die Thermen des Forums, der Tempel der Roma und des Augustus und die Casa dei Triclini sowie gegenüber die Basilika am Forum mit dem hoch aufragenden Gebäude der Curia, die das Forum abschließt.

Der Rundweg kann jetzt noch weiter ausgedehnt werden und folgende Sehenswürdigkeiten einschließen: den Tempio Rotondo, die Scuola di Traiano, den Piazzale di Bona Dea, die Casa a Giardino (mit Wohnungen, Gärten und Laubengängen); und Thermen des Mithras; weiterhin republikanische Tempel, das Haus von "Amor und Psyche", den "kleinen Markt", die Casa dei Dipinti und die Casa di Diana.

Zum Schluß lädt ein interessantes Museum ein, die Funde Ostias zu besichtigen.

****Palatino** (Palatin)   **D / E 7**

U-Bahn-Station
Linie B, Colosseo

Buslinien
11, 15, 27, 85, 87, 88, 90, 90b, 118, 673

Straßenbahnlinien
13, 30, 30b

Öffnungszeiten
Mo., Mi.–Sa.
9.00–18.00
(im Winter
9.00–15.00),
So. 9.00–13.00

Der Palatin ist der vornehmste unter den sieben klassischen Hügeln Roms. An ihn knüpft die Sage der Gründung Roms durch Romulus. Die Geschichte weist hier die älteste Siedlung nach, 50 m hoch über dem Tiber nahe der Flußinsel Isola Tiberina (wirtschaftliche und strategische Bedeutung). Adlige und Kaiser bauten sich hier ihre Paläste – natürlich kommt das Wort "Palast" von Palatin. Wenn auch heute die Überreste dieser Bauten nur einen undeutlichen Eindruck von der einstigen Größe vermitteln, so führt doch ein Gang über den Palatin in das Herz der römischen Geschichte.

Politiker (der Mäzen Agrippa) und Schriftsteller (Cicero) wohnten hier. Kaiser Augustus, der hier geboren wurde, vergrößerte das Haus seines Vaters; unter Augustus und seinen Nachfolgern entstanden Gebäude, denen Domitian die heute noch sichtbare Gestalt gab, mit Wohnpalästen, Tempeln und Staatsbauten. Da jede Generation etwas veränderte, sind die einzelnen Bauschichten kaum noch zu unterscheiden.

Im Mittelalter erlosch die Pracht des Palatin. Über den heidnischen Konstruktionen wurden Klöster und Kirchen, das Oratorium (Gebetskapelle) des Caesarius, Santa Anastasia, Santa Lucia, San Sebastiano errichtet; das Adelsgeschlecht der Frangipani benutzte sie als Fundament seiner Festung. Im 16. Jh. legten reiche Familien (u. a. die Ronconi, Mattei, Spada, Magnani und Barberini) Weinberge und Gärten an. Kardinal Alessandro Farnese beauftragte berühmte Architekten mit der endgültigen Gestaltung des Palatin-Parkes.

Seit dem 18. Jh. wandte sich das archäologische Interesse dem Palatin zu. Von vielen Bauten wußte man aus den Mitteilungen der lateinischen Schriftsteller. Doch bedeutende Denkmäler blieben bis heute unauffindbar. Brände hatten zu allen Zeiten auf dem Palatin gewütet. Übrig blieb, ähnlich wie auf dem Forum Romanum, ein Ruinengelände, in seiner geschichtlichen Größe höchst eindrucksvoll. Die sehenswertesten und bedeutendsten Anlagen und Gebäude werden im folgenden beschrieben.

Aufgänge
Auf vier Wegen gelangt man auf den Palatinischen Hügel. Der erste führt von der Via San Gregorio Magno durch das von Vignola als Eingang für die Farnesischen Gärten geschaffene Portal; die drei anderen beginnen auf dem Forum Romanum (→ Foro Romano): Der Clivus Palatinus beim Titusbogen, der zweite als Treppe im Atrium der Vestalinnen und der dritte bei Santa Maria Antiqua als mächtiger Gewölbegang
Lageplan: → Foro Romano.

Palatino

Blick aus dem kommunalen Rosengarten zum Palatin

Criptoportico (Kryptoportikus)

Nördlich des Livia-Hauses sieht man den Kryptoportikus, einen 130 m langen, halb unterirdischen tonnengewölbten Korridor. Er verband die Räume der verschiedenen Kaiserpaläste miteinander (des Tiberius, der Livia und der Flavier). Die Überlieferung will wissen, daß in diesem Gang im Jahre 41 n. Chr. Kaiser Caligula von Verschwörern ermordet wurde.

Tempio di Cibele (Tempel der Kybele)

Der Tempel der Kybele (oder Magna Mater = Große Mutter) bei den Farnesischen Gärten wurde im Jahr 204 v. Chr. errichtet, um gemäß dem Rat der sibyllinischen Bücher den "Schwarzen Stein" der Göttin aufzunehmen. Funde vor dem Tempel, die aus dem 9. und 8. Jh. v. Chr. stammen, führten dazu, die Mauerreste vor dem Tempel als ""Haus des Romulus" anzusehen. Diese in die Felsen gekratzten Löcher und Linien, die aus Behausungen der frühen Eisenzeit stammen, sind die ältesten Zeugnisse menschlicher Siedlung auf dem Palatin.

Casa di Livia (Haus der Livia)

Das "Haus der Livia", der Gattin des Augustus, war Teil des Augustus-Palastes. In einem Raum fand man auf einer Bleiröhre die Inschrift "Livia Augusta". Das gab dem Haus den Namen (vielleicht hat auch Augustus darin gelebt).
Ein Atrium und vier Zimmer vermitteln einen Eindruck vom Komfort und Geschmack der herrschenden Römer zur Zeit Christi: Tonröhren für Zentralheizung, die durch die Wände liefen, elegante Malereien im (Zweiten) Pompejanischen Stil. Nach außen entwickelten die Bauten freilich keine

Palatino

Stadion beim Palast der Flavier

Casa di Livia (Fortsetzung) besondere Pracht; Zeichen für die kluge Bescheidenheit des ersten römischen Kaisers.

Palazzo dei Flavi (Palast der Flavier)

Die Ruinen des Palastes der Flavier liegen in der Mitte des Palatinischen Hügels. Die Domus Flavia, im Auftrag des Kaisers Domitian aus dem Geschlecht der Flavier von dem Architekten Rabirius Ende des 1. Jh.s n. Chr. errichtet, trug den gewachsenen Repräsentationsbedürfnissen der römischen Kaiser Rechnung.

Hier lag das Machtzentrum des Römischen Reiches zur Kaiserzeit. Ein großer Säulenhof (Peristyl), im Innern nach Süden zu ein geräumiger Speisesaal (Triclinium), nach Norden die Thronhalle (Aula Regia), ein Rechteck von 30,5×38,7 m mit einer Apsis, dazu die Kapelle der Hausgötter (Lararium) und eine Basilika (wahrscheinlich für Gerichtsverhandlungen bestimmt) – all das zeigt die ins Bedeutende und Große angewachsenen Verhältnisse des kaiserlichen Hofes.

Domus Augustana (Haus des Augustus)

Bei der Domus Augustana scheint es sich weniger um das Haus des Augustus als um das kaiserliche (Augustana, augusta) "Haus" überhaupt zu handeln. Der zwei und dreigeschossige Bau beeindruckt noch heute mit seinen keineswegs vollständig ausgegrabenen Ruinen durch die Großartigkeit der monumentalen und zugleich harmonischen Anlage. Ebenso wie der Palast der Flavier in der Zeit des Domitian erbaut, diente das Gebäude zuerst den Kaisern als Wohnpalast, später bis in die byzantinische Zeit hinein auch den höchsten Beamten als Wohn- und Arbeitsstätte.

Palazzo Barberini

Orti Farnesiani (Farnesische Gärten)

Die Farnesischen Gärten wurden im 16. Jh. im Auftrag des Kardinals Alessandro Farnese von dem Architekten Vignola angelegt und von Rainaldi vollendet. Terrassen und kleine Bauten, Grasflächen und Blumenbeete, Baumgruppen und Springbrunnen sollten ähnlich wie in der Villa d' Este zu → Tivoli den bühnenartigen Rahmen für die Zusammenkünfte Gleichgesinnter abgeben.
Die literarische Akademie Arkadia tagte hier im 17. Jahrhundert, woran ein kleines Nymphäum erinnert. Neben den Fontänen sollte man die Stuckdekorationen beachten.
Unter den Gärten befand sich einst der Palast des Kaisers Tiberius; Ausgrabungen, die noch längst nicht abgeschlossen sind, haben Reste eines Atriums freigelegt.

Stadio Domiziano (Stadion des Domitian)

Kaiser Domitian (81–96 n. Chr.), der große Bauherr auf dem Palatin, sorgte auch für eine 160 m lange und 47 m breite Rennbahn: das Stadion des Domitian. Unsicher ist, ob zu den Wettkämpfen und Festen auch das Publikum zugelassen war oder ob das Stadion nur der Unterhaltung des Kaisers und seiner privaten Gäste diente; eigentlich ist nicht einmal gewiß, ob die Anlage überhaupt sportlichen Wettkämpfen Raum bot oder ob die Architekten nur einen Garten in der Form eines Stadions schufen.
Nach der Überlieferung hat in diesem Stadion der heilige Sebastian den Märtyrertod erlitten.

Terme di Settimio Severo (Thermen des Septimius Severus)

Die eindrucksvollsten Ruinen des Palatin sind Überreste der Thermen des Kaisers Septimius Severus. Gewaltige Unterbauten, die in ihrer Mächtigkeit bis heute überdauert haben, stützten die Pfeiler und Bögen des Bauwerks. In einigen Korridoren und Baderäumen findet man noch Reste der Heizungsanlage.
Ganz in der Nähe bietet sich von einer rechteckigen Terrasse aus das schönste Panorama (besonders bei Sonnenuntergang) vom Palatin: Kolosseum (→ Colosseo), Caracalla-Thermen (→ Terme di Caracalla), Caelius, Aventin, Gianicolo und die Bodensenke des → Circus Maximus (Circo Massimo) dicht davor, der 300 000 Zuschauer fassen konnte.

*Palazzo Barberini (Barberini-Palast)   E 5

Der kunst- und baufreudige Papst Urban VIII. (aus der Familie der Barberini) hatte das Glück, daß ihm während seiner Amtszeit von 1623 bis 1644 die zwei bedeutendsten Architekten des Barock zur Verfügung standen: Borromini und Bernini. Die Bienen aus dem Wappen der Barberini finden sich als Zeichen des Bauherrn in ganz Rom, so daß unter den Römern der Spottvers umging: Quod non fecerunt barbari, fecerunt Barberini ("Was die Barbaren nicht zerstört haben, taten die Barberini" – weil sie Platz für ihre Neubauten brauchten).
Der Palastbau, hoch über der Piazza Barberini gelegen (Hauptzugang an der Via delle Quattro Fontane), wurde von Carlo Maderno 1625 unter Beiziehung von Borromini begonnen und von Bernini 1633 vollendet. Einen übersichtlichen Eindruck von dem Komplex vermittelt allein ein Grundriß, der das Ineinander von rechtwinkeligen und ovalen Treppenhäusern, von Zimmerfluchten und repräsentativen Räumen veranschaulicht. Die Mitte des Palastes bildet der zwei Stockwerke hohe "Salone", an dessen Decke Pietro da Cortona den "Triumph der göttlichen Vorsehung" (1632–1639)

Anschrift
Via delle Quattro Fontane 13

Barberini-Wappen

Palazzo Bonaparte

Palazzo Barberini
(Fortsetzung)

malte, ein Deckengemälde, das vor allem den Ruhm des Papsttums und der Familie Barberini verkünden sollte.

Kunstgeschichtlich wichtig ist, daß mit dem Palazzo Barberini das Vorbild norditalienischer Paläste in Rom übernommen wurde: Der römische Hochbarock fand in diesem Palast gültigen Ausdruck.

U-Bahn-Station

Linie A, Barberini

Bus

Linien: 60, 61, 62, 71, 415

Galleria Nazionale d'Arte Antica
(Nationalgalerie der Antiken Kunst)

Öffnungszeiten
Di.–Sa.
9.00–14.00,
So. 9.00–13.00

Der Palazzo Barberini beherbergt heute die Galleria Nazionale d'Arte Antica (Nationalgalerie der Antiken Kunst). Der italienische Staat gewann nach der Einigung von 1870 aus der Enteignung des Kirchenstaates viele berühmte Kunstwerke; außerdem übernahm er Privatsammlungen, erhielt Schenkungen und erwarb neue Werke. So entstand ein unübersehbarer Kunstschatz. Die Nationalgalerie nahm nach dem Zweiten Weltkrieg vor allem Werke des 13.–16. Jh.s auf, dann jedoch auch solche des Barock. Als Maler sind neben vielen anderen vertreten: Giovanni da Rimini, Simone Martini, Fra Angelico, Filippo Lippi ("Madonna mit Kind"), Piero della Francesca, Antoniazzo Romano, Pietro Perugino, Sodoma, Andrea del Sarto, Girolamo Sermoneta, Pietro da Cortona, Raffael ("Fornarina", das Bildnis einer jungen Bäckerin aus Trastevere, Herkunft jedoch nicht gesichert); El Greco ("Anbetung der Hirten", "Geburt und Taufe Christi"), Jacopo und Domenico Tintoretto, Tizian ("Venus und Adonis"), Hans Holbein (Bildnis von "Heinrich VIII.", vielleicht Kopie) und Caravaggio ("Narziss").

Palazzo Bonaparte   D 6

Anschrift
Via del Corso

Im Palazzo Bonaparte – der Name ist an dem Gebäude oben noch zu lesen –, einem Stadtpalast des 17. Jahrhunderts, wohnte die Mutter Napoleons, Letizia Ramorino, bis zu ihrem Tode 1836. Der Palast befindet sich am Beginn des Corso bei der Piazza Venezia.

Bus

Linien: 46, 56, 60, 62, 64, 65, 70, 71, 75, 81, 85, 88, 90, 95

*Palazzo Borghese (Borghese-Palast)   D 5

Anschrift
Piazza Borghese

Buslinien
26, 28, 70

Öffnungszeiten
Mo.–Sa.
10.00–13.00,
15.30–20.00

Wie es sich für eine adlige römische Familie gehörte, mußte das Geschlecht der Borghese, das Papst Paul V. (1605–1621) zu seinen Mitgliedern zählt, einen Stadtpalast, den Palazzo, und eine Sommer- oder "Wochenend"-Residenz besitzen (→ Villa Borghese). Kardinal Camillo Borghese kaufte daher einen Palast in der Nähe des Tibers und schenkte ihn dann als Papst Paul V. seinen Brüdern Orazio und Francesco. Dieser Palast war von Martino Lunghi begonnen worden. Der Architekt Flaminio Ponzio baute ihn für die Borghese in einer Form aus, die dem Palast den Beinamen "Cembalo" eintrug (mit der "Tastatur" am Tiber).

Die prachtvolle Ausstattung des römischen Patrizierpalastes konnte den neugewachsenen Ansprüchen einer Papstfamilie genügen. Die Ruhe des Palasthofes mit seiner Doppelreihe von Arkaden, die nach dem Getümmel der Straßen so wohltuend wirkt, läßt den Besucher erstaunen; hier wird der Genuß noch durch eine elegante Anlage mit antiken Statuen, Jünglingsfiguren, Girlanden und Putten erhöht.

Gegenüber dem Palazzo, wo einst die Kutschen abgestellt wurden, steht das ehemalige Gesindehaus.

Palazzo della Cancelleria

Palazzo Barberini

Palazzo Borghese

*Palazzo della Cancelleria (Päpstliche Kanzlei) C 6

Im 15. Jh. lag die Führung der italienischen Kunst und Kultur zunächst bei Florenz (Herrscherhaus der Medici). Rom war durch die verworrenen Verhältnisse im Papsttum (Exil der Päpste in der französischen Stadt Avignon; Abendländisches Schisma, in dem sich mehrere Kardinäle den Papstthron streitig machten) in Mitleidenschaft gezogen. Nur langsam konnte Rom seit der Mitte des 15. Jh.s seinen dominierenden Rang als Stadt der Päpste und Zentrum der Christenheit zurückgewinnen, auch wenn sich 1452 die orientalischen Kirchen vom Papst lossagten.

Der großartige Bau des Palazzo della Cancelleria (zuerst Palast für Kardinal Riario, später Päpstliche Kanzlei und Sitz der Regierung des Kirchenstaates) bildet in dieser Entwicklung einen entscheidenden Schritt. Er wurde von 1483–1517, zum Teil mit Travertinsteinen aus dem Kolosseum (→ Colosseo), errichtet und finanziert von den Kardinälen Scarampo Mezzarota und Raffaele Riario (der dafür auch 60 000 Scudi verwandte, die er im Glücksspiel von Franceschetto Cybo, dem Neffen Papst Innozenz' VIII., gewonnen hatte). Als Architekten werden Andrea Bregno (Montecavallo) und auch Bramante genannt. Das Glück wandte sich jedoch auch gegen Kardinal Riario: Wegen der Teilnahme an einer Verschwörung gegen Papst Leo X. verlor er seine Güter; der Palast wurde konfisziert.

Die äußeren Fassaden des Palastes gelten als beispielhaft für die Baukunst der Renaissance: Klare, geometrische Formen und einheitliche Gliederungen herrschen vor; das Material ist sauber, ohne überflüssigen Aufwand bearbeitet.

Beachtenswert im Innern: Die Sala dei Cento Giorni (Saal der hundert Tage), ein großer Raum, den Vasari 1546 im Auftrag des Kardinals Alessandro Farnese mit Gehilfen in hundert Tagen ausmalte, was Michelangelo zu dem sarkastischen Ausspruch veranlaßte: "Das sieht man."

Anschrift
Piazza della Cancelleria

Buslinien
46, 62, 64

Palazzo Cenci

Palazzo della Can-
celleria (Forts.)

Auch der viereckige Innenhof mit drei Geschossen zeigt einen klaren, übersichtlichen Aufbau. – Hier fand man 1988 bei Ausgrabungrn u.a. die Front eines Sarkophags (4. Jh. n. Chr.), Mauer und Pfeilerreste einer Basilika, Grabmäler (4./5. Jh.) und spätmittelalterliche Wandmalereien.

Palazzo Cenci   D 6

Anschrift
Piazza Cenci

Buslinien
23, 26, 44, 56, 60, 65, 75, 170, 710, 718, 719, 774

An geschichtlich bedeutsamer Stelle, über dem verfallenen Circus Flaminius (221 v. Chr. errichteter Zirkus) wurde im 16. Jh. der Palast der Cenci erbaut. Die Volksüberlieferung sagt, daß Francesco Cenci 1575 als Grabstätte für seine Kinder Giacomo und Beatrice, deren Tod er beschlossen hatte, eine Kapelle verschönern ließ. Es waren jedoch die Kinder, die ihren Vater ermordeten und dafür am 11. September 1599 an der Engelsbrücke geköpft wurden.

*Palazzo dei Conservatori (Konservatorenpalast)   D 6

Anschrift
Piazza del Campidoglio

U-Bahn-Station
Linie B, Colosseo

Buslinien
57, 85, 87, 88, 90, 90b, 92, 94, 95, 716, 718, 719

Der Konservatorenpalast, 1564–1575 von Giacomo della Porta nach Entwürfen Michelangelos erbaut, bietet heute der Stadt Rom repräsentative Räume für öffentliche Empfänge und beherbergt einen Teil der Sammlungen des Kapitolinischen Museums (→ Museo Capitolino), darunter Bruchstücke einer Riesenstatue des Kaisers Konstantin (12 m) aus der Konstantinsbasilika und zwei Statuen gefangener Barbarenfürsten im Innenhof; die von dem Etrusker Vulca di Veio geschaffene "Kapitolinische Wölfin", Wahrzeichen Roms und Symbol päpstlicher Gerichtsbarkeit, eine Bronzeplastik aus dem 6. Jh. v. Chr. (im Jahr 65 v. Chr. wurde die Wölfin an den Hinterläufen vom Blitz getroffen; die Zwillingsfiguren von Romulus und Remus kamen in der Renaissance hinzu); Teile der Fasti consulares et triumphales, eines Verzeichnisses der Konsuln und ihrer Siege; der "Dornauszieher" (Spinario), eine römische Bronzekopie aus hellenistischer Zeit nach einem Original aus dem 3. oder 5. vorchristlichen Jahrhundert. Ein Saal des Palastes ist nach den Gänsen benannt (Sala delle Oche), die gemäß der Sage mit ihrem Geschnatter Rom vor der Eroberung durch die Gallier (387 v. Chr.) gerettet haben. Die Kapitolinische Pinakothek (Pinacoteca Capitolina) im Konservatorenpalast enthält in acht Sälen u. a. Bilder von Tizian ("Taufe Christi"), Tintoretto (Passionszyklus), Caravaggio ("Johannes der Täufer"), Rubens ("Romulus und Remus"), Veronese ("Raub der Europa"), Lorenzo Lotto ("Bildnis eines Bogenschützen") und Velázquez ("Männerporträt").

Öffnungszeiten

Di.–Sa. 9.00–14.00 (Di., Do. auch 17.00–20.00; Sa. auch 20.30–23.00), So. 9.00–13.00

Palazzo Corsini (Corsini-Palast)   C 6

Anschrift
Via della Lungara 10

Buslinien
23, 28, 28b, 65

Öffnungszeiten
Di.–Fr. 9.00–19.00, Mo., Sa. 9.00–14.00, So. 9.00–13.00

Der Palazzo Corsini wurde für Kardinal Domenico Riario (Neffe von Papst Sixtus IV.) im 15. Jh. errichtet. Im 17. Jh. wohnte hier Königin Christine von Schweden nach ihrer Konversion zum katholischen Glauben und ihrem Verzicht auf den schwedischen Thron. Sie führte Wissenschaftler und Künstler in einer Akademie, der späteren Arkadia, zusammen. Als die Corsini den Palast erwarben, wurde er von Ferdinando Fuga gründlich erneuert (1723–1736). Er beherbergt heute Teile der Galleria Nazionale d'Arte Antica der ehemaligen Corsini-Galerie, v. a. aber Werke der europäischen Malerei des 17. und 18. Jahrhunderts. Ein großer Teil der Corsini-Galerie befindet sich im → Palazzo Barberini, in der dortigen Galleria Nazionale d'Arte Antica.

*Palazzo Doria Pamphili (Doria-Pamphili-Palast)   D 6

Der Palazzo Doria, einer der größten römischen Stadtpaläste, wird von der Via del Corso, del Plebiscito, della Gatta und der Piazza del Collegio Romano mit der Via Lata umgeben. (An der Piazza Venezia ist der → Palazzo Bonaparte ausgespart.)

Im Verlauf von drei Jahrhunderten haben Architekten und Bauherren den Palast mit seinen verschiedenen Fassaden und Innenhöfen gestaltet. Mehrere Familien haben ihn besessen: zuerst die della Rovere, dann die Aldobrandini und schließlich die Pamphili, die in der Familie der Doria aufgingen.

Anschrift
Via del Corso
Eingang der
Galerie: Piazza
del Collegio
Romano, la

Buslinien
46, 56, 60, 62, 64, 65, 71, 75, 81, 85, 88, 90, 90b, 95, 170

Galleria Doria Pamphili

Die Galleria Doria Pamphili umfaßt eine Gemäldesammlung, die im wesentlichen auf den Familienbesitz der Pamphili und Doria zurückgeht und hier beheimatet ist. Sie enthält Bilder von Tintoretto ("Bildnis eines Prälaten"), ein wahrscheinlich von Tizian geschaffenes Altargemälde (Fragment), Werke von Correggio ("Die Tugend"), Raffael ("Doppelporträt"), Caravaggio ("Magdalena" und das meisterhafte Frühwerk "Ruhe auf der Flucht nach Ägypten"), Velázquez (das berühmte Bildnis von Innozenz X.) Lippi, Lotto, Bordone und Pamphili, "Landschaften" von Lorrain sowie Arbeiten von Pieter Breughel d.Ä. ("Seeschlacht bei Neapel"), Jusepe Ribera ("Hl. Hieronymus"), Domenichino und Solimena; außerdem Marmorskulpturen (unter anderem eine Büste von Innozenz X., ein Werk des italienischen Meisters Bernini).

Öffnungszeiten
Di., Fr., Sa., So.
10.00–13.00

Ferner sind in dem Palast Privatgemächer und Repräsentationsräume mit Bildern und Skulpturen zu besichtigen (Führungen zwischen 10.00 und 12.00 Uhr).

*Palazzo Farnese   C 6

Die Wirkung des Palazzo Farnese wird dadurch erhöht, daß man ihn von einem freien Platz aus betrachten kann. Er ist einer der schönsten römischen Stadtpaläste des 16. Jahrhunderts. Mit ihm wurde die Architektur der Renaissance, die in Rom mit dem → Palazzo Venezia begann, großartig abgeschlossen.

Anschrift
Piazza Farnese

Buslinien
23, 28, 28b, 46, 62, 64, 65

Kardinal Alessandro Farnese, der spätere Papst Paul III. (1534–1549), beauftragte 1514 Antonio da Sangallo den Jüngeren mit dem Bau eines Stadtpalastes. Nach dessen Tod wurde er durch Michelangelo (ab 1546) fortgeführt; Giacomo della Porta beendete die Arbeiten 1580. Der Palast kam von den Farnese an die Bourbonen von Neapel; er ist heute Sitz der französischen Botschaft.
Das Äußere beeindruckt durch seinen majestätischen, quaderartig massiven Aufbau, in dem eine zurückhaltende, einfachen geometrischen Formen folgende Gliederung vorherrscht. Die etwa 46 m breite Fassade zeigt drei deutlich voneinander abgesetzte Geschosse, die fast ganz von den Fenstern beherrscht werden. Diese Fensterreihen, mit jeweils verschiedener Umrahmung, das Eingangsportal und das Mittelfenster im ersten Geschoß bilden eine Gesamtharmonie, die nichts verändert, hinzugefügt oder weggelassen werden kann, ohne die Vollkommenheit des Ganzen zu mindern.
Die Seitenfassaden wiederholen den Aufbau der Hauptfront, doch wird ihre Wirkung durch die Enge der Straßen beeinträchtigt. Die Fassade der Rückseite weist zum Tiber.

Palazzo Spada

Palazzo Farnese (rechts)

Palazzo Farnese (Fortsetzung)	Der Innenhof übernimmt eine architektonische Anordnung der Antike, wenn er Säulen und Pfeiler im ersten Stock nach dorischer, im zweiten nach ionischer und im dritten nach korinthischer Form zeigt. Aus dem Kolosseum (→ Colosseo) verwandte man Steine für den Bau des Palazzo Farnese.
Galerie	Beachtenswert im ersten Stock die 20 m lange und 6 m breite Galerie, deren Fresken ("Triumph der Liebe im Universum") Annibale Caracci (1597–1604) malte.

Palazzo Spada (Spada-Palast) C 6

Anschrift Piazza Capo di Ferro 3 **Buslinien** 23, 28, 28b, 65	Der Palazzo Spada wurde 1540–1550 von Giulio Mersi da Caravaggio im Auftrag des Kardinals Girolamo Capo di Ferro errichtet. Er ging dann in den Besitz des Kardinals Spada über und wurde in dieser Zeit von Borromini restauriert. Heute ist er Sitz des italienischen Staatsrates und beherbergt die Galleria Spada.

Borromini legte um 1635 als Verbindung zweier Höfe eine "perspektivische Kolonnade" an: Zwei Säulenreihen mit kassettiertem Tonnengewölbe täuschen durch die Verkleinerung der hinteren Maße Tiefe vor. Die viergeschossige Fassade zeigt elegante Stuckdekorationen (Giulio Mazzoni, 1556–1560) und acht Statuen berühmter Römer (von links: Trajan, Pompejus, Fabius Maximus, Romulus, Numa Pompilius, Marcellus, Caesar, Augustus).

Die Räume weisen reiche Stuckdekorationen auf; in einem Salon befindet sich die sogenannte Pompejusstatue, an der Caesar ermordet worden sein soll.

Galleria Spada

Die Spada-Galerie umfaßt zum größten Teil die Gemäldesammlung des Kardinals Bernardino Spada (1594–1661). In Räumen, die mit Gemälden und Stuckdekorationen geschmückt sind, hängen beachtenswerte Werke, darunter eine Ölskizze Baciccias für das Deckengemälde der Kirche → Il Gesù, Bildnisse des Kardinals Spada von Guido Reni und von Guercino, "Heimsuchung" von Andrea del Sarto, die unvollendete "Musikantin" von Tizian und eine "Landschaft mit Windmühle" von Jan Breughel dem Älteren.

Öffnungszeiten
Di.–Sa.
9.00–14.00,
So. 9.00–13.00

Palazzo Laterano (Lateran-Palast)   F / G 7

Der Lateran-Palast war Wohn- und Amtssitz der Päpste von der Zeit Konstantins bis 1309 n. Chr., als Clemens V. die Residenz nach Avignon verlegen mußte. Nach dem französischen Exil wurde im Vatikan der Apostolische Palast ausgebaut.

Anschrift
Piazza San Giovanni in Laterano

Der Bau aus der Zeit Konstantins wurde verschiedentlich zerstört und seit 1586 n. Chr. auf Geheiß des Papstes Sixtus V. völlig neu errichtet.
Der Palast ist heute Sitz der römischen Bistumsverwaltung.

Linie A, San Giovanni

U-Bahn-Station

Linien: 16, 85, 87, 88, 93, 218, 650

Bus

Palazzo Massimo alle Colonne (Massimo-Palast)   C / D 6

Zwischen den beiden Plätzen Sant'Andrea della Valle und Pantaleo steht der Palazzo Massimo, ein Meisterwerk des Architekten Baldassare Peruzzi (errichtet 1532–1536). Die Häuser der Massimo-Familie, die sich zuvor an dieser Stelle befanden, waren 1527 beim Sacco di Roma, der Plünderung Roms durch die Truppen Karls V., zerstört worden.
Der Palast gilt als Musterbeispiel einer manieristischen Architektur (zwischen Renaissance und Barock), die durch Auflockerung und Umformung der geometrischen Grundformen, wie beispielsweise die Krümmung der Fassade oder die eigenwilligen Fensterrahmungen, den Mauern die monumentale Schwere nimmt und sie ins Elegante, Spielerische verändert. Der von sechs dorischen Säulen getragene Portikus verstärkt den originellen Charakter des Stadtpalastes.

Anschrift
Corso Vittorio Emanuele II.

Buslinien
46, 62, 64

Auf der Rückseite des Palastes in Richtung → Piazza Navona zeigt der dreistöckige Palazzetto Massimi fast gänzlich verblichene Graffiti-Überreste, eine Dekorationsform, die im 16. Jh. rund 50 römische Stadtpaläste zierte. – Hier wurden 1467 die päpstliche Poststation und die erste Druckerei Roms von den Deutschen Pannartz und Sweynheym eingerichtet.

Palazetto Massimi

Palazzo Montecitorio

→ Camera dei Deputati

Palazzo Nuovo

→ Museo Capitolino

*Palazzo Pallavicini-Rospigliosi   E 6

Anschrift
Via XXIV Maggio

Buslinien
57, 64, 65, 70, 71, 75, 81, 170

Öffnungszeiten
Casino: jeden
1. des Monats
10.00–12.00 und
15.00–17.00

Der Palast, an der Auffahrt (Via Ventiquattro Maggio) zum Quirinals-Hügel gelegen, wurde zwischen 1611 und 1616 von Vasanzio und Maderno für Kardinal Scipione Borghese erbaut, von dem italienisch-französischen Kardinal Mazarin (Mazzarino) vergrößert und gehört heute der Familie Pallavicini-Rospigliosi. Er beherbergt im ersten Stock die Galerie der Pallavicini, in der sich unter anderem Jugendwerke von Rubens und Arbeiten von Botticelli, Poussin, Lotto, Signorelli, Van Dyck und Ribera befinden (Besichtigung nur nach Voranmeldung, Tel. 4757816).

In dem kleinen Garten steht das Casino Pallavicini; im Innern hat Guido Reni die berühmte Aurora (1514) an die Decke des Salons gemalt.

Palazzo di Propaganda Fide   D 5

Anschrift
Piazza di Spagna

U-Bahn-Station
Linie A,
Piazza di Spagna

Buslinie
115

Schräg gegenüber vom Palazzo di Spagna, dem Sitz der Spanischen Gesandtschaft beim Heiligen Stuhl (→ Piazza di Spagna), erhebt sich der Palazzo di Propaganda Fide. Der Palast, dessen Bau Papst Gregor XV. anregte und den Papst Urban VIII. (aus der Familie der Barberini) durch die Baumeister Bernini und Borromini ausführen ließ, ist der Sitz der vatikanischen "Kongregation für die Verbreitung des Glaubens", des Ende des 16. Jh.s gegründeten päpstlichen "Ministeriums" für die Missionsgebiete der Kirche. Vor den beiden Palästen eine antike Säule mit der Statue Marias (Säule der Immacolata), an deren Basis sich die Propheten Isaias und Ezechiel, ferner Moses und David befinden; alljährlich am 8. Dezember besucht der Papst die Mariensäule zum Andenken an das 1854 verkündete Dogma von der "Unbefleckten Empfängnis Mariens".

Palazzo del Quirinale (Quirinals-Palast)   E 6

Anschrift
Piazza del Quirinale

Buslinien
57, 64, 65, 70, 71, 75, 81, 170

Der Quirinals-Hügel, den die Sage mit Romulus verbindet, trug in römischer Zeit ein ganzes Stadtviertel mit vornehmen Wohnhäusern. Papst Gregor VIII. wünschte sich hier eine päpstliche Sommerresidenz, die 1574 begonnen, dann Stück für Stück erweitert wurde (darunter von berühmten Architekten wie Fontana, Maderno und Bernini) und schließlich unter Clemens XII. (1730–1740) einen riesigen Komplex mit Gebäudetrakten und Gärten bildete. Von 1870–1946 war der Quirinal Amtssitz der italienischen Könige, heute ist er Sitz des Staatspräsidenten.
Der gegenüber liegende Palazzo della Consultà (→ Piazza del Quirinale) beherbergt das italienische Verfassungsgericht.

Palazzo dei Senatori (Senatorenpalast)   D 6

Anschrift
Campidoglio
(Kapitol)

U-Bahn-Station
Linie B, Colosseo

Buslinien
57, 85, 87, 88, 90, 90b, 92, 94, 95, 716, 718, 719

Der Senatorenpalast, an der Stirnseite des Kapitolsplatzes (→ Campidoglio) gegenüber dem Forum Romanum gelegen, im 16. Jh. über dem antiken Tabularium, dem Staatsarchiv, entstanden, ist heute Sitz des Bürgermeisters und des Stadtrats. Auch hier entwarf Michelangelo die Doppelfreitreppe (1541–1554), die er mit alten Statuen der Flußgötter Nil (Sphinx) und Tiber (Wölfin) versah. In der Mitte der beiden Rampen steht ein Brunnen mit einer antiken Porphyrstatue der Minerva, die dann als Standbild der Stadtgöttin Roma verehrt wurde. Die 1605 fertiggestellte Fassade ist ein Werk von Giacomo della Porta und Girolamo Rainaldi, der prächtige Glockenturm, nach dem Vorbild eines mittelalterlichen Campanile von Martino Longhi errichtet, kam 1578–1582 hinzu.

Palazzo dei Senatori

Palazzo Quirinale

Palazzo della Consultà

Palazzo dei Senatori – Sitz von Bürgermeister und Stadtrat

*Palazzo Venezia   D 6

Anschrift
Piazza Venezia

U-Bahn-Station
Linie B, Colosseo

Buslinien
46, 57, 85, 87, 88,
90, 90b, 92, 94,
95, 716, 718, 719

Öffnungszeiten
Di.–Sa.
9.00–14.00,
So. 9.00–13.00

Der Palazzo Venezia, in seiner heutigen Gestalt von Kardinal Pietro Barbo, dem späteren Papst Paul II , 1451 begonnen, unter mehreren Architekten weitergeführt und 1491 vollendet, liegt im Zentrum der Stadt an der → Piazza Venezia, einem der verkehrsreichsten Plätze der Welt, neben der Kirche San Marco. Heute beherbergt der Palast das Museo di Palazzo Venezia, das Staatliche Institut für Archäologie und Kunstgeschichte; außerdem finden hier häufig wechselnde Kunstausstellungen statt.
Der elegante und harmonische Stadtpalast gehörte von 1594 bis 1797 der Republik Venedig, daher der Name, kam dann an Österreich als Sitz der Gesandtschaft und war in der faschistischen Zeit Regierungssitz Mussolinis. Vom mittleren Balkon aus hielt Mussolini pathetische Reden. Die wehrhafte Front mit dem mächtigen Eckturm geht nun über in den Palazzetto Venezia, den kleinen Venedig-Palast, der beim Bau des gegenüberliegenden Nationaldenkmals für Viktor Emanuel II. (→ Monumento Nazionale a Vittorio Emanuele II.) an diese Stelle versetzt worden war.

Das Museum des Palazzo Venezia, das momentan nicht in allen Teilen zugänglich ist, enthält Sammlungen verschiedenster Art: Holz- und Marmorskulpturen, Waffen und Stoffe, Gobelins und Gemälde, Büsten und Terrakottamodelle, Kunstgewerbe- und Druckerzeugnisse, eine Weltkarte in der Sala del Mappamondo, Porzellan und Gläser aus verschiedenen Jahrhunderten, Nationen und Kulturen.

Palazzo (Casa) Zuccari   D/E 5

Anschrift
Via Gregoriana

U-Bahn-Station
Linie A, Piazza di
Spagna

Buslinie
115

An der Piazza Trinità dei Monti, dort wo die Via Sistina und Via Gregoriana abzweigen, liegt der Palazzo (oder die Casa) Zuccari, die von dem Maler Zuccari als Wohnhaus und Atelier um 1600 eingerichtet, u.a. auch von der polnischen Königinwitwe Maria Kasimira bewohnt wurde und heute Sitz der Biblioteca Hertziana ist, dem Institut für kunstgeschichtliche Forschung der deutschen Max-Planck-Gesellschaft (für die Öffentlichkeit nicht zugänglich). Gartenportal und Fenster des in der Via Gregoriana (Nr. 30) gelegenen Palastes sehen aus wie die Mäuler von Ungeheuern.

**Pantheon

Lage
Piazza della
Rotonda

Buslinien
26, 87, 94

Öffnungszeiten
Di.–Sa.
9.00–14.00,
So. 9.00–13.00

Die architektonische Idee des Pantheon, des bedeutendsten und besterhaltenen Bauwerks der römischen Antike, ist so einfach, daß der Bau alle stürmischen Zeiten Roms überdauerte. Wer es ursprünglich erbauen ließ, steht über dem Eingang: Marcus Agrippa, Schwiegersohn des Kaisers Augustus. Er wollte im Jahre 27 v. Chr. den Tempel wohl den allerheiligsten (Pantheon) Planetengöttern (daher das Firmament der Kuppel mit der Öffnung für die Sonne) und nicht allen Göttern (wie der Name nahezulegen scheint) weihen.

Dieser Tempel brannte jedoch schon im Jahre 80 n. Chr. ab. Den heutigen Bau ließ Kaiser Hadrian 120–125 errichten. Das Ziegelmauerwerk der damaligen Zeit weist auf die enorme technische Leistung der Römer hin. Es erlitt im Lauf der Jahrhunderte erhebliche Schäden und auch Plünderungen (Papst Gregor III. ordnete an, daß die vergoldeten Bronzeziegel der Kuppel abgenommen wurden, Papst Urban VIII. verwendete den 25 Tonnen schweren Bronzebeschlag der Vorhallendecke für die Confessio des Bernini in → San Pietro in Vaticano). Es wurde jedoch immer wieder restauriert. Zum Teil erhielt es auch bauliche Zusätze, die später wieder verschwanden.

Pantheon

1 "Verkündigung", Fresko von Melozzo da Forlì (15. Jh.)
2 Grab des ersten Königs von Italien, Viktor Emanuel (Vittorio Emanuele) II. (1820-78)
3 "Hl. Anna und Jungfrau Maria", Skulpturengruppe von Lorenzo Ottoni (?; 17. Jh.)
4 Denkmal für den päpstlichen Diplomaten Kardinal Ercole Consalvi (1757-1824; sein Grab in San Marcello)
5 Grab des Malers und Baumeisters Raffael (Raphael; eigentlich Raffaello Santi oder Sanzio, 1483-1520)
6 Grab des zweiten Königs von Italien, Humbert (Umberto) I. (1844-1900; in Monza ermordet); darunter das Grab der Königin Margherita († 1926)
7 Grab des Baumeisters und Malers Baldassare Peruzzi (1481-1536)
8 Am Altar "Hl. Joseph mit dem Jesusknaben" von Vincenzo de Rossi (um 1555); seitlich die Gräber der Maler Perin del Vaga (1501-47) und Taddeo Zuccari (1529-66) sowie des Architekten und Bildhauers Flaminio Vacca (1538-1605); an den Wänden "Traum des hl. Joseph" und "Flucht nach Ägypten", Stuckreliefs von Carlo Monaldi (um 1720)

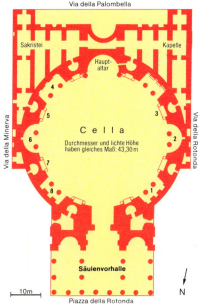

Pantheon
St. Maria ad Martyres

Die ersten christlichen Kaiser verboten den Kult in dem heidnischen Tempel. Benutzt wurde das Pantheon wieder, als Papst Bonifaz IV. es am 1. November 609 (daher das Fest Allerheiligen) der Madonna und allen Märtyrern weihte.

Von der → Piazza della Rotonda, von der aus das Pantheon eingeengt und die halbkreisförmige Kuppel nur flach gewölbt erscheinen, steigt man hinunter (früher hinauf, doch ist das Straßenniveau erhöht worden) in die Vorhalle (33 m breit, 13,50 m hoch). Ihr auffallendstes Merkmal: 16 korinthische Granitsäulen (12,50 m hoch, mit einem Zwischenraum von 4,50 m) sowie zwei mächtige, antike Bronzetüren.

Der gewaltige Kuppelraum der Rotonda gilt als höchste Leistung römischer Innenbaukunst (→ Abb. S. 38). Die überwältigende Wirkung des Innenraumes beruht auf der ausgewogenen Gliederung seiner mächtigen Ausmaße: Die Höhe ist gleich seinem Durchmesser (43,20 m), wobei die Wände des Zylinders, auf dem die Kuppel ruht, und der Radius der Halbkugel die Hälfte des Durchmessers (21,60 m) ausmachen. In die 6,20 m starken Mauern des Zylinders sind halbrunde und eckige Nischen eingebaut. Auch die Kuppel wird im Innern durch Kassetten aufgeteilt. Sein Licht erhält der Raum allein durch eine neun Meter breite runde Öffnung in der Mitte der Kuppel.

Die unauffällige Ausstattung unterstreicht die Wirkung der Architektur. Die Harmonie des Raumes mit seinen vollendeten Proportionen, Abbild der Erde und des gewölbten Firmaments mit den Sternenbahnen, hat zu allen Jahrhunderten Künstler und Besucher beeindruckt. (Die vortreffliche Akustik bringt ein Organist gegen ein Trinkgeld zu Gehör.)

Passeggiata del Gianicolo

Pantheon an der Piazza della Rotonda

Pantheon (Fortsetzung)

Das Pantheon ist heute die Grabeskirche der italienischen Könige: Viktor Emanuel II. (in der zweiten Nische rechts) und Umberto I. (in der zweiten Nische links); der große Renaissancemaler Raffael hat hier ebenfalls sein Grab (zwischen der zweiten und dritten Nische links). In der dritten Nische links befindet sich ein Denkmal (von Thorwaldsen, 1824) für Enrico Consalvi, den bedeutendsten Kardinalstaatssekretär der Neuzeit.

*Passeggiata del Gianicolo (Ianiculum) B/C 6/7

Buslinie 41

Die Passeggiata del Gianicolo, die Straße über den Gianicolo-Hügel, beginnt bei der Porta San Pancrazio und endet bei der Piazza della Rovere am Tiber (beim Vatikan). Auf diesem Weg, der von den Büsten italienischer Patrioten gesäumt wird, findet man die vielleicht schönsten Aussichtspunkte über die gesamte römische Innenstadt und die Außenbezirke bis zu den umliegenden Bergen. Leuchtturm von 1911.

Auf der Piazza Garibaldi erhebt sich das monumentale Reiterstandbild des Giuseppe Garibaldi (Restaurierung 1990), der zusammen mit anderen verdienstvollen Männern die Einigung Italiens (1870) erkämpft hat. Eine österreichische Kanone gibt um Punkt 12 Uhr mit einem Schuß, der weit über die Stadt hallt, die Mittagszeit an. Von den Terrassen dieses Platzes kann man eine der schönsten Panoramen über Rom bewundern (→ Abb. S. 11). – Wenige Schritte nach Norden steht ein Denkmal für Anita Garibaldi, die Frau des Freiheitshelden, mit wild fliegenden Haaren.

Peterskirche

→ Vatikan, San Pietro in Vaticano

Petersplatz

→ Vatikan, Piazza San Pietro

*Piazza Bocca della Verità   D 7

Auf der heutigen Piazza della Bocca della Verità befand sich in alter Zeit das Forum Boarium: das Rinder-Forum für den Viehhandel – Unrat und Abfälle konnte der Tiber in der Nähe aufnehmen. Von hier aus bietet sich ein Rundblick, der wie kaum ein anderer in der Stadt Bauwerke des antiken und christlichen Roms umfaßt: die Kirche → Santa Maria in Cosmedin, ein romanischer Bau mit einfach gegliederter Vorhalle und zierlichem Campanile; den → Arco di Giano (Janus-Bogen), dahinter die würdige Kirche → San Giorgio in Velabro mit dem Arco degli Argentari, dem Bogen der Händler und Geldwechsler; die Kirche → San Giovanni Decollato; die Casa dei Crescenzi, das Haus der mächtigsten Familie Roms im frühen Mittelalter; und dazu die beiden Tempel, den Tempio della Fortuna Virile und den Tempio di Vesta mit dem Barock-Brunnen der zwei Tritonen.

Buslinien
15, 23, 57, 90, 92, 94, 95, 716

Piazza di Campo dei Fiori (Blumenmarkt)   C 6

Wer auf dem Campo dei Fiori keine bunten Sträuße des Blumenmarktes kaufen will, der jeden Vormittag dort abgehalten wird, kann sich in eines der gemütlichen Straßencafés (z.B. OM Shanti) oder eine Trottaria setzen und die freundliche Stimmung zwischen alten Häuserfassaden, originellen Dachgärten und farbenfrohen Blumenbalkonen genießen.

Buslinien
46, 62, 64

Piazza di Campo dei Fiori

Piazza Navona

Piazza Navona mit der Kirche Sant' Agnese

Piazza di Campo dei Fiori (Forts.), Denkmal für Giordano Bruno

In der Mitte des Platzes erinnert das Bruno-Denkmal an die Hinrichtungen, die hier unter der Herrschaft der Päpste stattfanden: So am 7. Februar 1600 die Verbrennung des Giordano Bruno. Der italienische Mönch war von der Inquisitionsbehörde der Ketzerei für schuldig befunden worden, wollte seine Lehre jedoch nicht widerrufen und wurde deshalb zum Tode verurteilt. Die Medaillons unter seiner Bronzestatue tragen die Namen anderer von der katholischen Kirche als Häretiker angesehener Männer, so Erasmus von Rotterdam, Wiclif und Hus.

*Piazza Navona C/D 6

Buslinien
26, 46, 62, 64, 70, 81, 88, 90

Die Piazza Navona ist einer der charakteristischsten Plätze des barocken Rom, beständig vom lebhaften Treiben der Römer und der Touristen erfüllt. Dazu spielen Straßenmusikanten altbekannte Melodien, bieten schnelle Porträtisten und Souvenirhändler ihre Dienste an. Wer hier bei Tre Scaline die legendäre Schokoladenkreation "Tartuffo" oder gegenüber im Café di Colombia ein Eis zu sich nehmen will, sollte mit einem gut gefüllten Geldbeutel anreisen.
Noch heute folgen Paläste und Kirchen um den Platz herum, den Begrenzungen, die Kaiser Domitian in der Antike einem langgestreckten Stadion von 240×65 m gab. Im Mittelalter vergnügte man sich hier mit Wasserspielen und Pferderennen. Im Barock kam die prachtvolle Ausschmückung durch Borromini hinzu: Paläste und Kirchen (u. a. → Sant' Agnese).

*Fontana dei Fiumi (Vier-Ströme-Brunnen)

Drei Springbrunnen schmücken den Platz. Hervorzuheben ist die Fontana dei Fiumi (1647–51), mit der sich Bernini die Gunst Papst Innozenz' X. (aus

Piazza del Quirinale

der Familie der Pamphili) eroberte. Meisterhaft gestaltete der Künstler eine bewegte Wasserlandschaft: Aus einem großen Becken wachsen Felsen, die einen Obelisken tragen, mit Tieren und Pflanzen empor. Auf den vier Ecken sitzen die Personifikationen von Nil, Ganges, Donau und Rio de la Plata – der Ströme, die damals als die größten der vier bekannten Kontinente angesehen wurden. Sie sind jeweils mit der ihrem Erdteil zugehörigen Flora und Fauna versehen. Der römische Humor heftete sich an diese Statuen und erzählt, der Nil habe sein Haupt verhüllt, weil seine Quellen noch nicht bekannt seien, oder – in Erinnerung an den heftigen, nicht immer edlen Wettstreit der beiden berühmten Architekten Bernini und Borromini – der Nil müsse seine Augen zudecken vor den Konstruktionsfehlern der Borromini-Kirche ⟶ Sant' Agnese gegenüber dem Brunnen.

Piazza Navona, Fontana dei Fiumi (Fortsetzung)

Neben der Fontana dei Fiumi errichtete Giacomo della Porta 1575–1576 die Fontana del Moro (Moro-Skulptur von Bernini, 1654) vor dem Palazzo Pamphili und die Fontana del Nettuno (⟶ Abb. S. 181) mit dem Meeresgott Neptun. Die Brunnenfiguren Neptuns und der Nereiden stammen aus dem 19. Jahrhundert.

Fontana del Moro und Fontana del Nettuno

---

*Piazza del Popolo (Volksplatz)   D 4/5

Als Rom seine Umfassungsmauer noch nicht gesprengt hatte, bot sich den von Norden auf der Via Cassia oder der Via Flaminia (zwei alten Konsularstraßen) kommenden Besuchern mit der weiten Piazza del Popolo (⟶ Abb. S. 129) hinter dem Stadttor (Porta del Popolo) der erste großartige Eindruck von Rom.
Nach Osten, hinauf zum ⟶ Pincio-Hügel, und nach Westen, hinunter zum Tiber, ist der Platz von halbkreisförmigen Mauern abgeschlossen, ein Werk des Architekten Valadier (1809–1820). Im 16. Jh., unter Papst Sixtus V., war der Platz erweitert worden, so daß die beiden Straßen Via di Ripetta und Via del Babuino angelegt und einige Jahrzehnte später die beiden Zwillingskirchen am Eingang des Corso, Santa Maria dei Miracoli und Santa Maria in Monte Santo, erbaut werden konnten.

U-Bahn-Station
Linie A, Flaminio

Buslinien
2, 90, 90b, 115

In der Mitte des Platzes ragt der sogenannte Obelisco Flaminio auf, ein ägyptischer Obelisk aus dem ⟶ Circo Massimo, den Kaiser Augustus nach Rom hatte transportieren lassen (1983 durch Blitzschlag beschädigt). Zwischen vier wasserspeienden Löwen ruhen sich am Fuße des Obelisken oft immer häufig v.a. junge Reisende vom Stadtbummel aus. Neben dem Stadttor die Kirche ⟶ Santa Maria del Popolo, eine der ältesten Volkskirchen der Stadt.

Obelisco Flaminio

Freunde der italienischen Dolci sollten auf der Ostseite des Platzes entweder das traditionsreiche Künstlercafé Rosati aufsuchen oder das gegenüberliegende Canova ansteuern, um eine der vielen süßen Köstlichkeiten zu probieren, für die Italiens Backkunst berühmt ist.

---

*Piazza del Quirinale (Quirinals-Platz)   E 6

Der Platz vor dem Haupteingang des Quirinals-Palastes (⟶ Palazzo del Quirinale, ⟶ Abb. S. 93), Sitz des italienischen Staatspräsidenten, ist einer der schönsten Roms. Von ihm bietet sich ein Panorama über die Stadt bis hin zur Peterskirche (⟶ Vatikan – San Pietro in Vaticano). In der Mitte des Platzes erhebt sich der Dioskuren-Brunnen (⟶ Abb. S. 93) mit dem 14 m hohen Obelisk, der früher den Eingang zum Augustus-Mausoleum schmückte, und den 5,60 m hohen Figuren der Dioskuren (Rossebändiger) Kastor und Pollux aus den nahen Konstantins-Thermen. Gegenüber dem Quirinals-Palast befindet sich der Palazzo della Consultà

Buslinien
57, 64, 65, 70, 71, 75, 170

Dioskuren-Brunnen

99

Piazza della Rotonda

Treffpunkt Piazza della Rotonda

Piazza del Quirinale (Forts.) → Abb. S. 93), ein prachtvoll geschmückter Palast, den Papst Clemens XII. im Jahre 1734 durch den Architekten Ferdinando Fuga für das Päpstliche Gericht (das Tribunale della Sacra Consultà) errichten ließ. Heute ist er Sitz des Obersten Italienischen Gerichts (Corte Costituzionale = Verfassungsgerichtshof).

Piazza della Rotonda   D 6

Buslinien
26, 87, 94

Der Platz vor dem → Pantheon im Herzen des Centro storico ist vor allem im Sommer ein sehr beliebter Treffpunkt für Jung und Alt. Eingerahmt von gemütlichen Cafés, Bars und Tearooms, bietet der Platz bis spät in die Nacht um seinen Brunnen herum ein lebhaftes Bild römischer Atmosphäre. – Nach Besichtigung des Pantheon kann man hier zur Stärkung beispielsweise bei Di Rienzo eines der herrlichen "bignes" (eine Art Windbeutel) oder Sandwiches bestellen.

Piazza San Giovanni in Laterano (Platz Sankt Johannes in Lateran)   F 7

U-Bahn-Station
Linie A,
San Giovanni

Buslinien
16, 85, 87, 88, 93, 93b, 93c, 218, 650

Die Piazza San Giovanni in Laterano (am Ende der Via Merulana), wird begrenzt vom Lateran-Palast, dem Seiteneingang der Laterans-Basilika (→ San Giovanni in Laterano) und dem Baptisterium (→ San Giovanni in Fonte). Sein beherrschender Blickpunkt ist ein ägyptischer Obelisk, mit 31 m der höchste (mit Basis sogar 47 m) und zudem der älteste Roms. Von Theben aus wurde er 357 n. Chr. mit einem Spezialschiff nach Rom transportiert, zuerst im → Circo Massimo und 1587 unter Sixtus V. hier aufgestellt. Das an dieser Stelle befindliche Reiterstandbild Mark Aurels versetzte man auf den Kapitolsplatz (→ Campidoglio).

*Piazza di Spagna / Scalinata della Trinità dei Monti   D 5
(Spanischer Platz / Spanische Treppe)

Die Piazza di Spagna, die große, unregelmäßige Anlage der seit dem 17. Jh. hier bestehenden Spanischen Gesandtschaft beim Heiligen Stuhl (daher der Name), gehört zu den charakteristischsten Plätzen in Rom und damit gleichsam zum Pflichtprogramm eines jeden Touristen.

U-Bahn-Station
Linie A, Piazza di Spagna

Der Blick geht ringsum, erreicht zuerst die elegante "Spanische Treppe" (scalinata della Trinità dei Monti, → Abb. S. 102), ein Werk des Architekten Francesco de Sanctis (1723–1725), der sich in dem Spiel von Stufen und Absätzen, nach innen und außen schwingenden Aufgängen, von gehemmten und dann wieder beschleunigten Schwüngen, von auf halber Höhe zum Verweilen einladenden Terrassen und wieder in die Höhe führenden Treppen nicht genug tun konnte. Finanziert wurde die Treppe mit dem Geld des französischen Botschafters Gueffier (daher findet man hier die Lilien aus dem Wappen der Bourbonen).

Spanische Treppe

Den oberen Abschluß der Treppe bildet die französische Kirche Trinità dei Monti, die im Auftrag von Ludwig XII. im Jahre 1502 begonnen und 1585 durch Sixtus V. geweiht wurde. Nach der napoleonischen Besetzung wurde sie restauriert. Das Innere, welches z. T. noch die ursprüngliche Spitzbogenkonstruktion zeigt, birgt u. a. eine Grablegung von Daniele da Volterra, einem Schüler Michelangelos.

Trinità dei Monti

Von der Piazza di Spagna zur Piazza del Popolo führt die Via del Babuino, eine belebte Straße mit Kunstgalerien und Antiquitätengeschäften, zu der parallel die bei Künstlern und Intellektuellen beliebte Via Margutta hin zum → Pincio verläuft.

Via del Babuino

Die berühmte Via Condotti (→ Abb. S. 15) verbindet die Piazza di Spagna mit der Via del Corso; sie ist Roms eleganteste Geschäftsstraße, in der Haute Couture angesiedelt ist, Schuhe, Lederwaren, extravagantes Design und raffinierte Accessoires zu finden sind. Im traditionsreichen Antica Caffè Greco (Nr. 86, → Abb. S. 212) trafen sich seit dem 18. Jh. renommierte Künstler und Literaten aus aller Welt: Goethe, Gogol, Schopenhauer, Mendelssohn, Berlioz, Wagner, Liszt u. a. haben hier ihren Kaffee getrunken.

Via Condotti

Der Brunnen vor der Spanischen Treppe hat den Namen und die Form eines Schiffes. Das Volk sagt, Pietro Bernini, der Vater Gian Lorenzos, sei auf die Idee gekommen, einen steinernen Nachen zu schaffen (1627–1629), als bei einer Tiber-Überschwemmung eine hierher getragene Barke auf dem Platz zurückgeblieben war.

Brunnen
La Barcaccia

Piazza Venezia   D 6

Die Piazza Venezia ist einer der verkehrsreichsten Plätze Europas und öffnet sich nach fünf Seiten: zur Via del Corso, der Hauptstraße der Stadt zur → Piazza del Popolo hin, zur Via del Plebiscito hin zur Peterskirche (→ Vatikan – San Pietro), zur Piazza in Aracoeli hin zum Kapitol (→ Campidoglio), zur Via dei Fori Imperiali zu den Kaiserforen (→ Foro di Traiano, → Foro di Cesare, → Foro di Augusto, → Foro di Nerva, → Foro di Vespasiano, → Foro Romano) und zum Kolosseum (→ Colosseo), und schließlich zur Via Battista hinauf zum Quirinalshügel.
Der → Palazzo Venezia mit der Kirche San Marco, ein gegenüberliegendes Bürogebäude und das Nationaldenkmal für Viktor Emanuel II. (→ Monumento Nazionale a Vittorio Emanuele II.) charakterisieren den stets von Autos angefüllten Platz.

Buslinien
46, 56, 57, 60, 62, 64, 65, 70, 71, 75, 81, 85, 87, 88, 90, 90b, 92, 94, 95, 170, 716, 718, 719

Ponte Milvio

*Pincio (Park)   D 4/5

Neben der → Villa Medici, oberhalb der → Piazza del Popolo (→ Abb.
S. 129), erstreckt sich der Pincio, ein Park, der Anfang des 18. Jh.s in den
Garten alter römischer Familien, darunter der Pinci (von ihnen stammt
denn auch der Name), von dem Architekten Valadier mitangelegt wurde.

U-Bahn-Station
Linie A, Flaminio

Buslinien
1, 2b, 90b, 95,
115, 202, 203,
205, 490, 492, 495

Die Parkwege des Pincio sind von Büsten italienischer Patrioten gesäumt.
Der weite Blick von den Terrassen des Pincio auf die → Piazza del Popolo
und die gesamte Innenstadt bis hin nach Sankt Peter (→ Vatikan – San
Pietro in Vaticano) gehört, besonders bei Sonnenuntergang, zu den
schönsten in Rom.
Im Casina Valadier kann man den herrlichen Ausblick mit kulinarischen
Genüssen verbinden.

Piramide di Caio Cestio (Pyramide des Cestius)   D 8

Die Cestius-Pyramide wurde in die Mura Aureliane (Aurelianische Stadtmauer) zusammen mit der Porta San Paolo (die antike Porta Ostiensis) als
Bauelement aufgenommen. Gaius Cestius Epulonius war Prätor, Volkstribun und Mitglied der Septemviri epulones (des für die religiösen Festban-
ketts verantwortlichen Siebenerrates). Er fand in diesem ägyptischen Vorbildern folgenden Denkmal sein Grab.
Die Pyramide (12–11 v. Chr. entstanden) mißt 22 m Seitenlänge, 27 m
Höhe, ist aus Travertin gemauert und mit Marmor aus Carrara, dem damaligen Luni, verkleidet und wurde in 330 Tagen, wie die Inschrift besagt,
errichtet; früher, so heißt es, sei die Spitze vergoldet gewesen. Im Innern
befindet sich die 6×4 m große ausgemalte Grabkammer.

Lage
Piazza di Porta
San Paolo/Piazza
Ostiense

Außer der Cestius-Pyramide existierte bis Anfang des 16. Jh.s ein ähn-
liches Grabmal beim → Castel Sant' Angelo.

Linie B, Piramide C. C.

U-Bahn-Station

Linien: 11, 23, 27, 57, 94, 95, 318, 673, 716

Bus

Linien: 13, 30, 30b

Straßenbahn

---

*Ponte Milvio (Ponte Molle)   C 2

Bereits in republikanischer Zeit wurde im Norden der Stadt, in der geraden
Verlängerung der Via Flaminia vom → Foro Romano und der → Piazza del
Popolo, eine Brücke über den Tiber geschlagen (vier Pfeiler sind noch alt).
Im Jahre 109 v. Chr. mußte eine erste Rekonstruktion durchgeführt wer-
den, Ende des 3. Jh.s n. Chr. kam ein Wehrturm als Teil der Stadtbefesti-
gung hinzu. Anfang des 19. Jh.s erteilte dann Papst Pius VII. den Auftrag
einer Rekonstruktion, aber bereits 1849 wurde die Brücke von Garibaldis
Truppen in die Luft gesprengt, um die herannahenden französischen Trup-
pen aufzuhalten. Ein Jahr später entstand unter Papst Pius IX. der heutige
Brückenbau.
Am geschichtsträchtigen Ponte Milvio, im Volksmund auch 'Ponte Molle'
genannt, endete am 28. Oktober 312 n. Chr. die historisch bedeutsame
Schlacht zwischen Kaiser Konstantin und seinem Mitkaiser Maxentius mit
einem dem Christengott zugeschriebenen und den Christen gedankten
Sieg Konstantins.

Buslinien
1, 32, 201, 202,
203, 204, 205,
220, 301, 391,
446, 911

◀ Spanische Treppe mit dem Brunnen La Barcaccia

Ponte Sant' Angelo

Tiberbrücke Ponte Milvio

Ponte Milvio (Fortsetzung)

An der Piazzale di Ponte Milvio (Nordseite der Brücke) empfiehlt sich werktags ein Besuch des bunten Wochenmarktes, der auch die umliegenden Restaurants mit frischem Fisch, Obst und Gemüse versorgt.

*Ponte Sant' Angelo (Engelsbrücke)   C 5

Buslinien
23, 28, 28b, 34, 41, 42, 46, 46b, 62, 64

Die Engelsbrücke ist die schönste der antiken römischen Brücken. Hadrian ließ sie 136 als Zugang zu seinem Mausoleum (→ Castel Sant' Angelo) über den Tiber schlagen (deshalb auch Pons Aelius genannt, nach einem der Vornamen des Kaisers). Die drei mittleren Arkaden sind noch original erhalten. Den Eingang der für den Autoverkehr gesperrten Brücke bewachen die Statuen der Apostel Petrus von Lorenzetto (um 1530) und Paulus von Paolo Romano (1463), die Mitte des 16. Jh.s unter Clemens VII. ausgeführt und hier aufgestellt wurden. Den Auftrag für die zehn Engelsstatuen der Brücke erteilte Clemens IX. an den damals bereits siebzigjährigen Bernini, der die Zeichnungen entwarf, nach denen seine Schüler (u.a. Antonio Raggi, Antonio Giorgetti, Ercole Ferrata) in den Jahren 1660 bis 1667 die Barockskulpturen schufen. Die Engelsfiguren tragen die Leidenswerkzeuge Christi.

Porta Maggiore   G 6/7

Lage
Piazza di Porta Maggiore

Die Porta Maggiore, heute vom Verkehr umtost, war eines der eindrucksvollsten Bauwerke des Römischen Reiches. Sie wurde von Kaiser Claudius 52 n. Chr. an der Gabelung der Straßen nach Prenesta (Via Prenestina nach Palestrina) und Labici (Casilina) errichtet, als Durchgang unter zwei Aquädukten der Aqua Claudia und des Anio Novus (Aniene-Fluß). Erst

Porta San Sebastiano

Die Barockstatuen der Engelsbrücke...   ...bewacht Petrus von Lorenzetto

unter Aurelianus wurde der Bau in die Stadtmauer einbezogen. Daneben befindet sich das Grabmal für den Bäckermeister Virgilius Eurysaces und seine Frau.

Porta Maggiore (Fortsetzung)

Linien: 152, 153, 154, 155, 156, 157

Bus

Linien: 13, 14, 19, 19b, 30, 30b, 516

Straßenbahn

Porta Pia   F 5

Die Porta Pia, das Stadttor in der Aurelianischen Mauer (→ Mura Aureliane) bei der alten Porta Nomentana, wurde von Michelangelo 1561–1564 im Auftrag des Medici-Papstes Pius V. gestaltet. Italienischen Patrioten ist sie besonders wert, weil in ihrer Nähe am 20. September 1870 italienische Truppen in den Kirchenstaat des Papstes eindrangen; bei den Päpsten jedoch weckt sie keine erfreulichen Erinnerungen, da sie danach ihren Kirchenstaat verloren.

Lage
Piazza di Porta Pia

Buslinien
36, 37, 60, 61, 62, 63, 65, 136, 137, 490, 495

Porta San Sebastiano (früher: Porta Appia)   F 8

Dieses Stadttor in der Aurelianischen Stadtmauer wurde Ende des 4. Jh.s wegen der wachsenden Gefährdung Roms durch die Germanen von Kaiser Honorius wieder bewehrt und im 6. Jh. nochmals von Belisar und Narses erneuert.
Die Porta Appia, die später nach der Kirche des hl. Sebastian außen an der → Via Appia ihren Namen Porta San Sebastiano erhielt, war der Hauptzugang nach Rom.

Lage
Via Appia Antica

Buslinie
118

Porta Tiburtina

Porta San Sebastiano (Fortsetzung)

Der im Innern vor der Porta San Sebastiano stehende sogenannte Drusus-Bogen (Arco di Druso) geht vermutlich auf die Zeit Trajans zurück und wurde unter Caracalla als Stütze für einen Aquädukt verwandt.

Porta Tiburtina   G 6

Lage
Via Tiburtina

Buslinien
11, 71

Die Porta Tiburtina, das Stadttor der Via Tiburtina hinaus nach → Tivoli, wurde zunächst als Bogen für die Wasserleitungen Marcia, Tepula und Julia unter Kaiser Augustus erbaut. Davor kam Anfang des 5. Jh.s unter Honorius ein von Türmen flankiertes Tor.

Portico di Ottavia (Portikus der Octavia)   D 6

Lage
Via del Progresso

Buslinien
15, 23, 57, 90, 90b, 92, 94, 95, 716, 774

Von einer Säulenhalle, die Quintus Metellus Macedonius im Jahr 149 v. Chr. errichtete, die Augustus 27 v. Chr. erneuerte und seiner Schwester Ottavia (daher der Name) weihte, die dann Septimius Severus und Caracalla wieder neu aufbauten, sind Säulen und Reste des Gebälks übrig geblieben. Sie gehören heute zur Vorhalle der Kirche Sant'Angelo in Peschiera. Dieser Portikus (neben dem → Teatro di Marcello) umgab einen Bezirk von 115 m Breite und 135 m Länge und enthielt zahlreiche griechische und römische Skulpturen.

San Bernardo alle Terme (Kirche)

→ Terme di Diocleziano

San Carlo ai Catinari (Kirche)   D 6

Lage
Piazza Benedetto Cairoli

Buslinien
26, 44, 46, 56, 60, 65, 75, 87, 94, 170, 710, 718, 719

Der hl. Karl Borromäus, dem diese Kirche geweiht ist, wurde 1538 in Arona geboren. Im Jahre 1560 wurde er von seinem Onkel, Papst Pius IV., zum Kardinal und Erzbischof von Mailand erhoben. Nach seinem Tod (1584) wurde Karl Borromäus heiliggesprochen (1610). Ihm zu Ehren ließ der Orden der Barnabiten kurz nach der Heiligsprechung diese Kirche errichten (Baumeister: Rosato Rosati).
San Carlo ai Catinari (genannt nach den nahegelegenen Werkstätten der Hersteller von Waschbecken – Catinari) zeigt eine grandiose Travertin-Fassade; auch die Ausstattung im Innern verdient Beachtung.

San Carlo al Corso (Kirche)   D 5

Lage
Via del Corso

Buslinien
2, 26, 81, 90, 90b, 115, 911, 913

Die offiziell den Heiligen Ambrosius und Karl Borromäus (SS. Ambrogio e Carlo), zwei Bischöfen von Mailand, geweihte Kirche ist nur als San Carlo al Corso bekannt. Die "National"-Kirche der Lombarden wurde im 17. Jh. von Onorio und Martino Lunghi sowie Pietro da Cortona und Carlo Fontana in ihrer heutigen Gestalt geschaffen.
San Carlo al Corso beeindruckt vor allem durch seine Kuppel, sei es von dem 72 m langen Innenraum aus, sei es bei einem Blick über die Innenstadt, aus der sich die Karls-Kuppel mächtig erhebt, die ein Werk von Pietro da Cortona ist. Im Kircheninnern verdienen besondere Erwähnung das Altargemälde "Glorie der hll. Ambrosius und Carlo Borromeo" von Carlo Maratta, die "Engelsturz"-Gemälde und die Darstellung der "Evangelisten" in den Kuppelpendentifs, die von Giancinto Brandi stammen.

San Clemente

Brunnen von San Carlo alle Quattro Fontane *San Giorgio in Velabro*

San Carlo alle Quattro Fontane (Kirche)　　　　　　　　E 5

Dem Meisterwerk Berninis, → Sant'Andrea al Quirinale, steht wenige Schritte entfernt das Meisterwerk Borrominis gegenüber: die Kirche San Carlo alle Quattro Fontane (neben der Straßenkreuzung). Ihren Namen erhielt sie von den vier Brunnen mit liegenden Statuen (Tiber und Aniene, Treue und Tapferkeit).
Borromini begann seinen ersten Kirchenbau in Rom, dessen Grundfläche nicht größer als die eines Vierungspfeilers von Sankt Peter (→ Vatikan – San Pietro in Vaticano) ist, im Jahre 1638. Der italienische Baumeister ließ in Stein ein bewegtes Gewirr von konvexen und konkaven Linien entstehen, das sich an keine regelmäßige Form hält. "Harmonie und Divergenz, Symmetrie und Asymmetrie, Leidenschaft und Heiterkeit verbinden sich in diesem Bauwerk zu einem unerschöpflichen Spiel der Formen" (Anton Henze). Die Fassade vor dem langgestreckten ovalen Raum gliedert sich stark. Im Innern verdeckt die reiche Ausstattung weitgehend die architektonische Grundstruktur.
Borromini starb im Jahre 1667, kurz bevor sein Bauwerk vollendet wurde.

Lage
Via del Quirinale

Buslinien
57, 64, 65, 70, 71, 75, 170

*San Clemente (Kirche des heiligen Clemens)　　　　　　　　F 7

San Clemente ist eine der würdigsten, durch Alter und Schönheit ausgezeichneten Kirchen Roms.
In einem Wohnhaus, weit unter dem heutigen Straßenniveau, befand sich ein Mithras-Heiligtum, über dem vor 385 n. Chr. eine dem hl. Clemens (3. Bischof von Rom nach Petrus) geweihte Kirche errichtet wurde. Nach der Zerstörung durch die Normannen (1084) entstand Anfang des 12. Jh.s über den Ruinen eine neue Basilika.

Lage
Via San Giovanni in Laterano

Buslinien
85, 88

San Clemente

Oberkirche von San Clemente

Oberkirche

Bei der Oberkirche weist die Folge von Tor, Vorhof mit Brunnen, Kirchenraum für das Volk, eingegrenztem Platz für die Kleriker (Schola Cantorum) mit Hochaltar und Apsis auf den alten Basilika-Aufbau hin. Die antiken Säulen und die Intarsienarbeiten der Künstler aus der Familie der Kosmaten im Marmorfußboden, in den Schranken, im Osterleuchter, Altartabernakel und Bischofsstuhl, prägen das Innere der Kirche. Triumphbogen und Apsis sind mit herrlichen Mosaiken bedeckt, deren Darstellungen aus dem Alten und Neuen Testament ("Triumph des Kreuzes") die schmuckreichsten Roms sind. Lebensbaum und Kreuz, Heilige und symbolisierende Tiere (u.a. Tauben auf dem Kreuz, die ebenso für die Apostel stehen, wie zwölf Schafe, die dem 'Lamm Gottes' entgegenziehen) und Pflanzen (Rebstock versinnbildlicht "Ich bin der Weinstock und Ihr seit die Reben") durchdringen einander in einer himmlischen Bildwelt.

In der kleinen Katharinen-Kapelle (hinten, am Anfang des linken Seitenschiffes) zeigen Fresken von Masolino (vor 1431, am Anfang der Renaissance) Szenen aus dem Leben und Martyrium der heiligen Katharina von Alexandrien. Sie sind kunsthistorisch bedeutsam, weil sie die erste perspektivische Malerei in Rom zeigen.

Unterkirche

Die Unterkirche, eine dreischiffige Säulenbasilika aus dem 4. Jh., bietet einen Überblick über die romanische Freskomalerei aus verschiedenen Jahrhunderten. Besonders hervorzuheben sind: eine Himmelfahrt Christi im Mittelschiff, auf der Papst Leo IV. den quadratischen Nimbus des lebenden Stifters trägt; Darstellungen der Passion Christi, Szenen aus dem Leben des hl. Clemens.

Man sollte den Gang hinunter in die unterirdischen Ausgrabungen nicht scheuen. Er vermittelt die Anlage eines römischen Wohnhauses aus dem 2. Jh., mit dem Mithras-Heiligtum, einem länglichen tonnengewölbten Raum, in dessen Mitte ein Altar mit dem Relief des einen Stier tötenden Gottes (Mithras, der persische Sonnengott) steht.

San Giovanni Decollato

San Crisogono (Kirche)　　　　　　　　　　　　C/D 7

Am Beginn der Viale di Trastevere (vom Tiber aus gesehen), an der verkehrsreichen Piazza Sonnino steht die Kirche San Crisogono. Die Basilika
wurde zu Ehren des unter Kaiser Diokletian enthaupteten römischen Märtyrers Chrysogonus um 499 errichtet und im Jahre 1129 erneuert. Die Kirche wird von den Römern viel besucht. Die beiden Porphyrsäulen am
Triumphbogen im Innern sind die größten Roms.

Lage
Viale di Trastevere/
Piazza Sonnino

Linien: 26, 44, 56, 60, 65, 75, 170, 710, 718, 719　　　　　　　　**Bus**

San Francesco a Ripa (Kirche)　　　　　　　　　　C/D 7

Die heutige Kirche San Francesco a Ripa ersetzte 1231 eine Kapelle des
alten Pilgerhospizes von San Biagio, in dem der hl. Franziskus bei seinem
Aufenthalt in Rom gewohnt haben soll. Sie wurde von 1682–1689 von
Mattia di Rossi gänzlich erneuert. In der vierten Kapelle des linken Seitenschiffes befindet sich die berühmte Statue der seligen Ludovica Albertoni,
ein künstlerisch bedeutendes Spätwerk Berninis (1674).

Lage
Piazza San Fran-
cesco d'Assisi

Linien: 23, 26, 28, 97, 170, 718, 719　　　　　　　　　　　　**Bus**

Linien: 13, 30　　　　　　　　　　　　　　　　　　　　**Straßenbahn**

San Giorgio in Velabro (Kirche)　　　　　　　　　　D 7

Der Name Velabro bezeichnet das sumpfige Gelände am Fluß, wo nach der
Sage Faustulus die Zwillinge Romulus und Remus gefunden haben soll.
Der erste Bau der Kirche des hl. Georg geht zurück auf das 7. Jh. (Leo II.,
682–683), der zweite auf Papst Gregor IV. (827–844); der Campanile und
die Vorhalle kamen im 12. Jh. dazu. So erhebt sich heute neben dem
→ Arco di Giano (Janus-Bogen) ein würdiges romanisches Bauwerk mit
antiken Elementen (Säulen mit Kapitellen), das bei den römischen Brautpaaren als Hochzeitskirche beliebt ist (→ Abb. S. 107).

Lage
Via del Velabro

Buslinien
15, 23, 57, 90,
90b, 92, 94, 95,
716, 774

Neben der Kirche befindet sich der Arco degli Argentari (Bogen der Geldwechsler). Er wurde zu Ehren des Kaisers Septimius Severus und seiner
Frau Julia Domna sowie ihrer Söhne Caracalla und Geta von Kaufleuten
und Bankbesitzern des Forum Boarium errichtet und später in die Kirche
San Giorgio in Velabro einbezogen. Die z. T. gut erhaltenen Reliefs zeigen
die kaiserliche Familie bei der Opferzeremonie sowie gefangene Barbaren;
Namen aus der ursprünglichen Widmung wurden später ausgelöscht.

Arco degli
Argentari

San Giovanni Decollato (Kirche Sankt Johannes der Enthauptete)　D 7

Im päpstlichen Rom bestand seit 1488 eine "Confraternità della Misericor-
dia", eine "Bruderschaft der Barmherzigkeit". Sie hatte es sich zur Aufgabe
gemacht, die zum Tode Verurteilten zur Hinrichtung zu begleiten (auch
Michelangelo gehörte ihr an). Einmal im Jahr durfte sie sich einen Gefangenen freibitten. Zur Erinnerung an die Enthauptung Johannes' des Täufers
ließ diese Confraternità 1535 eine Kirche errichten, San Giovanni Decollato, die 1555 vollendet wurde. Die Gemälde im Innern der Kirche und im
Oratorium neben dem Kreuzgang stellen Szenen aus dem Leben des Heiligen dar, wie es in der Bibel beschrieben wird; vor allem wiederholen sie
das Thema der "Enthauptung des Johannes" unter König Herodes.

Lage
Via di San Gio-
vanni Decollato

Buslinien
15, 57, 90, 90b,
92, 94, 95, 716

109

San Giovanni dei Fiorentini

San Giovanni dei Fiorentini (Kirche) C 6

Lage
Via Giulia

Buslinien
23, 28, 28b, 41, 42, 46b, 62, 64, 65, 98, 98c, 881

Papst Leo X. (aus der Florentiner Herrscherfamilie der Medici) wollte seinen "Landsleuten" eine "National"-Kirche als Heimstätte in Rom geben. Deshalb schrieb er einen Wettbewerb aus, an dem sich auch Michelangelo und Raffael beteiligten, doch erhielt der Architekt Sansovino den Vorzug. Er blieb jedoch nicht der einzige Baumeister: Sangallo, Michelangelo (als Berater), della Porta, Maderno und Alessandro Galilei (Fassade) wirkten bei dem Bau mit. Die Kirche der Florentiner in Rom beeindruckt durch ihre Größe, die strenge Raumwirkung des Innern und die reiche barocke Ausstattung, zu der eine Fülle von beachtenswerten Gemälden gehören.
In der Kirche wurden die berühmten Architekten Francesco Barromini (Gedächtnistafel links am dritten Pfeiler) und Carlo Maderno (Grabplatte unter der Kuppel) beigesetzt.

*San Giovanni in Fonte (Battistero, Baptisterium) F 7

Lage
Piazza San Giovanni in Laterano

Der Bau des Baptisteriums von Sankt Johannes wurde von Kaiser Konstantin angeordnet. Es befindet sich über einem Nymphäum des Lateran-Palastes. Der runde bzw. achteckige Bau ist die älteste Taufkirche der Christenheit, der auch in seinem architektonischen Aufbau Vorbild für die später errichteten Baptisterien ist. Die Tür vor der Kapelle Johannes des Täufers gibt einen melodischen Klang, wenn man sie bewegt.

U-Bahn-Station Linie A, San Giovanni

Bus Linien: 16, 85, 87, 88, 93, 218, 650

*San Giovanni in Laterano (Basilika) F/G 7

Die Inschrift an der Hauptfassade "Mater et caput omnium ecclesiarum urbis et orbis" weist der Kirche San Giovanni in Laterano den Anspruch zu,

San Giovanni in Laterano

1 Römische Bronzetür
2 Heilige Tür
3 Statue Konstantins d. Gr.
4 Giotto-Fresko (Bonifatius VIII.)
5 Kapelle Orsini
6 Kapelle Torlonia
7 Kapelle Massimo
8 Kapelle des hl. Johannes
9 Papstaltar
10 Grab Martins V. (Krypta)
11 Barockorgel
12 Seitenportal
13 Denkmal Leos XIII.
   Eingang zum
   Leonianischen Portikus
14 Chorkapelle
15 Sakristeien
16 Kapitelsaal
17 Kapelle des hl. Hilarius
   Zugang zum Kreuzgang
18 Kapelle
   des hl. Franz von Assisi
   (Denkmal von 1927)
19 Kapelle Santorio
20 Kapelle Mariä Heimgang
21 Kapelle Corsini
22 Baptisterium

San Giovanni in Laterano

Papstwappen von Pius VI.... ...in der Basilika San Giovanni in Laterano

"Mutter und Haupt aller Kirchen der Stadt und des Erdkreises" zu sein. Schon 313 n. Chr. begann man unter den Mauern des Palastes der Laterani (daher der Name) und einer Kaserne mit dem Bau einer großen, dem Erlöser geweihten Kirche, die deshalb die erste der vier Patriarchal-Basiliken vor Sankt Peter (→ Vatikan – San Pietro in Vaticano), → San Paolo fuori le Mura und → Santa Maria Maggiore ist und die würdigste der sieben Pilgerkirchen (dazu zählen noch → Santa Croce in Gerusalemme, → San Sebastiano und → San Lorenzo fuori le Mura). Den Rang bestätigt, daß die katholische Kirche in den Jahren 1123, 1139, 1179, 1215 und 1512 n. Chr. hierher allgemeine Konzile einberief.

Bevor die Päpste nach ihrer Rückkehr aus dem Exil in Avignon im Apostolischen Palast des Vatikans ihren Hofstaat einrichteten, residierten sie hauptsächlich im Lateran; die Lateran-Basilika blieb die Bischofskirche der römischen Päpste. Anbauten und Ausbesserungen wurden im 5., 8., 10., 13. und 15. Jh. n. Chr. vorgenommen, bis man im 16. und 17. Jh. n. Chr. an einen Neubau ging. Die Vorhalle des Querhauses, das Innere und die Hauptfassade wurden gänzlich neu gestaltet. Im Mittelalter erhielt die Kirche Johannes den Täufer und Johannes den Evangelisten als Patrone.

Die Anordnung einer Basilika, mit Vorraum, Vorhalle, fünfschiffigem Langhaus, Querschiff mit dem Altar und Apsis, war von der konstantinischen Erlöserkirche vorgegeben und wurde im Barock respektiert. Die weitgespannte Fassade (spätbarockes Meisterwerk des Alessandro Galilei um 1735 n. Chr.) mit hohen Figuren und die Vorhalle mit den Bronzetüren der Kurie des Forum Romanum im Hauptportal und der Heiligen Pforte (ganz rechts) sind die ersten Stationen, bevor man in das 130 m lange Innere tritt. Dieses wurde von Borromini anläßlich des Heiligen Jahres 1650 gestaltet, mit mächtigen Pfeilern des Hauptschiffes, riesigen (4,25 m hohen) Apostelfiguren in den Nischen (verschiedene Bildhauer); die prächtige Holzdecke stammt aus dem 16. Jahrhundert.

Lage
Via Vittorio Emanuele Filiberto (Haupteingang); Piazza San Giovanni in Laterano 4 (Seiteneingang)

U-Bahn-Station
Linie A, San Giovanni

Buslinien
16, 85, 87, 88, 93, 218, 650, 673

San Giovanni a Porta Latina

San Giovanni in Laterano (Forts.)

Über dem Papstaltar (Altare papale) erhebt sich ein tabernakelähnlicher Baldachin, in dem die Häupter der Apostelfürsten Petrus und Paulus gezeigt werden (von einem Kustoden gegen Trinkgeld). An dem Altar selbst sollen der Tradition zufolge die ersten römischen Bischöfe, Nachfolger des Petrus, die Messe gefeiert haben. Davor, unten in der Confessio, befindet sich das bronzene Grabmal Papst Martins V. (die Römer werfen einem Brauch folgend Münzen darauf), eines von vielen Gräbern kirchlicher und weltlicher Persönlichkeiten in der Kirche.

In der Apsis (hinter dem Presbyterium), die Papst Leo XIII. (1878–1884) erweitern ließ, glänzen feierlich die fein gearbeiteten Mosaiken. Es sind getreue Kopien frühchristlicher Bilder, die schon im 13. Jh. n. Chr. von Torriti erneuert worden waren: Christus inmitten von Engeln, darunter neben dem Gemmenkreuz große und kleine Heilige (Franz von Assisi und Antonius von Padua). Die kostbare Ausschmückung hat der Basilika den Ruf eingebracht, ihre Pracht wirke kalt.

Kreuzgang

Beachtenswert auch der Kreuzgang (Chiostro; Eingang im linken äußeren Seitenschiff), ein Meisterwerk der römischen Künstlerfamilie Vassalletti.

San Giovanni a Porta Latina (Kirche)   F 8

Lage
Via Porta Latina

Buslinie
118

Die frühromanische Kirche liegt versteckt hinter der antiken Stadtmauer an der Via di Porta Latina. Die Basilika des "hl. Johannes am Latinischen Stadttor" wurde zuerst im 5. Jh. n. Chr. errichtet. Um 720 wurde die Kirche erneuert und unter Papst Coelestin III. im Jahre 1191 restauriert.

Das Bauwerk mit seiner einfachen, von Säulen getragenen Vorhalle und dem hoch aufragenden, klassisch geformten Campanile bietet das vertraute Bild der römischen Hallenbasilika.

Im Innern stellt ein künstlerisch bedeutsamer Freskenzyklus aus der Stauferzeit (Anfang 13. Jh.) 46 Szenen aus dem Alten und Neuen Testament dar. Sie gehören zu den wertvollsten hochmittelalterlichen Fresken Roms.

San Girolamo (degli Illirici o degli Schiavoni)   D 5

Lage
Via di Ripetta/Via Tomacelli

Buslinien
2, 26, 28, 70, 81, 88, 90, 115

Nach dem Sieg der Türken bei Kosovo im Jahre 1387 kamen Flüchtlinge aus Dalmatien und Albanien auch nach Rom. Nach ihnen erhielt die Kirche, die unter Sixtus IV. und V. erbaut wurde (1588 beendet) den Beinamen "degli Illirici" oder "degli Schiavoni". Unter Papst Pius IX. wurde der barocke Sakralbau restauriert.

San Girolamo ist heute die kroatische Nationalkirche, an die sich ein Priesterkolleg anschließt.

San Gregorio Magno (Kirche)   E 7

Lage
Via di San Gregorio

Buslinien
11, 15, 27, 118, 673

Straßenbahnlinien
13, 30, 30b

Die Kirche San Gregorio Magno an der Via di San Gregorio, zu der eine große Freitreppe hinaufführt, verdankt ihre Entstehung im 6. Jh. (im Jahr 575 n. Chr. vor seiner Wahl zum Papst) Gregor dem Großen aus der römischen Senatorenfamilie der Antitier, der hier das väterliche Haus in ein Kloster umgestaltete. Der Neubau des Mittelalters wurde 1629–1633 von Giovanni Battista Soria völlig verändert und der Form der Kirche San Ignazio (in verkleinerter Form) nachgebildet. Die Neugestaltung des barocken Kircheninneren führte Mitte dem 18. Jh.s Francesco Ferrari durch, das Deckengemälde "Glorie der hll. Gregor und Romuald" (1727) stammt von Placido Constanzi.

Atrium, Basilika und das Oratorium mit den drei Kapellen des hl. Andreas (Fresken mit Szenen aus dem Leben des Heiligen von Guido Reni und

San Luigi dei Francesi

Domenichino, 17. Jh.), der hl. Silvia ("Engelsfresko" von Guido Reni, 1608) und der hl. Barbara (Wandgemälde von Antonio Viviani, 1602) bilden eine feierliche Einheit.

San Gregorio Magno (Forts.)

San Lorenzo in Lucina (Kirche)   D 5

Die Kirche San Lorenzo in Lucina, dem Gedächtnis des in Rom hoch ver-ehrten Märtyrers Laurentius geweiht, hat eine bewegte Geschichte. Sie wurde im 4. und 5. Jh. über dem Haus einer Römerin namens Lucina errichtet, im 12. Jh. erneuert. Ihre heutige Gestalt erhielt sie 1650.
Der 1675 von Carlo Rainaldi vollendete Hochaltar zeigt die "Kreuzigung Christi" von Guido Reni, eines seiner bedeutendsten Gemälde. Die erste Kapelle im linken Seitenschiff birgt ein Altarbild von Carlo Saraceni, die vierte Kapelle im rechten Seitenschiff (der Familie Fonseca) ist ein Werk Berninis.

Lage
Piazza di San Lorenzo in Lucina

Buslinien
52, 53, 56, 58, 60, 61, 62, 71, 81, 88, 90, 95, 115

*San Lorenzo fuori le Mura (Kirche Sankt Laurentius vor den Mauern)   H 5

Die frühchristliche Basilika, die zu den sieben Pilgerkirchen Roms gehört, ist dem Andenken des Märtyrers Laurentius gewidmet, der 238 n. Chr. auf einem glühenden Rost gemartert wurde (Die anderen Pilgerkirchen: ⟶ San Giovanni in Laterano, ⟶ Vatikan – San Pietro in Vaticano, ⟶ San Paolo fuori le Mura, ⟶ Santa Maria Maggiore, ⟶ San Sebastiano, ⟶ Santa Croce in Gerusalemme). Die Kirche verdankt ihre Entstehung Kaiser Konstantin. Der Umbau wurde verschiedentlich verändert und restauriert, zuletzt nach den Schäden, die im Zweiten Weltkrieg der einzige Bombenangriff auf Rom (19. 7. 1943) durch die Alliierten angerichtet hat. San Lorenzo, neben dem größten römischen Friedhof, dem Campo Verano, gelegen, zeigt trotz aller Um- und Zubauten (v. a. aus dem 13. Jh. n. Chr.) den klaren Aufbau der frühchristlichen Basilika: Vorhalle (mit anti-ken Sarkophagen), ein breites, hohes Mittelschiff mit schmalen Seiten-schiffen (das zum Altarraum hin ansteigt) und schönen Säulen; darunter, auf dem Niveau der ersten Basilika, die Grabkapelle für Papst Pius IX. (1846–1878). Besonders schön sind die Kosmatenarbeiten (farbige Steine, die in Marmor eingelegt sind): zwei Marmorkanzeln für Epistel und Evangelium (die Kanzel auf der Epistelseite gilt als die schönste Roms), Osterleuchter, Fußböden, Tabernakel, Bischofsthron und das Grab für Kardinal Fieschi.
Die Mosaiken am Triumphbogen zeigen Christus inmitten von Heiligen sowie links und rechts kunstvolle Darstellungen der heiligen Städte Jeru-salem und Bethlehem.
Ein schlichter Kreuzgang, der am Ende des 12. Jh.s entstanden ist, schließt den Komplex ab.

Lage
Piazza San Lorenzo

Buslinien
11, 71, 109, 111, 309, 311, 411, 415, 492

Straßenbahn-linien
19, 19b, 30, 30b

*San Luigi dei Francesi (Kirche)   D 6

San Luigi dei Francesi ist die Nationalkirche der Franzosen und Ludwig dem Heiligen, König von Frankreich, geweiht. Der Kirchenbau wurde von Kardinal Giulio de' Medici, dem späteren Papst Clemens VII., 1518 ange-regt, dann unterbrochen, erst 1580 wieder aufgenommen (von Domenico Fontana oder vielleicht auch Jean de Chenevières) und schließlich 1589 geweiht. Die monumentale Renaissancefassade der Kirche schuf vermut-lich Giacomo della Porta (um 1540–1602).
Im Innern der dreischiffigen Pfeilerbasilika sind drei bedeutende Gemälde von Caravaggio zu sehen. Sie zeigen Szenen aus dem Leben des hl. Mat-thäus (von links nach rechts: die Berufung, der Evanglist und das

Lage
Piazza di San Luigi degli Francesi

Buslinien
26, 70, 81, 87, 88, 90, 94

113

San Paolo fuori le Mura

 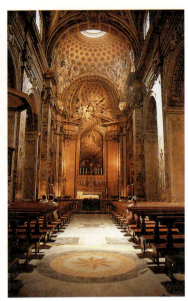

"Der Evangilist Matthäus" von Caravaggio... ...in der Kirche San Luigi dei Francesi

San Luigi dei Francesi (Fortsetzung)

Martyrium). Die drei Bilder sind Meisterwerke aus dem 16. Jh. (um 1597), die mit ihrer realistischen Gestaltung, der neuartigen Komposition von Licht und Schatten, Hell und Dunkel in der damaligen Zeit mitunter auch Widerspruch erregten. Caravaggio porträtierte sich selbst links neben dem Henker auf dem Gemälde des Martyriums.

*San Paolo fuori le Mura (Kirche Sankt Paul vor den Mauern) D 10

Lage
Piazzale di San Paolo

S-Bahn-Station
Linie B, San Paolo

Buslinien
23, 123, 170, 223, 673, 707, 766

Von der altchristlichen Kapelle des Konstantin, die offenbar über dem Grab des hl. Paulus, weit vor den Mauern der Stadt an der Straße nach Ostia, im 4. Jh. errichtet worden war, wurde bisher wenig ausgegraben. Doch erscheint sicher, daß man an dem Platz, an dem die heutige Kirche steht, Paulus verehrt hat, der nach der Überlieferung im Jahr 67 enthauptet und an der Via Qstiensis beigesetzt worden war. Um das Andenken des Völkerapostels, der allen Christen teuer ist, zu ehren, ließen römische Kaiser des 4. und 5. Jh.s einen Basilikabau anlegen, der bis zum Neubau von Sankt Peter (→ Vatikan – San Pietro in Vaticano) im 16. Jh. die größte Kirche der Welt war. Schon der alte Bau wurde mehrfach durch Erdbeben und Brände beschädigt. Gänzlich brannte er jedoch durch die Fahrlässigkeit eines Klempners am 15. Juli 1823 ab, so daß ein vollständiger Wiederaufbau mit Unterstützung vieler christlicher Nationen notwendig war (1854 abgeschlossen). San Paolo ist eine der vier Patriarchal-Basiliken (nach → San Giovanni in Laterano, → Vatikan – San Pietro in Vaticano und → Santa Maria Maggiore) und eine der sieben Pilgerkirchen (dazu → Santa Croce in Gerusalemme, → San Lorenzo fuori le Mura und → San Sebastiano). Aufgrund der Neugestaltung im 19. Jh. scheinen heute vor allem der Aufbau der würdigen Basilika, der das altchristliche Vorbild bewahrt, und einzelne Kunstwerke beachtenswert: Man tritt in den von Säulenhallen umschlossenen Vorhof, geht durch die Vorhalle (Mosaiken des 19. Jh.s

San Pietro in Montorio

San Paolo fuori le Mura

oben an der Fassade), vorbei an der Heiligen Pforte (an der Innenseite: das ehemalige, im 11. Jh. in Konstantinopel gegossene Bronzeportal) in das dunkle Innere der Kirche (die Alabasterfenster geben nur wenig Licht). Die Reihen der 80 Säulen, die wie ein Wald in dem fünfschiffigen Raum (120 m lang, 60 m breit, 23 m hoch) stehen, führen auf den Triumphbogen (mit Mosaik aus dem 5. Jh.), das Altar-Ziborium und das Apsismosaik zu. Oben an den Wänden befinden sich die 265 Portraitmedaillons aller Päpste von Petrus bis heute zu Johannes Paul II.; bis auf das erheblich restaurierte Mosaik der Apsis aus dem 13. Jh., das 1220 von Honorius III. bei venezianischen Künstlern in Auftrag gegeben worden war, wurde die Apsisausstattung, wie beispielsweise der Bischofsthron, im 19. Jh. durch Kopien ersetzt.

San Paolo fuori le Mura (Fortsetzung)

Von der Ausstattung sind hervorzuheben:
Das Ziborium über dem Papstaltar, der wiederum wie in St. Peter über dem Apostelgrab stehen dürfte, ein Werk des Arnolfo di Cambio (1285) im Auftrag des Abtes Bartholomäus;
rechts davon ein 5,60 m hoher Osterleuchter, ein großartiges plastisches Werk des Mittelalters von Nicolò di Angelo und Pietro Vassalletto, sowie die Kreuzkapelle und die Taufkapelle.
Durch die Sakristei führt der Weg in den Kreuzgang des Benediktiner-Klosters, der zwischen 1204 und 1241 von Mosaikkünstlern der Familie Vassalletti geschaffen wurde. Der Wechsel der Säulenformen und der bunten Steinmuster macht ihn zu einem der schönsten des Abendlandes.

San Pietro in Montorio (Kirche)   C 7

Die Kirche des "hl. Petrus auf dem Goldberg" (Monte d' oro oder "Mons Aureus" war schon in alter Zeit der Beiname des Gianicolo), ein Frührenais-

Lage
Via Garibaldi

115

San Pietro in Vincoli

San Pietro in Montorio (Fortsetzung)

Buslinien
41, 44, 75, 710

*Tempietto di Bramante

sancebau aus dem 15. Jh., verdankt ihre Gründung der mittelalterlichen Legende, daß der Apostel Petrus an dieser Stelle die Kreuzigung erlitten habe (historisch ist diese These kaum haltbar).

Im Auftrag des spanischen Königs Ferdinand IV. führte Baccio Pontelli (nach 1481) die hallenartige Kirche aus. Die Kapellen der rechten Seite sind mit beachtenswerten Gemälden ("Geißelung Christi", um 1519 von Sebastiano del Piombo, "Madonna mit dem Brief" von Pomarancio, "Bekehrung des Paulus" von Giorgio Vasari) und Grabmälern ausgestattet. Die zweite Kapelle linker Hand entwarf Bernini um 1640. Die "Kreuzigung von Petrus" in der Apsis ist eine Kopie der Arbeit von Guido Reni; Original in der Pinacoteca der Vatikanischen Museen (→ Vatikan – Musei Vaticani).

Auf der rechten Seite geht es zum Hof mit dem berühmten Tempietto di Bramante, einem kleinen runden Säulentempel. Diese 1502 von dem Architekten Bramante errichtete Erinnerungskapelle an die Kreuzigung des Petrus ist "das Musterbeispiel der Hochrenaissancearchitektur schlechthin", wie es allgemein heißt. Der Rückgriff auf die Antike, die Wiedergeburt der griechisch-römischen Architektur, wird hier deutlich. Die ausgewogene Symmetrie der Formen und die Harmonie des gesamten Baukörpers erheben den kleinen Tempel zu architektonischem Rang.

*San Pietro in Vincoli (Kirche Sankt Peter in Ketten) E 6

Lage
Piazza San Pietro in Vincoli

U-Bahn-Station
Linie B, Cavour

Buslinien
11, 27, 81

San Pietro in Vincoli ist eine der ältesten Kirchen Roms (431 n. Chr. begonnen). Sie war zunächst den Heiligen Petrus und Paulus geweiht. Als Papst Leo dem Großen als kostbare Reliquie die Ketten geschenkt wurden, mit denen der Tradition zufolge Petrus im Mamertinischen Kerker gefesselt war (Die Befreiung durch einen Engel hat Raffael in seinen Stanzen im Vatikan dargestellt, → Vatikan – Musei Vaticani, Stanze di Raffaeli), blieb Petrus alleiniger Kirchenpatron.

Die Ketten Petri werden in einer Glasvitrine auf dem Hochaltar aufbewahrt. Die goldene Verzierung des Tabernakels soll Cristoforo Caradossa angefertigt haben.

Zubauten aus verschiedenen Epochen veränderten die Kirche (Restaurierung 1990/1991). Der eindrucksvolle Portikus stammt von Meo da Caprino, das Marmorportal trägt das Wappen des Baumeisters Giuliano della Rovere. Beachtenswert sind die zwanzig Säulen mit dorischen Kapitellen im Mittelschiff, im linken Seitenschiff das Grabmal für den deutschen Kardinal Nikolaus Cusanus (aus Kues an der Mosel; † 1465) mit einem Relief von Andrea Bregno (Petrus zwischen dem ihn befreienden Engel und Kardinal Cusanus) und vor allem das großartige Grabmal für Papst Julius II. (rechts vorn).
Dieses Grabmal für den Papst aus der Familie der Rovere (1503–1513) war von Michelangelo weitaus größer für die Peterskirche geplant. Von den dafür vorgesehenen Skulpturen führte Michelangelo nur drei Figuren aus: die Statuen der Rachel und der Lea (Frauen des biblischen Stammvaters Jakob), Symbole des aktiven und kontemplativen Lebens, hervorragende Spätwerke des Künstlers; vor allem aber die Statue des Moses (1513–1516), die zugleich den Papst-Fürsten der Renaissance feiern sollte. Sie ist eines der bedeutendsten Werke Michelangelos und der Bildhauerkunst überhaupt. Michelangelo hat folgenden Moment im Leben des Moses dargestellt: der Führer der Israeliten hat von Gott die Gesetzestafeln mit den Zehn Geboten erhalten, die er unter dem rechten Arm hält, und muß mitansehen, wie das Volk um das goldene Kalb tanzt. Sein Gesicht ist von göttlicher Erleuchtung und Zorn über das untreue Volk erfüllt. (Die Hörner auf der Stirn des Moses beruhen auf einem Übersetzungsfehler des Bibeltextes).

San Sebastiano

San Pietro in Vincoli: die Ketten Petri...   *...und das Grabmal für Julius II.*

San Sebastiano (Kirche)

Die Kirche des hl. Sebastian an der Via Appia gehört zu den sieben Pilgerkirchen Roms (die anderen: → San Giovanni in Laterano, → San Pietro in Vaticano, San Paolo fuori le Mura, → Santa Maria Maggiore, → Santa Croce in Gerusalemme und → San Lorenzo fuori le Mura). Sie wurde im 3. Jh. über alten Friedhöfen und Katakomben errichtet. Während der Christenverfolgungen unter den Kaisern Decius und Valerian seien hier, berichtet die Überlieferung, die Gebeine der Apostel Petrus und Paulus aufbewahrt sowie der Leichnam des unter Diokletian hingerichteten christlichen Prätorianer-Offiziers Sebastian bestattet worden.

Lage
Via Appia Antica

Buslinie
118

Catacombe di San Sebastiano

Im 13. und Anfang des 17. Jh.s wurden unter der Basilika drei römische Grabhäuser und christliche Katakomben freigelegt; man entdeckte außerdem die Fundamente der konstantinischen Basilika und römischer Wohnhäuser.
Unter der Mitte der Kirche befindet sich ein Versammlungsraum (triclia) für die Gedächtnisfeier, mit zahllosen eingekratzten Inschriften von der Wende vom 3. zum 4. Jahrhundert. Hier kann man einen guten Einblick in die Symbolsprache der Christen gewinnen: der Fisch, dessen griechische Bezeichnung "Ichthys" die Anfangsbuchstaben für die griechischen Worte von "Jesus Christus Gottes Sohn Erlöser" sind; das Lamm, das den Opfertod Christi bedeutet; der Anker als Zeichen der Zuversicht; die Taube als Symbol des Friedens.

Man vermutet, daß die Gebeine der hier besonders verehrten Apostel Petrus und Paulus während der Valerianischen Christenverfolgung im

Öffnungszeiten
Mo.–Mi., Fr.–So.
8.30–12.00 und
14.30–17.00 (im
Sommer bis 17.30)

117

Sant'Agnese

San Sebastiano,
Catacombe
(Fortsetzung)

Jahre 258 vom Vatikan und von der Via Ostiense hier irgendwo in Sicherheit gebracht waren.

Außerdem sind mehrstöckige Grabkammern (1. Jh. n. Chr.) mit guten Gemälden, beachtenswerten Stuckverzierungen und Inschriften zu sehen. Hinter der Apsis führt eine Treppe hinab zu der "Platonia", der Gruft des Märtyrers Quirinus; links davon die Zelle "Domus Petri" (Wandmalereien des 4. Jh.).

*Sant'Agnese (Kirche)   C 6

Lage
Piazza Navona

Buslinien
46, 62, 64, 70, 81,
88, 90

Die Kirche Sant'Agnese, an der Westseite der → Piazza Navona gelegen, ist der römischen Märtyrerin Agnes geweiht. Der Bau erhebt sich über den Fundamenten eines Teils der Längsseite des Domitian-Stadions, an der Stelle, an der im Jahre 304 die hl. Agnes nackt der Menge vorgeführt werden sollte. Jedoch geschah ein Wunder, und sie erschien von ihren eben erst lang gewachsenen Haaren eingehüllt. Soweit die Legende. Tatsächlich soll die Märtyrerin dort, wo heute die Kirche → Sant'Agnese fuori le Mura steht, enthauptet worden sein.
Der Bau neben dem → Palazzo Pamphili wurde von Papst Innozenz X. (aus der Familie der Pamphili) gestiftet, an den über dem Eingang ein Monument (1730) von G.B. Maini erinnert, und zuerst 1652 von Girolamo Rainaldi, dann von Borromini (1653–1657) ausgeführt, schließlich von Carlo Rainaldi vollendet (1672). Die Vorderfront der Kirche, Glockenturm und Kuppel mit dem Aufsatz bilden eine bewegte Fassade, in der konvexe und konkave Formen (Wölbungen und Höhlungen), Giebel, Baldachine, Fenster, Säulen und Pfeiler miteinander in rascher Folge abwechseln.
Derselbe einheitliche und doch im einzelnen schwingende Raumeindruck herrscht auch im Innern vor. Die Krypta birgt Alessandro Algardis Darstellung des "Haarwunders der hl. Agnes" (1653) und Überreste von römischen Mosaikfußböden.
Sant'Agnese diente als Vorbild für Kirchenbauten des Barock und Rokoko u. a. auch in Deutschland.

*Sant'Agnese fuori le Mura (Kirche Sankt Agnes vor den Mauern)   H 3

Lage
Via Nomentana
349

Buslinien
36, 37, 60, 136,
137, 310

Agnes, der Legende nach eine junge, schöne Römerin, weigerte sich standhaft, den Sohn des heidnischen Stadtpräfekten zu heiraten, und erlitt deshalb als Christin den Märtyrertod. Ihr zu Ehren wurde schon im 4. Jh. von der Tochter Konstantins, Constanza, eine Kirche außerhalb der Stadt (an der Via Nomentana) gestiftet. Die bestehende Kirche, die Papst Honorius I. (625–638) erbauen ließ, erfuhr mehrere Restaurierungen und Veränderungen. Beachtenswert in der Hallenbasilika mit einem schmalen hohen Mittelschiff sind die 16 korinthischen Säulen, die reich verzierte Holzdecke (17./19. Jh.) sowie Marmorleuchter und Bischofsstuhl im Altarraum. Das Apsismosaik aus dem 7. Jh., das im Auftrag von Honorius I. angefertigt wurde, zeigt vor einem vergoldeten Hintergrund die hl. Agnes mit den Päpsten Honorius I. und Symmachus. Das Gewand der Märtyrerin trägt als Symbol der Unsterblichkeit das Zeichen des Phoenix, der zwar im Feuer verbrennt aber hernach aus der Asche emporsteigt. Im Hauptaltar werden die Reliquien der Heiligen und ihrer Schwester, der hl. Emerenziana, aufbewahrt.

Catacombe di
Sant'Agnese

Unter der Kirche befinden sich die Agnes-Katakomben, z. T. noch in ihrem ursprünglichen Zustand (300 n. Chr.). Sie dehnen sich über drei Stockwerke aus und haben insgesamt eine Länge von 7 km . Sie können auf Anfrage beim Küster besichtigt werden (Mo.–So. 9.00–12.30 und 15.30–18.00).

*Sant'Agostino (Kirche) D 6

Sant'Agostino, in der Nähe der → Piazza Navona gelegen, ist in Rom als Kirche bekannt, in der schwangere Frauen vor dem Bild der Madonna del Parto (Madonna der Geburt) um eine glückliche Geburt oder Ehepaare um ein Kind bitten. Die Kirche, zwischen 1479 und 1483 vermutlich von Giacomo da Pietrasanta erbaut und 1750 erneuert, besitzt eine Fassade aus Travertin, eine der ersten Renaissance-Fassaden in Rom.

Der Innenraum, dessen hohes Mittelschiff fast so schmal wie die beiden Seitenschiffe ist, hat eine dominierende Vierungskuppel vor sich öffnenden Chorräumen. Neben der "Madonna del Parto" (von Jacopo Sansovino, 1521) sind vor allem der "Prophet Jesaias" von Raffael (1512; dritter Pfeiler links) sowie die "Madonna dei Pellegrini" von Caravaggio (1605, erste Kapelle des linken Seitenschiffes) besonders zu beachten.

Rechts neben der Kirche liegt die Biblioteca Angelica (seit 1873 in Staatsbesitz), mit Werken zur Philologie.

Lage
Piazza di Sant' Agostino

Buslinien
26, 70

*Sant'Andrea al Quirinale (Kirche) E 6

Sant'Andrea al Quirinale ist ein Juwel unter den kleineren Kirchen Roms, ein Werk Berninis, der die Kirche von 1658 bis 1671 im Auftrag des Kardinals Camillo Pamphili für das Studienhaus des Jesuitenordens schuf. Sie ist ein Kontrapunkt für die nur wenige Meter entfernte Kirche → San Carlo alle Quattro Fontane, die Berninis Konkurrent Borromini schuf.

Die durch ihre genial entworfene Architektur und prächtige Ausstattung in gleicher Weise vollendete Kirche war von 1870 bis 1946 Hofkapelle des italienischen Königshauses. Bernini zog, barocker Formgestaltung folgend, den Kreis, wie ihn die Renaissance geschaffen hätte, in die Länge,

Lage
Via del Quirinale

Buslinien
57, 64, 65, 70, 71, 75, 170

Sant'Andrea al Quirinale

Sant'Andrea della Valle

Sant'Andrea al Quirinale (Fortsetzung)

und es entstand ein quergestelltes Oval, das durch acht Seitenkapellen erweitert wird. Das Gleichmaß eines Kreises gerät dadurch in Bewegung, was dem barocken Raumgefühl entspricht.
Der architektonischen Lebendigkeit entspricht die Ausschmückung des Innern mit Pilastern und Friesen, Bögen und Höhlungen, mit kassettierten Kuppeln, Gesimsen und Fenstern, Marmor und Stuck in verschiedenen Farben (feierliches Altrosa, Weiß und Gold). Beachtung verdienen die vorwiegend barocken Tafelbilder und Fresken.

Sant'Andrea della Valle (Kirche) D 6

Lage
Corso Vittorio Emanuele II.

Buslinien
46, 62, 64, 70, 81, 88, 90

Die Schönheit von Fassade und Kuppel der Kirche Sant'Andrea della Valle (Restaurierung 1990) zeigt sich eindrucksvoll vom Corso del Rinascimento aus. Von hier fällt auch auf der linken Seite ein Engel mit erhobenem Flügel auf (statt einer Volute; beides fehlt auf der rechten). Sant'Andrea, dem Prediger-Orden der Theatiner anvertraut, ist beim Volk sehr beliebt. Dafür spricht, daß Puccini den ersten Akt seiner Oper "Tosca" in der Cappella Allavanti (erste Kapelle am rechten Seitenschiff) spielen läßt.
Die Baumeister (Francesco Grimaldi, Giacomo della Porta, Carlo Maderno und Carlo Rainaldi) folgten bei der Gestaltung dem Vorbild der etwa 500 m entfernten Kirche Il Gesù. Die zweigeschossige Travertinfassade mit einer plastischen Gliederung, der weite und hohe, doch geschlossen wirkende Innenraum mit Seitenkapellen, Querschiffen, Chor und Apsis, die mächtige Vierungskuppel (die zweitgrößte in Rom nach der von → San Pietro in Vaticano) – alle Einzelheiten erinnern an die Kirche → Il Gesù; der Grundriß von Sant'Andrea ist dem von Il Gesù tatsächlich zum Verwechseln ähnlich.
Im Innern verdienen die Gemälde und Statuen der Seitenkapellen besondere Beachtung. Vor allem jedoch sollte der Besucher sein Augenmerk auf die Grabmäler für zwei Päpste (aus der Familie der Piccolomini aus Siena) lenken, die 1614 von Sankt Peter hierher gebracht wurden (vor dem Querschiff); links das Grabmal für Pius II., als Aeneas Silvius Piccolomini in der Zeit des Humanismus bekannt († 1464), rechts das Grabmal für Pius III., Francesco Todeschini Piccolomini († 1503). Paolo Taccone und Andrea Bregno schufen diese beiden Sehenswürdigkeiten.
Die meisterhaften Fresken in der Kuppel und in der Apsishalbkuppel malte Domenichino (1624–1628).

Sant'Ignazio (Kirche) D 6

Lage
Piazza di Sant' Ignazio

Buslinien
26, 56, 60, 62, 71, 81, 85, 87, 88, 90, 90b, 94, 95

Der von Ignatius von Loyola 1540 gegründete Jesuitenorden nahm bald in Rom und in ganz Europa einen raschen Aufschwung und gewann immer mehr Mitglieder. Um das Andenken des 1556 verstorbenen und 1622 heiliggesprochenen Ignatius zu ehren, erbaute der Orden zwischen 1626 und 1650 mit der finanziellen Hilfe des Kardinals Ludovico Ludovisi (Neffe Papst Gregors XV.) nach → Il Gesù die zweite Jesuitenkirche in Rom, Sant' Ignazio. Jesuiten traten zugleich als Baumeister (Orazio Grassi) und Maler (Andrea Pozzo) hervor.
Schon der bühnenartige Platz mit der imposanten Kirchenfassade führt den Besucher in das barocke Lebensgefühl ein, das in der Kirche noch erhöht wird. Ein großer, weitgespannter Raum (für Predigt und Gottesdienst von einem zentralen Platz aus gleichermaßen geeignet), Seitenkapellen, die miteinander verbunden sind, sowie eine prächtige Ausstattung mit kostbaren Materialien und phantasievollen Dekorationsmustern sollten die Gläubigen in die Kirche zurückholen (es war die Zeit der Gegenreformation). Die Harmonie des Raumes wird auch dadurch nicht gestört, daß die Kuppel über den Vierungspfeilern nicht ausgeführt wurde. An ihre Stelle und an die Decke malte Andrea Pozzo eine illusionistische Architektur, in der er den Triumph des heiligen Ignatius feierte, seinen "Eingang ins

Santa Croce in Gersusalemme

Paradies" und "Die vier missionierten Weltteile"; der gemalte Himmel
scheint die gewölbte Architektur der Decke aufzubrechen. (Eine Marmor-
scheibe im Fußboden gibt die Stelle an, von der aus die perspektivische
Wirkung der Gemälde am besten aufzunehmen ist.) Architektur, Malerei
und Plastik gehen in Sant' Ignazio ineinander über: Das Auge des Gläubigen soll von der Kunst gefesselt, sein Herz der Lehre der Kirche geöffnet
werden.
Im rechten Querhaus liegt der hl. Aloisius (Luigi Gonzaga, 1568–1591)
begraben, im linken der hl. Johannes Berchmans, beide Mitglieder des
Jesuitenordens.

Sant'Ignazio
(Fortsetzung)

Santa Cecilia in Trastevere (Kirche)   D 7

Cäcilia oder die "Coeli Lilia" (die Himmelslilie), wie die Heiligenbücher sie
beschreiben, gehört zu den frühchristlichen Märtyrerinnen, die in Rom
stets hoch verehrt wurden und um deren Leben und Tod sich viele Legenden ranken.

Lage
Piazza di Santa
Cecilia

Buslinien
23, 26, 28, 44, 75,
97, 170, 710, 718,
719, 774

Auf dem Platz der Kirche stand nach der Legende das Haus ihres Mannes
Valerianus. Darüber wurde im 5. Jh. eine Kirche errichtet, die später aus-
und umgebaut wurde. Sie zeigt einen basilikalen Aufbau: Vorhof, Vorhalle
(die Fassade ist ein Werk von Ferdinando Fuga; 1725), romanischer Glok-
kenturm, eine breite Halle mit Säulenreihen, Chorraum und Apsis.
Im Chorraum ist das marmorne Ziborium (Altaraufbau) des Arnolfo di Cambio (1283) sehenswert sowie die Statue der hl. Cäcilie, die Stefano
Maderno im Jahre 1600 schuf (ein Jahr, nachdem man den Leichnam
eines jungen Mädchens in dieser Stellung in einem Grab entdeckt hatte).
Die Apsis ist mit einem Mosaik aus dem 9. Jh. geschmückt (unter Papst
Paschalis ausgeführt). Von der Krypta aus können die ausgegrabenen
Fundamente eines alten römischen Wohnhauses besichtigt werden. Nur
mit besonderer Erlaubnis ist der Konvent der Ordensfrauen zugänglich, in
dem Pietro Cavallini 1293 das "Jüngste Gericht" schuf, eine großartige
Darstellung des Weltendes vom Ausgang des Mittelalters.

*Santa Costanza (Kirche)   H 3

Neben der Kirche → Sant'Agnese fuori le Mura, an der Via Nomentana,
erhebt sich einer der schönsten Sakralbauten Roms: Santa Costanza. Der
Rundbau wurde Anfang des 4. Jh.s als Mausoleum für die Töchter des Kaisers Konstantin, Constanza (eigentlich Constantina) und Helena (Gemahlin
des Julianus Apostata) errichtet. Das architektonische Meisterwerk, einfach in der Konzeption (bescheidene äußere Backsteinmauern) und doch
mit kostbaren Mitteln im Innern (12 Doppelsäulen mit Kapitellen!) fertiggestellt, hat einen Durchmesser von 22,50 m. In den Mosaiken stehen heilige Figuren neben heidnischen, spielen Tiere in den Weinranken. Römische Architektur, spätantike Mosaikkunst und frühchristliche Symbole
verbinden sich zu einer harmonischen Komposition.

Lage
Via Nomentana

Buslinien
36, 37, 60, 136,
137, 310

Santa Croce in Gerusalemme (Kirche)   G 7

Die Kirche Santa Croce in Gerusalemme gehört zu den klassischen sieben
Pilgerkirchen Roms, die von Gläubigen gern an Abendgottesdiensten
(Vigil) vor hohen katholischen Kirchenfesten besucht werden (die anderen:
→ San Giovanni in Laterano, → San Pietro in Vaticano, → San Paolo fuori
le Mura, → Santa Maria Maggiore, → San Sebastiano und → San
Lorenzo fuori le Mura).

Lage
Piazza Santa
Croce in Gerusa-
lemme

Santa Francesca Romana

Santa Croce in Gerusalemme (Fortsetzung)	Sie wurde schon unter Konstantin errichtet, um – wie die Tradition berichtet – die von seiner Mutter, der heiligen Helena, aus dem Heiligen Land nach Rom gebrachten Reliquien der Passion Christi aufzunehmen. Im 18. Jh. erhielt die Kirche durch Domenico Gregorini ihre heutige spätbarocke Gestalt.
U-Bahn-Station	Linie A, San Giovanni
Bus	Linien: 3, 9, 15, 81

Santa Francesca Romana (Kirche) E 7

U-Bahn-Station Linie B, Colosseo Buslinien 11, 27, 81, 85, 87, 88	Als Ersatz für die Kirche Santa Maria Antiqua baute man in der zweiten Hälfte des 10. Jh.s auf der anderen Seite des Forum Romanum, an der jetzigen Via dei Fori Imperiali, eine neue Marienkirche, Santa Maria Nuova, die zum Teil über dem alten Tempel der Venus und der Roma lag. Den Glockenturm, ein Musterbeispiel für römische Campanili des Mittelalters, setzte man im 13. Jh. hinzu. Den heutigen Namen, Santa Francesca Romana, erhielt die Kirche durch die Weihe an die heilige Gründerin des Oblatenordens, Franziska. Im Innern der mit Marmor, Stuck und Bildern reich geschmückten Basilika sind die Confessio, das Apsismosaik und das Madonnenbild im Hochaltar aus dem 6. Jh. (dem heiligen Lukas zugeschrieben) beachtenswert.

Santa Maria degli Angeli

→ Terme di Diocleziano

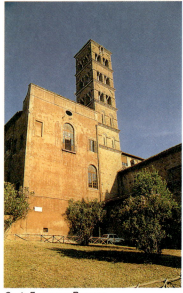 

Santa Francesca Romana *Santa Maria in Aracoeli*

Santa Maria dell'Anima (Kirche)　　　C 6

Die nach Rom pilgernden Gläubigen sollten in der "Ewigen Stadt" des
Papstes eine Heimstätte antreffen, Pilgerhospiz und Kirche, die ihrer
Nation reserviert war. Deshalb baute man in der Nähe der → Piazza
Navona Anfang des 16. Jh.s auch den Deutschen, d. h. allen Pilgern aus
dem Römischen Reich Deutscher Nation, eine Nationalkirche: Santa Maria
dell' Anima (1501–1514), die heute Gemeindekirche der deutschen Katho-
liken in Rom ist (So. 10.00 Messe in deutscher Sprache).

Wenige Jahre später wurde hier Papst Hadrian VI. (1522–1523) aus
Utrecht begraben, der letzte nicht-italienische Papst vor dem Polen
Johannes Paul II. Sein Grabdenkmal im Chorraum rechts wird von den
Allegorien der Kardinalstugenden – Klugheit, Gerechtigkeit, Tapferkeit und
Zucht und Maß – behütet. Die Erfahrungen dieses so leidgeprüften Pap-
stes kurz nach dem Beginn der Reformation sind in einem lateinischen
Grabspruch zusammengefaßt, der besagt, wie wichtig es sei, in welche
Zeit ein Mensch hineingeboren werde. Das Innere der hohen Hallenkirche
ist reich geschmückt. Viele bedeutende Persönlichkeiten der deutschen
Nation fanden in Santa Maria dell' Anima ihr Grab.

Lage
Via di Santa Maria
dell'Anima
(Eingang Piazza
della Pace 20)

Buslinien
26, 70, 81, 88, 90

Santa Maria in Aracoeli (Kirche)　　　D 6

Der Glanz des Kapitols (→ Campidoglio) fällt auch auf die Kirche Santa
Maria in Aracoeli. Der Bau ist an ehrwürdiger, heiliger Stelle errichtet, auf
den Fundamenten des Tempels der Juno Moneta, der offenbar schon im
6. Jh. v. Chr. (die heutige Kirche hingegen im 13. Jh. n. Chr. durch die Fran-
ziskaner) erbaut wurde. 1348 kam die steile, 124 Stufen zählende Treppe
hinzu, eine "Himmelsleiter", die gern von neuvermählten Brautpaaren
bestiegen wird. Im Mittelalter war die Kirche Mittelpunkt des politischen
Lebens in Rom; hier tagte das Stadtparlament. Eine neue Innenausstat-
tung erhielt die Kirche nach dem Sieg der abendländischen Seestreitkräfte
über die Türken bei Lepanto im Jahre 1571.

Die majestätische Treppe, ausgehend von der Piazza d'Aracoeli an der Via
di Teatro di Marcello, führt steil hinauf auf eine kahle Backsteinfassade zu.
Um so prunkvoller zeigt sich dann das Innere der Kirche, trotz des einfachen basilikalen Grundrisses mit später angesetzten Seitenkapellen.
Beachtenswert sind die Holzdecke aus dem 16. Jh., die Cappella Bufalini
bzw. di San Bernardino am Beginn des rechten Seitenschiffes mit Fresken
von Bernardino Pinturicchio (1485) und die vielen Grabmäler im Boden und
an den Wänden der Basilika.

Eine Ädikula (Tempelchen) in der Mitte des Querhausarmes (links vorne)
gibt den Ort der Verheißung einer tiburtinischen Sibylle an: dem Augustus
sei prophezeit worden, eine Jungfrau werde ein göttliches Kind gebären,
das die Altäre der Götter stürzen würde; daraufhin habe der Kaiser an dieser Stelle einen Altar errichtet mit der Inschrift "Ecce Ara Primogeniti Dei"
("Siehe der Altar des Erstgeborenen Gottes"; jetzt oben am Triumphbogen).

Unter dem Aufbau ruhen die Gebeine der hl. Helena, der Mutter des Konstantin, jener Frau, die im Heiligen Land nach den Spuren Jesu Christi for-
schen und die Reliquien seiner Passion nach Rom bringen ließ.
In der Sakristei ist der Santo Bambino ausgestellt, eine nach dem Volks-
glauben wundertätige Statue des Jesuskindes, nach der Legende aus
dem Holz eines Ölbaumes vom Garten Gethsemane bei Jerusalem ge-
schnitzt. Zur Weihnachtszeit kommt der Bambino ins Kirchenschiff, und
römische Kinder halten vor ihm Predigten.

Lage
Via di Teatro di
Marcello

Buslinien
57, 90, 90b, 92,
94, 95, 716, 718,
719

Santa Maria della Concezione (Kapuzinerkirche) E 5

Lage
Via Veneto 27

Buslinien
52, 53, 56, 58, 90b, 95, 490, 492, 495

Die einschiffige Kapuzinerkirche wurde Anfang des 17. Jh.s von Antonio Casoni im Auftrag von Kardinal Antonio Barberini erbaut, der dem Orden der Kapuziner angehörte. Seine Grabplatte vor dem Hochaltar trägt die lateinische Inschrift "Hic iacet pulvis, cinis et nihil" ("Hier liegen Staub, Asche und nichts"). Im Kircheninnern beeindruckt besonders Guido Renis Altargemälde vom "Kampf des Erzengels Michael mit dem Satan" (rechts in der ersten Kapelle) und Domenichinos Altarbild "Franziskus und der Engel" (dritte Kapelle).

Cimitero
dei Cappuccini

Eine kuriose Besonderheit der Kirche ist der makaber anmutende Friedhof der Kapuziner. In fünf Kapellen sind hier die Schädel und Knochen von etwa 4000 Kapuzinermönchen zu barocken Dekorationen zusammengestellt worden.

*Santa Maria in Cosmedin (Kirche Sankt Marien in Kosmedin) D 7

Lage
Piazza Bocca della Verità

Buslinien
15, 23, 57, 90, 90b, 92, 94, 716

An der Südseite der → Piazza Bocca della Verità, im Umfeld des → Tempio di Fortuna Virile, des → Arco di Giano, eines Vesta-Tempels (ältester Marmortempel Roms, 2. Jh. v. Chr.) sowie der Kirche → San Giorgio in Velabro, erhebt sich die Kirche Santa Maria in Cosmedin (den Beinamen erhielt sie wahrscheinlich von Byzantinern nach einem Platz in ihrer Stadt). Wie kaum eine andere Kirche in Rom zeigt sie die Schönheit mittelalterlicher Architektur, die hier von 772 (Baubeginn unter Papst Hadrian) bis etwa 1124 (unter Papst Calixtus II.) ein wahres Kleinod schuf (daher wird der Name Cosmedin auch auf das griechische Wort für Kosmos bzw. Schmuck zurückgeführt).

Santa Maria in Cosmedin

Bocca della Verità

Die edle Harmonie der Proportionen beginnt mit dem siebengeschossigen Campanile und setzt sich fort in der breiten zweistöckigen Vorhalle mit einem vortretenden Baldachin; sie wird gesteigert im Innern durch das hohe feierliche Mittelschiff mit den vom Gottesdienst bestimmten Gliederungen und unendlich wiederholt in den Ornamenten der Marmorintarsien. Der Wechsel der Säulen und Pfeiler, die unregelmäßigen Maße, die Apsiden vor dem Hauptschiff und den Seitenschiffen mit berühmten Fresken, die Kosmaten-Arbeiten im Fußboden und in den Marmorschranken der Schola Cantorum (des für die Kleriker abgegrenzten Bezirks); die Marmorkanzeln, der Presbyter-Thron mit den zwei Löwenköpfen und der Schmuckscheibe dahinter, der gedrehte Osterleuchter, das Ziborium über dem Altar: all diese sehenswerten Details lassen verstehen, warum Santa Maria in Cosmedin zu den schönsten unter den kleineren Kirchen Roms gerechnet wird.

Santa Maria in Cosmedin (Fortsetzung)

Ein Gang in die Krypta führt zu Gräbern von Christen und zu den Fundamenten eines heidnischen Tempels.

In der Vorhalle (links an der Wand) befindet sich die große Steinmaske der Bocca della Verità, des Mundes der Wahrheit. Das römische Volk erzählt, man habe früher dort jene die rechte Hand in den Mund der Maske hineinlegen lassen, die einen Eid ablegen mußten; ein Meineidiger, so glaubte man, würde sofort von überirdischen Kräften festgehalten. Heute beeindruckt die Drohung mit dem "Mund der Wahrheit" nur noch trotzige Kleinkinder in Rom.

Bocca della Verità

*Santa Maria Maggiore (Kirche)   F 6

Unter den 80 Marienkirchen Roms ragt Santa Maria Maggiore als größte hervor. Sie ist zudem eine der vier Patriarchalbasiliken (nach → San Giovanni in Laterano, → San Pietro in Vaticano, → San Paolo fuori le Mura) und eine der sieben Pilgerkirchen (dazu → Santa Croce in Gerusalemme, → San Lorenzo fuori le Mura und → San Sebastiano). In ihr wurde als einziger römischer Kirche seit dem 5. Jh. ununterbrochen täglich die Messe gefeiert. Die Legende berichtet, Papst Liberius und dem Patrizer Johannes sei in der Nacht zum 5. August des Jahres 352 die Gottesmutter Maria erschienen und habe ihnen aufgetragen, dort eine Kirche zu bauen, wo am nächsten Morgen (im August!) Schnee fallen werde; es habe tatsächlich geschneit (kirchliches Fest Maria Schnee) – auf dem Esquilin-Hügel, noch dazu mit basilikalen Umrissen. Die Forscher sind jedoch unsicher, ob die Kirche im 4. oder 5. Jh. entstanden ist. Diese erste Halle wurde in späteren Jahrhunderten mit Erweiterungen versehen: eine neue Apsis (13. Jh.); der Campanile (1377), mit 75 m der höchste der römischen Glockentürme; die goldene Kassettendecke (von Alexander VI. mit dem ersten Gold aus Amerika gestiftet); die beiden Seitenkapellen Sistina und Paolina; die Erweiterungen des 16. bis 18. Jh.s, die heute den ganzen Baukörper umgeben (Wohnungen für die Prälaten).

Lage
Piazza di Santa Maria Maggiore

U-Bahn-Station
Linie A und B, Termini

Buslinien
3, 4, 16, 27, 70, 71, 93, 93b, 93c

Straßenbahnlinien
14, 516, 517

Öffnungszeiten
7.00–12.00, 16.00–19.00

Zur Chorfassade (hinten) steigt man vom Platz mit dem Obelisk vom Mausoleum des Augustus (14, 80 m hoch; → Mausoleo di Augusto) auf einer feierlichen Freitreppe empor. Zur Hauptfassade (1743–1750 von Fernando Fuga errichtet) geht man zu ebener Erde an der Säule der Maxentius-Basilika mit der Marienstatue (→ Basilica di Massenzio) vorbei.

Das Innere ist vielleicht der schönste und feierlichste Kirchenraum in Rom: 86 m lang, dreischiffig, mit 36 Marmor- und vier Granitsäulen, mit Mosaiken an der Hochwand, den ältesten Roms (4. oder 5. Jh.), Kosmatenfußboden (Mitte 12. Jh.) und Kassetten an der Decke aus der Werkstatt Giuliano da Sangallos (15. Jh.).

Als Querschiff wirken die Cappella Sistina (rechts), von Papst Sixtus V. gestiftet und durch Domenico Fontana 1584–1590 ausgeführt mit manie-

Santa Maria Maggiore

Santa Maria Maggiore

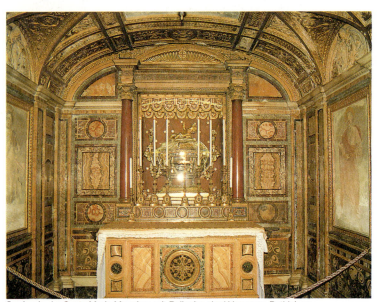

Confessio der Santa Maria Maggiore mit Reliquien der Krippe von Bethlehem

Santa Maria sopra Minerva

ristischen Fresken (Ende 16. Jh.), einem Sakramentsgehäuse aus Bronze und Grabmälern für den päpstlichen Stifter und seinen heiligen Vorgänger Pius V., und die gegenüberliegende Cappella Paolina (links), die von Papst Paul V. in Auftrag gegeben und von Flaminio Ponzio erbaut worden ist, mit einem reichverzierten Altar, dessen Bild nach einem Entwurf von Girolamo Rainaldi entstand.

Santa Maria Maggiore (Fortsetzung)

Den von einem Baldachin überspannten Hauptaltar von Ferdinando Fuga schmückt das hochverehrte Gnadenbild der Madonna ("Salus Populi Romani"), der Legende nach ein Werk des heiligen Lukas (tatsächlich jedoch 13. Jh.). Die Confessio birgt eine Glasvitrine mit Reliquien der Krippe von Bethlehem; davor die kniende Statue von Pius IX., die Ignazio Iacometti 1880 schuf.

Eine Steigerung erfährt der Schmuck der Kirche in den Mosaiken am Triumphbogen und in der Apsis: Darstellungen aus dem Alten und Neuen Testament und Szenen aus dem Leben Mariens (u.a. Geschichte Abrahams, Isaaks und Jakobs, Verkündigung, Heilige Drei Könige, Flucht nach Ägypten und Krönung Mariens). In diesem Meisterwerk Jacopo Torritis (Ende 13. Jh.) erreicht die Kunst der römischen Mosaizisten ihren Höhepunkt (frühmorgens gutes Licht).

Der Baldachin über dem Papstaltar wird von vier Porphyrsäulen aus der Villa des Kaisers Hadrian in ⟶ Tivoli getragen.

*Santa Maria sopra Minerva   D 6
(Kirche Sankt Marien über dem Minerva-Tempel)

Der Platz vor Santa Maria sopra Minerva hinter dem ⟶ Pantheon wird freundlich bestimmt von dem Elefanten, den Bernini entwarf und den Ercola Ferrata (1667) als Basis für einen kleinen ägyptischen Obelisken (6. Jh. v. Chr.) verwendete. Die Inschrift am Sockel des Elefanten besagt, daß es einer großen Kraft bedürfe, um die Weisheit zu tragen.

Lage
Piazza della Minerva

Buslinien
26, 87, 94

Mit dem Bau der Kirche, die dem Dominikanerorden anvertraut ist (links neben der Kirche das Generalat, die römische Zentralverwaltung des Ordens), wurde über den Ruinen eines Tempels der Minerva im gotischen Stil begonnen (um 1280), doch wurde er erst 1453 mit Fertigstellung des Gewölbes abgeschlossen. Santa Maria sopra Minerva ist damit der einzige bedeutende gotische Komplex in Rom.

Mitten in der Stadt gelegen, in der Obhut des Predigerordens des Dominikus, zog die Kirche das römische Volk an. Die große Zahl der Grabmäler in der dreischiffigen Pfeilerbasilika sowie in den mit Gemälden geschmückten Seitenkapellen (im Fußboden und an den Wänden) bezeugt den Wert dieser Kirche im religiösen Leben der Stadt. Die bekannteste Grabkapelle ist die der Caraffa (Querhaus rechts an der Stirnwand), auch "Kapelle der Verkündigung des heiligen Thomas" genannt (Grabstätte des Kardinals Oliviero Caraffa). Sie ist wegen der Fresken des Filippo Lippi (1489) berühmt. Der Maler der Renaissance will zugleich den Ruhm der Gottesmutter und Jungfrau Maria (Verkündigung und Aufnahme in den Himmel) und den des hl. Thomas von Aquin, eines Mitglieds des Dominikanerordens, darstellen (Triumph und Szenen aus dem Leben des heiligen Thomas).

Elefanten-Obelisk

Im Hochaltar ruhen die Gebeine der heiligen Katharina von Siena (1347–1380). Sie hatte mit einer Vielzahl von Briefen die in französischem Exil in Avignon weilenden Päpste beschworen, wieder nach Rom zurückzukehren. Links vor dem Hochaltar die Statue des auferstandenen Christus mit dem Kreuz (1521), ein Werk von Michelangelo. Zu Unrecht wird dieses Standbild nicht so sehr gerühmt wie andere Werke des Künstlers. Schon zu Lebzeiten Michelangelos wurde bemängelt, der Christus sehe mehr einem jugendlichen Gott der heidnischen Antike ähnlich als dem auferstandenen Gründer des Christentums – weshalb man später auch das Lendentuch hinzufügte. Es bedarf der Ruhe, den Ausdruck der Statue zu würdigen; ins Auge springt die virtuose Formung des Marmors. So

127

Santa Maria di Monserrato

Santa Maria sopra Minerva (Forts.)

genial erschien Michelangelo anderen Künstlern, daß der Maler Sebastiano del Piombo begeistert meinte, die Knie des Christus seien mehr wert als alle Bauwerke Roms.
Im linken Nebenchor das Grabmal des Malers Fra Angelico aus dem Dominikanerorden.

Santa Maria di Monserrato (Kirche) C 6

Lage
Via di Monserrato/
Via Guilia 151

Buslinien
23, 28, 28b, 65

Etwa zur selben Zeit, als für die Deutschen die Nationalkirche → Santa Maria dell' Anima errichtet wurde, baute Antonio da Sangallo der Ältere für die Aragonesen und Katalanen eine Kirche in Rom (nach 1495). Auftraggeber war Alexander VI. aus der spanischen Familie der Borja (italienisch: Borgia), ein berühmt-berüchtigter Papst, der hier auch sein Grab gefunden hat. Seit 1875 ist Santa Maria in Monserrato (benannt nach dem berühmten Marienwallfahrtsort Montserrat bei Barcelona) die Nationalkirche der Spanier.
Beachtenswert sind in den Kapellen der Kirche die Grabmäler für die zwei Borgia-Päpste Calixtus III. und Alexander VI. sowie Marmorstatuen, darunter die Büste Kardinals Pietro Montoya von Bernini (1621).

*Santa Maria della Pace (Kirche) C 6

Lage
Via della Pace

Buslinien
26, 70, 81, 88, 90

Santa Maria della Pace zählt zu den schönsten römischen Kirchen. Papst Sixtus IV. wollte als Dank an die Madonna für den Frieden mit Mailand die hier bestehende Marienkirche umbauen (1482). Vermutlich ging der erste Auftrag an den Architekten Baccio Pontelli, der einen rechteckigen Raum schuf, an den wohl Bramante einen achteckigen Zentralbau mit Kuppel

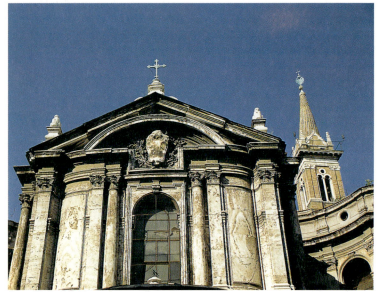

Santa Maria della Pace

Santa Maria del Popolo

Santa Maria del Popolo an der gleichnamigen Piazza unterhalb des Pincio

und Kreuzgang anfügte. Im Jahre 1656 restaurierte Pietro da Cortona die Kirche und schloß sie mit der barocken Fassade und dem halbrunden Vorraum (Pronaos) ab. Diese lebhafte Schauseite gewährt Zutritt in den aus Schiff und Oktogon bestehenden Innenraum. Dieser ist vor allem wegen der Fresken von Raffael berühmt. Darstellungen der Sibyllen (heidnische Weissagerinnen), die der Künstler 1515 malte und die später durch Propheten und Heilige (von anderen Malern) ergänzt wurden.

Lohnend ist ein Besuch des Kreuzganges mit seinen wundervollen Proportionen. Ihn hat Bramante 1504 im Auftrag des Kardinals Caraffa geschaffen.

Santa Maria della Pace (Fortsetzung)

*Santa Maria del Popolo (Kirche) D 4

Kuppel, Campanile und die würdige Renaissance-Fassade prägen das äußere Bild der Kirche Santa Maria del Popolo vor den Pinien des → Pincio. Einst habe eine Kapelle hier gestanden, weiß der Volksmund, um den bösen Geist des Nero zu vertreiben. Daraus wurde im 15. Jh. unter Papst Sixtus IV. eine Kirche, die Bramante 1505 erweiterte. Augustinermönche zogen ein. Bernini wurde später mit Restaurierungen betraut. Martin Luther, selbst Augustinermönch, weilte während seines Aufenthaltes in Rom (1510/1511) bei seinen Ordensbrüdern; der Altar, an dem er die Messe zelebrierte, wurde nach der Reformation gemieden.

Als Pfarrkirche hat der dreischiffige Raum mit seinen vielen Seitenkapellen eine große Zahl von Grabmälern aufgenommen, darunter zwei von Andrea Sasovino (im Chor) für die Kardinäle Ascanio Sforza († 1505) und Girolamo Basso della Rovere († 1507). Ebenfalls im Chor (in den Gewölben) Fresken von Pinturicchio: die Krönung Mariens, mit Evangelisten, Sibyllen und Kirchenvätern.

Lage
Piazza del Popolo

U-Bahn-Station
Linie A, Flaminio

Buslinien
1, 2, 2b, , 90, 90b, 95, 115, 202, 203, 205, 490, 492, 495

129

Santa Maria in Trastevere

Santa Maria del
Popolo (Forts.)

Besondere Beachtung verdienen auch die Seitenkapellen: die erste rechts für die Papstfamilie della Rovere, die zweite für Kardinal Cybo (von Carlo Fontana; 1682–1687), die zweite Kapelle links für die Familie Chigi (nach Plänen Raffaels; 1513–1515). Links vorn die Cappella Cesari mit zwei berühmten Tafelbildern von Caravaggio: "Bekehrung des hl. Paulus" und "Kreuzigung des hl. Petrus".

Santa Maria in Trastevere (Kirche Sankt Marien in Trastevere)   C 7

Lage
Piazza Santa
Maria in Trastevere

Buslinien
23, 28, 28b, 56,
60, 65

Santa Maria in Trastevere (dem auf dem rechten Tiberufer liegenden dichtbevölkerten Stadtteil → Trastevere) ist die älteste Marienkirche Roms. Eine Legende erzählt, sie sei über dem Platz einer Ölquelle errichtet, die schon 38 Jahre vor Christi Geburt auf die Ankunft des Erlösers hinwies. Sie ist zudem vielleicht der erste Qrt, an dem die Christen öffentlich ihren Gottesdienst feiern konnten.
Zwischen 221 und 227 unter Papst Calixtus wurde mit dem Sakralbau begonnen, unter Papst Julius I. (340) wurde er beendet, unter Papst Innozenz II. (1130–1143), der aus dem Stadtteil Trastevere stammte, erneuert, im Barock zusätzlich ausgeschmückt. Heute gehört das Bauwerk zu den schönsten und würdigsten Kirchen Roms.
Glockenturm und Fassade mit Mosaik (Maria zwischen zehn weiblichen Heiligen) und dem Portikus (Säulenvorhalle mit frühchristlichen Sarkophagen und mittelalterlicher Kunst) bestimmen das Äußere der Kirche.

Im Innern verdienen die Kosmatenarbeiten des Fußbodens (Intarsien in Marmor) sowie die kassettierte und teilweise vergoldete Holzdecke des Domenichino (1617) besondere Beachtung; daneben auch die mächtigen 22 ionischen Säulen des großen saalartigen Hauptschiffes sowie ein Tabernakel, das Mino del Reame schuf (15. Jh.) und das sich rechts vom Eingang im Mittelschiff befindet.
Ein Meisterwerk der mittelalterlichen Kunst sind die Mosaiken der Apsis. In der Halbkuppel (um 1140): Christus, Maria und Heilige über einem Lämmerfries; darunter Szenen aus dem Leben Mariens: ihre Geburt, Verkündigung, Geburt Jesu, die Heiligen Drei Könige, Darbringung Jesu im Tempel, Tod Mariens (um 1291 von Pietro Cavallini ausgeführt).
Die Mosaiken am Ausgang der Kirche sollten den Gläubigen als Hinweis auf die himmlische Herrlichkeit erscheinen, das Heilige auf "überirdischem" Goldgrund verkünden.

*Santa Maria della Vittoria (Kirche)   E 5

Lage
Via XX Settembre

U-Bahn-Stationen
Linie A,
Repubblica,
Barberini

Buslinien
60, 61, 62, 415

Bei dem Sieg, den man der Hilfe Marias zuschrieb, handelt es sich um jenen, den Kaiser Ferdinand II. am Weißen Berg bei Prag im Jahr 1620 (Dreißigjähriger Krieg) errang. Die ursprünglich dem hl. Paulus geweihte Kirche erhielt damals ein in Pilsen gefundenes, für wundertätig gehaltenes Bild, das sich heute im Hochaltar befindet, und den Namen Santa Maria della Vittoria.
Die schmucke Barockkirche des Architekten Carlo Maderno (im Auftrag des Kardinals Scipione Borghese 1608–1620 errichtet, 1990/1991 restauriert) beeindruckt durch ihre geschmackvolle Ausstattung mit farbigem Marmor, reichen Stuckarbeiten und Gemälden. Vor allem jedoch ist der Altar der hl. Theresa von Avila (vierte Seitenkapelle links) sehenswert, den Bernini 1646 im Auftrag des Kardinals Cornaro geschaffen hat: Die hl. Theresa (1515–1582), Neubegründerin des Ordens der Karmeliterinnen, Mystikerin und Schriftstellerin, ist in ekstatischer Verzückung dargestellt. Die Liebe Gottes, durch den Pfeil des schwebenden Engels symbolisiert, durchdringt die Heilige. In der Sakristei Bilder und Fahnen der Schlacht von Prag.

Santa Sabina

*Santa Prassede (Kirche)   F 6

Einer Legende zufolge wurden die beiden Töchter des Senators Pudens, Pudentiana (→ Santa Pudenziana) und Praxedis, vom hl. Petrus zum Christentum bekehrt. Die der hl. Praxedis geweihte Kirche machte verschiedene Baustufen durch. Dennoch wurde der Raumcharakter der frühchristlichen Basilika gewahrt: Ein hohes, von Säulen und Pfeilern getragenes Hauptschiff mit schmalen Seitenschiffen steigt zum Presbyterium mit Triumphbogen und Apsismosaiken (9. Jh., unter Papst Paschalis I.) empor. Die Mosaiken gehören zu den erhabensten Bildkunstwerken Roms: Sie zeigen auf dem Triumphbogen das himmlische Jerusalem, auf dem Apsisbogen das apokalyptische Lamm aus der geheimen Offenbarung des Johannes und über dem Lämmerfries in der Apsiswölbung Christus mit den Heiligen Petrus und Paulus, die die beiden heiligen Schwestern Praxedis und Pudentiana führen (daneben die Stifter Paschalis und der hl. Zeno). Der Künstler verband mit dem Ziel der Verherrlichung der Heiligen eine pädagogische Absicht: Durch die bildliche Darstellung sollten die im Mittelalter vorwiegend analphabetischen Gläubigen in der Glaubenslehre unterwiesen werden, wie dies allgemein der Zweck der religiösen Malerei war.
Ein Paradiesgärtlein, so die Bilderbücher des Mittelalters, ist die Cappella di San Zenone (am rechten Seitenschiff), von Papst Paschalis (817–824) als Grabkapelle für seine Mutter Theodora errichtet und ausgeschmückt. Die Mosaiken mit Heiligenbildern und Symbolen der Bibel bedecken alle Teile der Wände und des Gewölbes.

Lage
Via Santa Prassede

Buslinien
16, 93, 93b, 93c

*Santa Pudenziana (Kirche)   F 6

Die Legende berichtet, der hl. Petrus habe in dem Haus des Senators Pudens gewohnt und den Hausherrn sowie dessen Töchter Pudentiana und Praxedis zum Christentum bekehrt. Über diesem Haus wurde unter Papst Siricius (384–399) eine Kirche errichtet, deren mit Mosaiken geschmückte Apsis noch erhalten ist. Mehrere Restaurierungen haben den Erstbau verändert.
Beachtenswert sind an der Kirche, zu der man von der Via Urbana auf das alte Niveau hinuntersteigen muß, die Bruchstücke eines romanischen Portals und der Glockenturm sowie im Innern das Apsismosaik (Ende 4. Jh.), das von der späteren Architektur etwas eingezwängt wird. Das Mosaik zeigt Christus inmitten einer lebhaften, in der Perspektive nicht ungeschickt gestalteten, antiken Szenerie. Um Christus scharen sich Apostel und Frauen, darüber Gebäude einer Stadt, ein Kreuz und die vier zum Teil abgeschnittenen Evangelistensymbole Mensch, Löwe, Stier und Adler.

Lage
Via Urbana

Buslinien
27, 70, 71, 81

*Santa Sabina (Kirche)   D 7

Die Kirche Santa Sabina bewahrt innen wie außen die Würde einer alten frühchristlichen Basilika. Über einem Haus der römischen Christin Sabina errichtete Petrus von Illyrien (425–432) den heutigen Bau, den Papst Eugen II. im Jahre 824 mit Marmorausstattung versehen ließ. 1222 schenkte Papst Honorius III. die Kriche den Dominikanern.

Lage
Piazza Pietro d'Illiria

Buslinien
23, 57, 92, 94, 95, 716

Das Mittelportal in der Vorhalle birgt die älteste holzgeschnitzte Türe der christlichen Kunst, um 430 entstanden. Die aus afrikanischem Zedernholz gearbeiteten Reliefs, von unbekannten Künstlern mit Feingefühl und ausdrucksstarker Kraft gestaltet, zeigen Szenen aus dem Alten und Neuen Testament; von ehemals 28 Tafeln sind noch 18, wenn auch nicht in der ursprünglichen Anordnung, erhalten.

Santi Apostoli

Mittelportal der Santa Sabina: Holzrelief der Türflügel

Santa Sabina (Fortsetzung)

Leicht zu erkennen sind (von oben nach unten und von links nach rechts):
1. Reihe: Kreuzigung, Heilung des Blinden, Brotvermehrung, Hochzeit zu Kana, der ungläubige Thomas, Berufung des Moses durch den brennenden Dornbusch, Jesus vor Pilatus;
2. Reihe: Auferstehung, einige Wunder des Moses, Erscheinung Christi vor den Frauen;
3. Reihe: die Heiligen Drei Könige, Himmelfahrt, Verleugnung des Petrus, Durchgang durch das Rote Meer, Schlangenwunder;
4. Reihe: Christus zwischen Petrus und Paulus, Triumph Christi, Entrückung des Elias, Moses vor dem Pharao.

Im Innern wird das 20 m hohe Mittelschiff von 20 korinthischen Säulen aus Parischem Marmor bestimmt. Über der Eingangswand eines der ältesten Mosaiken Roms: zwei Frauengestalten, welche die "Kirche aus den Heiden" (Ecclesia ex gentibus) und die "Kirche aus den Juden" (ex circumcisione, aus der Beschneidung) symbolisieren, sowie eine Inschrift, die an die Errichtung der Kirche erinnert. Beachtenswert vorn am Chor die Marmorschranken mit Intarsienarbeiten.
Neben der Kirche befindet sich ein Konvent der Dominikaner, in dem der hl. Thomas von Aquin weilte, mit einem harmonischen, romanischen Kreuzgang.
Direkt neben der Kirche eröffnet eine breite Terrasse einen wunderschönen Blick über den Tiber hinweg nach → Trastevere, zur → Piazza Venezia und zum → Vatikan – Città del Vaticano.

*Santi Apostoli (Zwölf-Apostel-Kirche)   D/E 6

Die "Kirche der Zwölf Apostel", im → Palazzo Colonna gelegen, wurde ursprünglich den Heiligen Philippus und Jakobus geweiht und vermutlich

von Papst Pelagius I. (556–561) nach der Vertreibung der Goten aus Rom gestiftet. Von späteren Päpsten wurde sie erneuert und nach 1702 vollständig neu als letzte römische Hallenbasilika von Francesco und Carlo Fontana geschaffen. 1990 wurden umfangreiche Restaurierungsarbeiten durchgeführt. In der Vorhalle, die schräg zur Kirche verläuft, befinden sich Beispiele antiker und mittelalterlicher Kunst. Im Innenraum, der 63 m lang ist, sind u. a. die Deckenfresken (Triumph des Franziskanerordens), das Grabmal für Papst Clemens XIV., ein Meisterwerk Canovas (1787), und das Grabmal des Kardinals Pietro Riario († 1474) sehenswert.

Santi Apostoli
(Fortsetzung)

Lage
Piazza
SS. Apostoli

Linien: 56, 57, 60, 62, 64, 65, 70, 71, 75, 81, 85, 88, 90, 95, 170

Bus

*Santi Cosma e Damiano (Kirche)   E 6

Die Kirche der orientalischen Märtyrer-Ärzte Kosmas und Damian entstand im 6. Jh. durch Umwandlung eines Gebäudes vom Foro della Pace des Vespasian; daher der heutige Grundriß in Form eines einschiffigen Raumes. Im 17. Jh. wurde das Innere ausgestaltet, deshalb das barocke Interieur.
Bemerkenswert sind die Holzdecke von 1632, ein mittelalterlicher Osterleuchter in Kosmatenarbeit und vor allem die von 526–530 unter Papst Felix IV. entstandenen Mosaiken am Triumphbogen und in der Apsis. Am Triumphbogen finden sich Darstellungen aus dem biblischen Buch der Offenbarung, in der Apsis die "Übergabe des göttlichen Gesetzes": Christus in der Mitte reicht die Schriftrolle den Aposteln Petrus und Paulus; zu ihren Seiten die Kirchenpatrone Kosmas und Damian, der hl. Theodor und der Stifter Papst Felix.
Die Weihnachtskrippe in einem anliegenden Raum ist eine der größten Roms. Sie ist auch künstlerisch außerordentlich wertvoll.

Lage
Via dei Fori
Imperiali

U-Bahn-Station
Linie B, Colosseo

Buslinien
11, 27, 81, 85, 87, 88

Santi Giovanni e Paolo (Kirche)   E 7

Nach der christlichen Tradition errichteten im 5. Jh. n. Chr. der Senator Byzantius und sein Sohn Pammachius zu Ehren der römischen Märtyrer Johannes und Paulus (nicht der Apostel!) eine Basilika über einem Wohnhaus auf dem Celio-Hügel, in dem diese beiden kaiserlichen Offiziere unter Julianus Apostata hingerichtet worden waren. Um 1150 n. Chr. vollendete Kardinal Johannes von Sutri einen Umbau und erweiterte ihn um die Vorhalle, den Campanile und die Zwerggalerie der Apsis. Im Barock kamen Innenverkleidungen hinzu.
Ausgrabungen legten in diesem Jahrhundert das römische Haus unter der Kirche frei, so daß heute eine geschichtlich ununterbrochene, eindrucksvolle Linie zu sehen ist: Von dem alten römischen Wohnhaus mit seinem feinen Ziegelmauerwerk und den lebhaften Fresken (das besterhaltene Wandbild des antiken Roms: Venus mit einem Gott), den antiken Säulen und den beiden Löwen der Vorhalle, über die Bauten des Mittelalters mit den Marmorsäulen und dem Glockenturm, der über den Mauern des großen Claudius-Tempels auf dem Celius-Hügel steht, bis zum Bau der heutigen Basilika.

Lage
Piazza dei Santi
Giovanni e Paolo

Buslinien
11, 15, 27, 118, 673

Straßenbahnlinien
13, 30, 30b

Santi Quattro Coronati (Kirche)   F 7

Bereits im 4. Jh. wurde eine erste Kirche zu Ehren von vier Märtyrern errichtet: Der Legende nach waren es vier römische Soldaten, die sich weigerten, die Statue des Äskulap zu verehren; nach einer anderen Version handelte es sich um Bildhauer aus Pannonien (deshalb wird die Kirche

Lage
Via dei Santi
Quattro Coronati

Santo Stefano Rotondo

Santi Quattro Coronati (Forts.)

Buslinien
15, 81, 85, 87, 88, 118, 673

Straßenbahn-linien
13, 30, 30b

gern von Steinmetzen besucht), die ein Götterbild nicht meißeln wollten. Es heißt, daß den Märtyrern eine spitze Eisenkrone ins Haupt geschlagen wurde, daher der Name "die Gekrönten" ("quattro coronati").
Der heutige Bau stammt aus der Zeit Papst Paschalis' II. (um 1100), nachdem ein Vorgängerbau 1084 durch die Normannen zerstört worden war.

Besonders sehenswert sind:
Langhaus und Apsis der Basilika mit dem hoch aufragenden Campanile; die Kapelle des heiligen Sylvester (Schlüssel beim Pförtner des Konvents erfragen) mit historisch bedeutenden Darstellungen der Konstantinslegende aus dem 13. Jh., die Bezug auf die Auseinandersetzung zwischen Kaiser und Papst im Mittelalter nehmen (u.a. "Konstantinische Schenkung") sowie Fresken der "Entdeckung des hl. Kreuzes durch die Kaiserin Helena";
die Krypta sowie der berühmte Kreuzgang, dessen Bogengänge Anfang des 13. Jh.s entstanden.

Santo Stefano Rotondo (Kirche)   F 7

Lage
Via di Santo Stefano Rotondo

Buslinien
85, 88, 673

Die Kirche Santo Stefano Rotondo gehörte zu den architektonisch bedeutenden Kirchen Roms. Leider hat ihr Verfall die großartige Konzeption eines griechischen Kreuzes im Rundbau aus dem 5. und 7. Jh. n. Chr. (Papst Simplicius und Papst Hadrian I.) gemindert. Neben dem Erzmärtyrer Stephanus (Fest am 2. Weihnachtstag) wird auch der hl. Stephanus, König von Ungarn, hier verehrt.
Die Kirche Santo Stefano Rotondo wäre einer gründlichen Renovierung wert, mit der zwar begonnen worden ist, die jedoch nur schleppend vorankommt.

Scala Santa (Kirche der Heiligen Treppe)   G 7

Lage
Piazza San Giovanni in Laterano

U-Bahn-Station
Linie A, San Giovanni

Buslinien
16, 85, 87, 88, 93, 218, 650, 673

Schräg gegenüber der Hauptfassade von → San Giovanni in Laterano liegt die Kirche der Scala Santa, die an der Stelle des Speisesaals (Triclinium) des Lateran-Palastes (→ Palazzo Lateran) steht. Sie enthält die päpstliche Privatkapelle des Palastes (Capella Sancta Sanctorium, mit Mosaiken aus dem 13. Jh.) und die Heilige Treppe, 28 (heute mit Holz verkleidete) Marmorstufen, die nach der Überlieferung aus dem Palast des Pilatus zu Jerusalem stammen und von der hl. Helena im 4. Jh. nach Rom gebracht wurden.
Der Brauch will es, daß die Gläubigen in Erinnerung an das Leiden Christi auf Knien die Heilige Treppe hinaufsteigen.

Spanische Treppe

→ Piazza di Spagna

---

*Teatro di Marcello (Marcellus-Theater)   D 6

Lage
Via del Teatro di Marcello

Von Griechenland her kannten die Römer halbrunde Theater, die in einen Bergabhang hineingebaut waren und somit aufwendige Stützbauten für die Ränge der Zuschauer überflüssig machten. Solche Theater hätte man auch im alten Rom anlegen können; Hügel gab es genug.
Imperiales Machtgefühl, künstlerischer Stolz und technisches Können bewogen jedoch schon Pompejus (55 v. Chr.) dazu, einen freien Theater-

Teatro di Marcello

Teatro di Marcello (links) und Apollo-Tempel des Sosianus

bau zu errichten. Augustus tat es ihm mit dem Theater für seinen Neffen und Schwiegersohn Marcellus (prädestinierter, doch zu früh verstorbener Nachfolger) gleich. An der Seite, wo sich sonst der Berghang befand, errichtete man eine mächtige Arkadenkonstruktion.

Der Bau wurde nach Plänen Caesars im Jahre 13 begonnen und schon zwei Jahre später abgeschlossen. Der Ordnung von Bühne und Zuschauerrängen (rund 15 000 Plätze) im Innern mußten die Außenfassaden entsprechen. Sie wirken noch heute eindrucksvoll, obwohl das Theater im Mittelalter den Familien der Fabi, Savelli und Orsini als Festung und Wohnbau diente.

Im 16. Jh. ließen die Savelli von Baldassare Peruzzi über den Theaterruinen einen neuen Palast anlegen; heute Luxuswohnungen. Die Form des Baues blieb erhalten. Die 1989 begonnene Restaurierung des Theaters wird voraussichtlich bis Mitte der neunziger Jahre andauern.

Vor dem Marcellus-Theater stehen rechts auf einem hohen Podest drei Ecksäulen vom Apollo-Tempel des Sosianus. Er wurde 435–433 v. Chr. errichtet, 179 v. Chr. restauriert und dem Gott Apollo geweiht, schließlich 32 v. Chr. von dem Konsul Sosianus (daher der Name) gänzlich neu gestaltet.

In südöstlicher Richtung vom Marcellus-Theater schloß sich während der Antike ein Gemüsemarkt (Foro Oblitorio) an, der die Verbindung zum Rindermarkt (Forum Boarium) an der heutigen → Piazza Bocca della Verità herstellte.

Buslinien
15, 23, 57, 90, 90b, 92, 94, 96, 716, 774

Apollo-Tempel des Sosianus

Tempietto di Bramante

→ San Pietro in Montorio

Terme di Caracalla

*Terme di Caracalla (Caracalla-Thermen)   E 8

Lage
Via delle Terme di
Caracalla

U-Bahn-Station
Linie B, Circo
Massimo

Buslinien
11, 27, 90, 90b,
94, 118, 673

Öffnungszeiten
Di.–Sa. 9.00 bis
eine Stunde vor
Sonnenuntergang,
Mo., So.
9.00–14.00

Die Thermen, die im Süden der Stadt unter Kaiser Septimius Severus 206 n. Chr. begonnen und von Caracalla 216 n. Chr. eröffnet wurden, dienten nicht allein dem Bad. "Freizeitzentrum" würde man sie heute nennen, in dem die Römer neben dem Bad (heiß, kalt, Schwimmbecken, trockenes und feuchtes Schwitzbad) auch Gymnastik und Sport trieben, ebenso in angenehmen Räumen das gesellschaftliche Leben pflegen, in Gärten spazieren, in Versammlungsräumen Vorträgen lauschen oder in Bibliotheken ihre Bildung vervollständigen konnten. Wer nachher sein Haar pflegen lassen wollte, fand seine Wünsche ebenso befriedigt wie jener, der noch rasch etwas einzukaufen beabsichtigte.

Diesen verschiedenen Bedürfnissen wurde in architektonisch überwältigender Weise auf einer Fläche von 330 m im Quadrat Rechnung getragen: Riesige Hallen mit mächtigen Pfeilern und Säulen, Kuppeln und Halbkuppeln, Tonnen- und Kreuzgewölben nahmen etwa 1 500 Menschen gleichzeitig zum Baden und Spielen auf. Marmor, Mosaiken und Fresken schmückten Fußböden und Wände. Nirgendwo sonst als in den römischen Thermen wurden dem luxuriösen Freizeitvergnügen solche Bauten errichtet. Selbst die Ruinen zeugen noch davon.

Terme di Diocleziano (Diokletian-Thermen)   F 5

Lage
Piazza dei Cinquecento, Piazza
Esedra

U-Bahn-Station
Linie A,
Repubblica,
Termini

Buslinien
3, 4, 16, 36, 37,
38, 57, 60, 61, 62,
62, 63, 64, 65,
170, 319, 910

Kaiser Diokletian wollte, wie sein Vorgänger Caracalla im Süden Roms, für den nördlichen Bezirk der Hauptstadt Thermen einrichten, die den vielfältigen Bedürfnissen der Römer Rechnung trugen. (Die Zweckbestimmung der Thermen → Terme di Caracalla). Mit seinen Maßen von 356×316 m Seitenlänge übertraf der Komplex des Diokletian (298–305 n. Chr. errichtet) den des Caracalla. Wie weitläufig die gesamte Anlage ist, merkt man, wenn man die heute noch erhaltenen, zum Teil neuen Zwecken zugeführten, weit voneinander entfernt liegenden Bauwerke aufsicht: Das Museo Nazionale Romano o delle Terme (Römisches National- oder Thermen-Museum) mit einer Sammlung griechischer und römischer Kunstwerke; die von Michelangelo zur Kirche Santa Maria degli Angeli umgebauten Gewölbe; den Rundbau der Kirche San Bernardo; das Planetarium; die Piazza Esedra (ehemalige Exedra der Thermen); die Kreuzgänge und Klostergänge eines Kartäuserkonvents.

Die Thermen konnten nicht mehr benutzt werden, als 536 n. Chr. die Wasserleitung der Acqua Marcia unterbrochen wurde. Die Anlage verfiel.

**Museo Nazionale Romano o delle Terme (Thermen-Museum)

Lage
Viale delle Terme

U-Bahn-Station
Linie A,
Repubblica,
Termini

Buslinien
3, 4, 16, 36, 38,
57, 60, 61, 62, 64,
65, 170, 319, 910

In einem Teil der ehemaligen Diokletian-Thermen befindet sich die nach dem Vatikanischen Museum (→ Vatikan – Musei Vaticani) bedeutendste Sammlung antiker Kunstwerke Roms.

Zu den beachtenswerten Werken gehören:
Sarkophage aus der vorchristlichen und christlichen Zeit; Statuen aus griechischer, hellenistischer und römischer Periode, u. a. der Apoll, die Nereide, die junge Tänzerin, der Diskuswerfer aus Castel Porziano, die verwundete Niobe aus den Gärten des Sallust (5. Jh. v. Chr.), die Venus von Cyrene (4. Jh. v. Chr.) der Ephebe von Subiaco (3. Jh. v. Chr.), ein besiegter Faustkämpfer (3. Jh. v. Chr.), das Mädchen von Anzio, der Diskuswerfer Lancellotti (ausgezeichnete Kopie des Myron-Werkes), der Altar aus Ostia.

In der ebenfalls im Thermen-Museum befindlichen Sammlung Ludovisi verdienen der sogenannte Ludovisische Thron (5. Jh. v. Chr.) besondere

Terme di Diocleziano

Thermen-Museum: Innenhof

Erwähnung, die Statuen des Galaters, des Ares, der Athena Parthenos (Kopie der Phidias-Statue für den Parthenon), der Juno sowie die Statuen von Orest und Elektra.
In dem 1565 vollendeten, mit einem Brunnen geschmückten Großen Kreuzgang (Grande Chiostro) befinden sich Marmorskulpturen, Architekturstücke, Mosaiken und Inschriften.
Ferner enthält das Museum im 1. Stock eine Sammlung von Mosaiken, Stuckarbeiten und Fresken sowie von antiken Wandmalereien aus der Villa der Livia in Prima Porta.

Thermen-Museum (Fortsetzung)

Di.–Sa. 9.00–13.30, So. 9.00–13.00
(Wegen Restaurierungsarbeiten können derzeit nur Teile der Sammlungen besichtigt werden)

Öffnungszeiten

San Bernardo alle Terme (Kirche)

Im westlichen Rundbau der Diokletian-Thermen wurde Ende des 16. Jh.s die Kirche San Bernardo alle Terme errichtet. Die Kuppel des Gebäudes ähnelt der des Pantheons, allerdings ist sie nur halb so groß (22 m gegenüber 43,20 m).

Lage
Piazza di San Bernardo

Linie A, Repubblica

U-Bahn-Station

Santa Maria degli Angeli (Kirche)

Der Mittelkomplex der in Jahrhunderten verfallenen Thermen des Diokletian wurde dadurch gerettet, daß im 16. Jh. hier eine der Maria und den ihr dienenden Erzengeln geweihte Kirche errichtet wurde. Michelangelo entwarf den Neubau, der die Konstruktion der Antike, vor allem die Halle des

Lage
Piazza della Repubblica
(Piazza Esedra)

Tivoli

Terme di Diocle-
ziano, Santa Maria
degli Angeli
(Fortsetzung)

U-Bahn-Station
Linie A,
Repubblica

Buslinien
57, 60, 61, 62, 65,
75, 415, 910

ehemaligen Tepidariums (90 m lang, 27 m breit und 30 m hoch), aufnahm
und architektonisch vollendete. Das Tepidarium wurde in den Grundriß
eines griechischen Kreuzes (Längs- und Querschiff gleich lang) einbezogen, an das sich Kapellen anschlossen. Um die Kirche trocken zu halten,
mußte der Fußboden um zwei Meter erhöht werden, so daß die Basen der
antiken Säulen verschwanden. Nach dem Tod Michelangelos wurde der
Bau weitergeführt, mehrfach erneuert und ausgestattet.

In der Kirche sind viele berühmte Männer des öffentlichen Lebens begraben. Die italienische Republik benutzt Santa Maria degli Angeli als Stätte
für feierliche Staatsgottesdienste.

Fontana delle Naiadi (Najadenbrunnen)

Lage
Piazza della
Repubblica

Der Najadenbrunnen auf der Piazza della Repubblica, nach der an dieser
Stelle befindlichen Exedra der Diokletians-Thermen auch Piazza Esedra
genannt, stellt vier Gruppen weiblicher Figuren dar, die mit Meerestieren
spielen, in ihrer Mitte der "über die widrigen Naturkräfte siegende Mensch"
(1885–1914 errichtet).

Thermen-Museum

→ Terme di Diocleziano

*Tivoli

Lage
31 km östlich von
Rom

Buslinien
von der Via Gaeta
(Stazione Termini)
Busse nach Tivoli

Tivoli, das alte römische Tibur an der Via Tiburtina, ist heute eine Stadt mit
52 000 Einwohnern. In der Kaiserzeit war es ein beliebter Sommersitz der
römischen Großen (Kaiser Augustus, Maecenas u.a.).
Besucht wird Tivoli vor allem wegen der Villa d' Este und der etwas entfernt
gelegenen Villa Adriana. Sehenswert sind ferner die Villa Gregoriana mit
ihrem eindrucksvollen Park sowie der Tempio di Vesta, ein aus dem
2. Jh. v. Chr. stammender runder Tempel mit korinthischen Säulen.

Villa d' Este

Öffnungszeiten
Di.–So. 9.00 bis
eine Stunde vor
Sonnenuntergang

Im Sommer:
'Ton und Licht'

Die Villa d' Este, Gebäude und Park für die Familie der Este aus Ferrara, gilt
als die "Königin der Villen". Im 16. Jh. wurde für den Kardinal Ippolito
d' Este eine Anlage geschaffen (Architekt: Pirro Ligorio), in der sich die
natürliche Gestalt der Landschaft (an einem Hügelabhang), das Spiel des
Wassers und die architektonischen Formen der Bauten harmonisch und
erfrischend verbinden. Luigi und Alessandro d' Este vollendeten die Villa
zu Beginn des 17. Jahrhunderts. Später gelangte sie in den Besitz des
Hauses Habsburg, 1918 wurde sie vom italienischen Staat übernommen.
Vom Palast gelangt man über Terrassen und zahlreiche Treppen in den
parkähnlichen Garten, in dem Hunderte von Fontänen, Brunnen und Was-
serbecken das Wasser aufnehmen, sammeln, weitergeben und empor-
schleudern. Ein beständiges Rieseln und Rauschen erfüllt die Luft. Fontänen und Brunnen, von den Baumeistern in spielerischen Formen gestaltet, haben nur ein Ziel: Das Auge und die Sinne zu erfreuen.

Villa Adriana (Villa des Hadrian)

Von der Pracht der Kaiserzeit, von imperialer Größe vermittelt die Villa des
Hadrian mit ihren mächtigen Ruinen einen überwältigenden Eindruck. In

Tomba di Cecilia Metella

Roma

Wasserspiele in der Villa d'Este

der ausgedehnten Anlage (0,75 km²), rund 5 km südwestlich von Tivoli gelegen, ließ Kaiser Hadrian in kleinerem Maßstab die Orte und Bauwerke kopieren, die ihn bei seinen ausgedehnten Reisen durch das Römische Reich besonders beeindruckt hatten, u. a. das Tempe-Tal von Thessalien, ein Kanal des von Strabo vielgerühmten Kanopus-Tales bei der ägyptischen Stadt Alexandria und die Akademie zu Athen. Zugleich war hier alles Notwendige für eine angemessene Führung des kaiserlichen Hofes vorhanden. Heute führt ein Rundgang an den Nachbildungen dieser fremden Stätten und an den Bauten für die kaiserliche Sommerresidenz vorbei. Hervorzuheben sind: Das Griechische Theater (am Eingang); der Gartensaal eines kleinen Palastes mit der für die Hadrian-Zeit typischen bewegten Architektur (konvexe und konkave Linien); die Piazza d' Oro (Goldener Platz), die von 60 Säulen umgeben war; das sogenannte Teatro Marittimo (Seetheater); eine kleine Villa mit marmornem Säulengang und der "Insel der Einsamkeit"; kleine und große Thermen; der Kanopus, eine über 240 m langgestreckte Anlage im Freien mit einem Serapis-Tempel und Akademie; das Stadion; die Kaserne der Wachen; die Bibliothek für griechische und lateinische Autoren; der eigentliche Kaiserpalast.
In einem Gebäude am Eingang bietet ein Modell der Anlage dem Besucher eine Gesamtübersicht.

Tivoli,
Villa Adriana
(Fortsetzung)

Öffnungszeiten
Di.–So. 9.00 bis
eine Stunde vor
Sonnenuntergang

*Tomba di Cecilia Metella (Grabmal)

Das weithin sichtbare Grab der Caecilia Metella und ihres Mannes Crassus, eines der berühmtesten Denkmäler des antiken Roms, liegt eindrucksvoll inmitten des malerischen Rahmens der Via Appia Antica.
Den rund 11 m hohen, mit Travertin verkleideten zylindrischen Bau von 20 m Durchmesser ließ die berühmte Familie der Metelli im 1. Jh. v. Chr. errichten. Cecilia war die Tochter des Generals Quintus Metellus Cretius

Lage
Via Appia Antica

Buslinie
118

139

Torre delle Milizie

Skulpturenreste an der Außenmauer... ...des Grabmals der Cecilia Metella

Tombe di Cecilia Metella (Forts.)

Öffnungszeiten
Di.–So.
9.30–15.30

(Eroberer von Kreta), ihr Mann Crassus der Sohn des Crassus, der mit Caesar und Pompejus ein Triumvirat bildete. Den Sarkophag der Cecilia Metella kann man heute im Hof des → Palazzo Farnese besichtigen.
Im Jahre 1302 bezogen die Caetani den Grabbau der Metella in ihre bereits im 11. Jh. erbaute Festung mit ein und versahen das Grabmal mit einem Zinnenkranz. Die Festungsanlage, die sich einst auf beiden Seiten der Via Appia erstreckte, sicherte den strategisch wichtigen südlichen Eingang der Stadt.

Torre delle Milizie (Geschlechtertum)   E 6

Lage
Via Quattro Novembre

Buslinien
46, 56, 57, 60, 62, 64, 65, 70, 71, 75, 81, 88, 90, 95, 170

Die Torre delle Milizie ist einer der ältesten und mächtigsten Geschlechtertürme Italiens, der größte Roms. Der Volksmund meint, Kaiser Augustus sei unter der Torre delle Milizie begraben und Nero habe von seiner Spitze aus den Brand Roms besungen.
Als Wehrturm von Papst Gregor IX. (13. Jh.) errichtet, benannt vermutlich nach einer in der Nähe liegenden Kaserne byzantinischer Milizen, gehörte er nacheinander verschiedenen Adelsfamilien, die ihn für ihre endlosen Fehden benötigten. Der deutsche König Heinrich VII. erkämpfte sich 1312 von hier aus seine Kaiserkrönung gegen den stadtrömischen Adel. Schon früh neigte sich der Turm, so daß auch Rom einen "schiefen Turm" hat. Von oben genießt man eine herrliche Aussicht über die Innenstadt mit dem antiken Rom.

Trajanssäule

→ Foro di Trajano

Vatikan – Città del Vaticano

Trastevere C/D 6–8

Trastevere, das römische Stadtviertel jenseits des Tibers (trans Tiberim) hat noch ganz den Charakter des alten Rom bewahrt: schmale Gassen, winklige Straßenzüge, kleine Plätze und ehrwürdige Kirchen, wie zum Beispiel die Kirche → Santa Maria in Trastevere.
Die Einwohner von Trastevere rühmen sich, ihr Bezirk sei älter als Rom. Besonders am Abend entfaltet sich ein lebhaftes Treiben entlang der Viale Trastevere bis hinein in die Gassen und Plätze, wo der Reisende zwischen römischer Küche einer einfachen Trattoria, familiär gebliebenen Kneipen aber auch Spitzenrestaurants wie Alberto Ciarlas Gourmettempel wählen kann.

Buslinien
26, 28, 44, 56, 60, 75, 97, 170, 710, 718, 719

Bei einem abendlichen Besuch in einer der vielen Trattorien von Trastevere sollte man Dieben möglichst wenig Gelegenheit geben, ihr Handwerk auszuüben.

Hinweis

Città del Vaticano (Vatikanstadt) A/B 5/6

Das weite Gebiet des Kirchenstaates in Mittelitalien, das den Päpsten von dem fränkischen König Pippin geschenkt worden war, wurde 1870 dem italienischen Königreich einverleibt.
Der Papst fühlte sich beraubt und betrachtete sich als Gefangener im Vatikan. Mussolini schloß 1929 mit dem Heiligen Stuhl den Lateran-Vertrag, in dem den Päpsten die volle Souveränität als Staatsoberhaupt in einem Staatsgebiet zugesichert wird.

Allgemeines

Linie A, Station Ottaviano

U-Bahn-Station

Linien: 23, 34, 41, 42, 46, 49, 62, 64, 65, 98, 492, 881, 907, 991

Bus

Linien: 19, 30

Straßenbahn

Der kleinste Staat der Welt, der Stato della Città del Vaticano (Staat der Vatikanstadt), mit einer Größe von 0,44 km² und etwa 400 Einwohnern, umfaßt im wesentlichen den Vatikan mit Palast, Gärten, Peterskirche und Petersplatz und ist zum größten Teil von der vatikanischen Mauer umgeben. Vor dem Petersplatz bezeichnet ein weißer Strich die Staatsgrenze. (Im Zweiten Weltkrieg war während der deutschen Besatzungszeit diese Linie nicht unwichtig).
Der Papst (Heiliger Vater; seit 1978 der Pole Karol Wojtyla als Johannes Paul II.), das Oberhaupt der römisch-katholischen Kirche (etwa 825 Mio. Gläubige), ist Inhaber der gesetzgebenden, vollziehenden und richterlichen Gewalt und wird in auswärtigen Angelegenheiten vom Kardinalstaatssekretär vertreten, während an der Spitze der Verwaltung des Staates ein nur dem Papst verantwortliches Governatorat steht.
Die päpstliche Wache besteht nach der 1970 erfolgten Auflösung der Nobelgarde und der Palatingarde und der 1971 aufgelösten Gendarmerie aus dem Polizeikorps "Vigilanza" (schlichte Uniformen ohne Rangabzeichen) und der Schweizer Garde. In die Schweizer Garde werden nur katholische Bürger der Schweiz (Alter 19–25 Jahre, ledig, Mindestgröße seit 1987 1,78 m, Dienstzeit 2 bis 20 Jahre) aufgenommen. Sie umfaßt seit dem päpstlichen Dekret vom 5. 4. 1979 genau 100 Mann (4 Offiziere, 1 Kaplan, 23 Unteroffiziere, 70 Hellebardiere und 2 Tambouren) und trägt Renaissance-Uniformen in den Farben der Medici-Päpste (→ Abb. S. 144).
Der Vatikan hat eigene Münzhoheit (1 vatikan. Lira = 1 ital. Lira), eine eigene Post (Briefmarken sind in ganz Rom gültig), Telefon, Telegraf, eigene Zeitschriften und Zeitungen (v. a. "Osservatore Romano", Auflage rund 60 000 – 70 000; auch gesondert redigierte deutsche Wochenausgabe).

Stato della Città del Vaticano

Staatsflagge des Vatikan

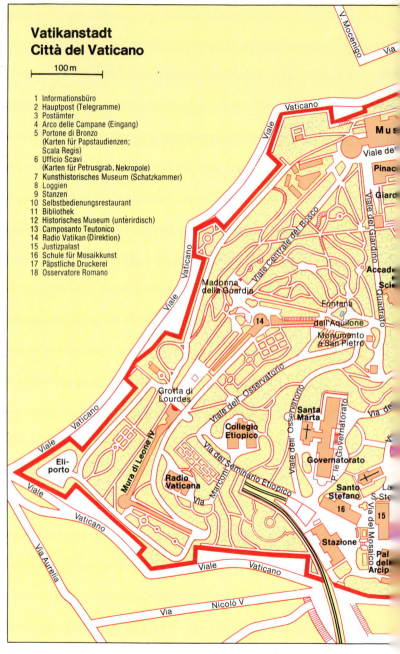

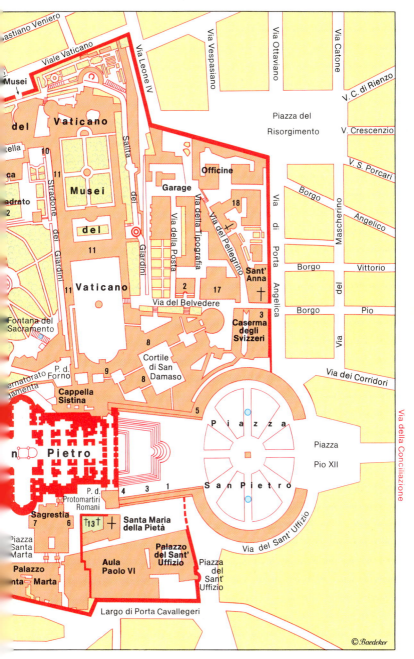

Vatikan – Città del Vaticano

Vatikanstadt: Blick von der Kuppel der Peterskirche zum Governatoratspalast

Päpstliche Wache: Schweizer Garde... ...und Vigilanza

Vatikan – Musei Vaticani

Er besitzt außerdem eine eigene Rundfunkstation (Radio Vaticana; Sendungen auf MW und KW in ca. 35 Sprachen in rund 170 Ländern), einen Wagenpark von etwa 100 Fahrzeugen (amtl. Kennzeichen SCV bzw. CV für in der Vatikanstadt Wohnhafte) sowie einen eigenen Bahnhof und Hubschrauberplatz.

Die Flagge des Vatikans ist Gelb, Weiß, senkrecht gespalten, und enthält im weißen Feld als Wappen zwei gekreuzte Schlüssel unter der päpstlichen dreifachen Krone (Tiara, ⟶ Abb. S. 141).

Der außervatikanische Besitz des Heiligen Stuhles, zu dem u. a. ⟶ San Paolo fuori le Mura, ⟶ San Giovanni in Laterano und ⟶ Santa Maria Maggiore, die päpstlichen Verwaltungsgebäude sowie der Sommerpalast in ⟶ Castel Gandolfo gehören, genießt Exterritorialität und ist den italienischen Gesetzen nicht unterworfen.

Das Gelände des Vatikans darf außerhalb der erlaubten Zonen (Peterskirche, Museen, Camposanto Teutonico u. a.) nur mit besonderer Genehmigung betreten werden. Um eine päpstliche Audienz zu erhalten oder die Erlaubnis, an einer der feierlichen religiösen Zeremonien teilzunehmen, wende man sich schriftlich an den Prefetto della Casa Pontificia (Città del Vaticano, Tel. 4876).

Stato della Città del Vaticano (Fortsetzung)

Musei Vaticani (Vatikanische Museen)   **B 5**

Die Vatikanischen Museen, die einen großen Teil der ⟶ Palazzi Vaticani (Vatikanische Paläste) an der Viale Vaticano (dort auch der Eingang) einnehmen, gehören zu den bedeutendsten Kunstsammlungen der Welt.

Seit 1506, als Papst Julius II., den Idealen der Renaissance folgend, alte Kunstwerke zu sammeln begann, entstanden die Museen. Kunstschätze aus dem Gebiet des Kirchenstaates wurden hierhergebracht und Geschenke für den Papst ausgestellt; ebenso fanden interessante Gegenstände aus der Arbeit der katholischen Kirche Aufnahme.

Zu diesen Sammlungen kommen Werke, die für den Vatikanischen Palast geschaffen wurden, etwa die Gemälde in der Sixtinischen Kapelle oder die in den Stanzen des Raffael. Vier in unterschiedlichen Farben markierte Rundgänge (A, B, C, D, nach Besichtigungsumfang und Zeitdauer gestaffelt; Einbahnrichtung!) führen durch die Museen (das Tragen von langen Hosen und schulterbedeckenden Oberteilen ist obligatorisch).

Mo.–Sa. 9.00–14.00, Eintritt bis 13.00 (Juli–September und Ostern 9.00–17.00, Eintritt bis 16.00); am letzten So. des Monats 9.00–13.00 (kostenloser Eintritt und daher entsprechend voll).

U-Bahn-Station
Linie A, Ottaviano

Buslinien
23, 32, 49, 51, 64, 81, 492, 907, 990, 991, 994; Pendelverkehr ab Petersplatz Südseite

Straßenbahnlinien
19, 30

Öffnungszeiten

✳✳Pinacoteca (Pinakothek)

Die Vatikanische Pinakothek, von Pius VI. gegründet, von Napoleon wertvoller Gemälde beraubt, enthält in 16 Sälen Gemälde vom Mittelalter bis heute (in chronologischer Reihenfolge geordnet), die einen guten Überblick über die Entwicklung der abendländischen Malerei geben.

Hervorzuheben sind:

Saal I: Byzantinische, sienesische, umbrische und toskanische Werke des Mittelalters, darunter ein liturgisches Gewand (Pluviale) Bonifaz' VIII. (13. Jh.);

Saal II: Triptychon des Kardinals Stefaneschi von Giotto;

Saal III: "Madonna" und "Nikolaus von Bari" von Fra Angelico sowie ein Triptychon von Filippo Lippi;

Saal V: "Pietà" von Lukas Cranach d. Ä.;

Saal VII: "Marienkrönung" von Pinturicchio und "Madonna" von Perugino;

Saal VIII: Wandteppiche nach Entwürfen von Raffael sowie die berühmte "Verklärung Christi" (1517, das letzte Gemälde des Künstlers) und die "Madonna von Foligno" von Raffael (1512–1513);

145

Vatikan – Musei Vaticani

Vatikanische Museen
Musei Vaticani

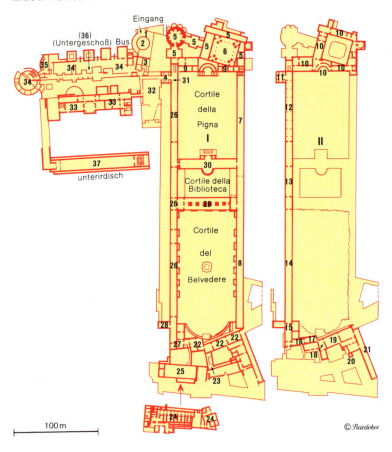

1 Fahrstuhl
2 Treppe
3 Vorhalle
  (Kassen, Auskunft)
4 Atrio dei Quattro Cancelli
5 Museo Pio-Clementino
6 Cortile Ottagono
7 Museo Chiaramonti
8 Galleria Lapidaria
9 Ägyptisches Museum
  (Museo Gregoriano Egizio)
10 Etruskisches Museum
   (Museo Gregoriano Etrusco)
11 Sala della Biga
12 Galleria dei Candelabri
13 Galleria degli Arazzi
14 Galleria delle Carte Geografiche
15 Kapelle Pius V.
16 Sala Sobieski
17 Sala dell' Immacolata
18 Kapelle Urban VIII.
19 Stanzen des Raffael
20 Kapelle Nikolaus V.
   (Beato Angelico)
21 Loggien
22 Appartamento Borgia
23 Salette Borgia
24 Museum für moderne sakrale
   Kunst (Collezione d'Arte
   Religiosa Moderna)
25 Sixtinische Kapelle
26 Vatikanische Bibliothek
27 Museo Sacro della Biblioteca
28 Sala delle Nozze Aldobrandine
29 Salone Sistino
30 Braccio Nuovo
31 Museo Profano della Biblioteca
32 Cortile della Pinacoteca
33 Gemäldegalerie
   (Pinacoteca)
34 Museo Gregoriano Profano
35 Museo Pio Cristiano
36 Museo Missionario Etnologico
37 Kutschen- und Oldtimer-Museum
   (Museo delle Carrozze)

146

Vatikan – Musei Vaticani

Saal IX: Der "hl. Hieronymus", unvollendetes Werk von Leonardo da Vinci;   Pinacoteca
Saal X: Madonna von Tizian;   (Fortsetzung)
Saal XII: "Grablegung" von Caravaggio;
Saal XIV: Niederländische und flämische Meister: Rubens-Schule;
Saal XV: Papstbildnisse.

Museo Gregoriano Egizio (Ägyptisches Museum)

Das am Cortile della Piugna gelegene Ägyptische Museum, das von Gregor XVI. neu gegründet wurde (die erste Sammlung war von Papst Pius VII. zusammengestellt worden), enthält eine kleine gediegene Kollektion von Kunstwerken der ägyptischen Dynastien vom 3. Jt. bis zum 6. Jh. v. Chr.: Basalt- und Holzsarkophage, Köpfe von Götterstatuen und Pharaonen, Mumienköpfe und Stelen, Köpfe und Statuen von Göttern und Tieren sowie ägyptische Papyri.

✱Museo Pio Clementino

Die Vatikanischen Museen besitzen die umfangreichste antike Skulpturen-Sammlung der Welt. Die Päpste Clemens XIV. (1769–1774) und Pius VI. (1775–1799) ordneten die systematische Aufstellung der Werke an, die zum größten Teil in Rom und Umgebung gefunden wurden.
Hervorzuheben sind:
In der Sala a Croce Greca: Die Porphyrsarkophage der Konstanze (Tochter Konstantins, † 354) und der hl. Helena (Mutter Konstantins, † 329), reich mit Figuren und Symbolen geschmückt (→ Abb. S. 199);
in der Sala Rotonda: Zeus von Otricioli, Kopie nach einem Werk des Bryaxis (4. Jh. v. Chr.);
in der Sala delle Muse: Belvedere-Torso, ein Werk des Apollonius aus

Vatikanische Gärten und Museen (rechts)

Vatikan – Musei Vaticani

Museo Pio Clementino (Forts.)

Athen (1. Jh. v. Chr.), das für seine hervorragende Darstellung der Anatomie von Michelangelo bewundert wurde; Statuen des Apoll und der Musen nach griechischen Originalen des 3. Jh.s v. Chr.;

in der Sala degli Animali: Viele realistische Tierstatuen aus Marmor oder Alabaster, außerdem die Statue des Meleagros mit Hund und Wildschweinkopf (römische Kopie des griechischen Originals aus dem 4. Jh. v. Chr.), Minotaurus-Büste (römische Kopie des griechischen Originals aus dem 5. Jh. v. Chr.);

in der Galleria delle Statue: Apollon Sauroktonos (Apoll mit der Eidechse, römische Kopie eines Bronzeoriginals des Praxiteles, 4. Jh. v. Chr.), die Skulptur der schlafenden Ariadne (römische Kopie eines hellenistischen Originals aus dem 2. Jh.), die Candelabri Barberini, die schönsten Kandelaber der Antike aus der Villa Adriana bei Tivoli;

im Gabinetto delle Maschere (Maskenkabinett): Mosaikfußboden mit Theatermasken aus der Villa Adriana in → Tivoli, Venus von Knidos, Aphrodite des Praxiteles (4. Jh. v. Chr.; Kopie);

in der Galleria dei Busti: Lünetten mit Fresken von Pinturicchio; Statue des Jupiter Verospi;

im Belvedere-Hof: Die berühmtesten Statuen des Vatikans: Apoll von Belvedere (römische Kopie nach einem bronzenen Original des Leochares, um 330 v. Chr.; im 15. Jh. entdeckt und von Julius II. im Belvedere aufgestellt), Perseus von Antonio Canova, Hermes ('Antinoos von Belvedere', Kopie eines Qriginals des Praxiteles, 4. Jh. v. Chr.) aus der Hadrianszeit und vor allem die Laokoon-Gruppe, 1506 im Beisein Michelangelos aufgefunden, die den trojanischen Priester mit seinen Söhnen im Kampf auf Leben und Tod mit zwei mächtigen Schlangen zeigt (der griechischen Sage nach von der Göttin Athene gesandt), ein Meisterwerk des Hellenismus;

im Gabinetto del Apoxyomenos: "Athlet Apoxyomenos", Kopie einer berühmten Bronzestatue des Lysippos, 4. Jh. v. Chr. (1849 in Trastevere gefunden).

✳Museo Chiaramonti

Von Papst Pius VII. (1800–1823) aus der Familie Chiaramonti gegründet, enthält das Museum Chiaramonti in einer langen, zum päpstlichen Palast hinführenden Galerie auf jeder Seite zahlreiche Werke der griechischen und römischen Kunst, die in ihrem Wert jedoch unterschiedlich sind.

Auch die Galleria Lapidaria (nicht zugänglich) und der Braccio Nuovo, der Verbindungstrakt zwischen den langen Flügeln, die den Eingang der Museen mit den Palazzi Vaticani verbinden, beherbergen Werke griechischer und römischer Bildhauerkunst.

Beachtenswert sind im Braccio Nuovo die Statue des "Augusto di Prima Porta" (Standbild des Kaisers Augustus, Hände nachträglich ergänzt), das in der Landvilla der Livia 1863 gefunden wurde, eine Statue des Politikers Demosthenes und des Nilgottes (1513 entdeckte römische Kopie, 1. Jh.), der Doryphoros (Speerträger) nach dem Bronzeoriginal von Polyklet, um 440 v. Chr., sowie die Athena Giustiniani (Kopie nach Praxiteles, 4. Jh. v. Chr.).

✳Museo Gregoriano Etrusco (Etruskisches Museum)

Das von Gregor XVI. gegründete Etruskische Museum birgt in 18 Sälen Kunstwerke und Gebrauchsgegenstände, die einen Einblick in das Leben und in die Vorstellungen vom Tod in Kunst und Kultur der Etrusker geben; hinzu kommen griechische und römische Werke. Hervorzuheben sind die Tomba Regolini-Galassi (Grabanlage aus Cerveteri), die gewaltige Bronzestatue des Mars von Todi (4. Jh. v. Chr.); die Stele des Palestrita (Attika, 5. Jh. v. Chr.), der Marmorkopf der Athene (Fragment des Parthenonfrieses, 5. Jh. v. Chr.); reiche Vasensammlung.

Vatikan – Musei Vaticani

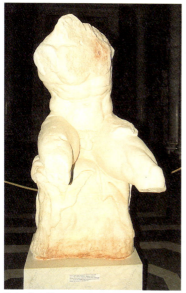
Belvedere-Torso

Laokoon-Gruppe

In der Sala della Biga stehen nahe dem Eingang zwei "Diskuswerfer", Kopien nach Myron und Polyklet (5. Jh. v. Chr.) und ein Zweispänner ("Biga", 1788) von Antonio Franzoni.

Sala della Biga

✳Museo Gregoriano Profano

Zu den Gregorianischen Museen, die Papst Gregor XVI. (1831–1846) einrichten ließ, gehört auch das Museo Profano mit Werken nicht-religiösen Inhalts. Es befand sich bis 1963, zusammen mit dem Museo Pio Cristiano und dem Museo Epigrafico Cristiano, in den Räumen des → Palazzo Laterano (Lateran-Palast). Johannes XXIII. (1958–1963) und Paul VI. (1963–1978) ließen dann ein modernes Museumsgebäude neben der Pinakothek errichten.

In vorbildlicher Aufstellung zeigt das Museum Werke aus der Antike, die zum größten Teil auf dem Gebiet des Kirchenstaates gefunden wurden. Die Sammlung umfaßt zum einen römische Kopien nach griechischen Originalskulpturen und Originale römischer Skulpturen aus der Kaiserzeit: Statuen, Reliefs, Grabdenkmäler und Sarkophage sowie Werke mit politischem und religiösem Inhalt.

1. Sektion: Römische Kopien und Überarbeitungen griechischer Originale (u.a. Sophokles, 4. Jh. v. Chr.; Niobe Chiaramonti; Kopf der Athene; Torso des Marsias).
2. Sektion: Werke der römischen Bildhauerkunst
(1. bis Anfang 2. Jh., u.a. Porträt der Livia, Gemahlin des Kaisers Augustus).
3. Sektion: Sarkophage
(u.a. Sarkophag von der Porta Viminalis).
4. Sektion: Römische Skulpturen
(2./3. Jh., u.a. Mithras-Skulptur).

Vatikan – Musei Vaticani

*Biblioteca Apostolica Vaticana (Vatikanische Bibliothek)

Die Vatikanische Bibliothek ist – gemessen an der Kostbarkeit der Werke – die reichste Bibliothek der Welt. Sie wurde seit ihrer Gründung durch Nikolaus V. (1450) systematisch ausgebaut und enthält neben den Büchern seit dem Ende des 15. Jh.s rund 25000 handgeschriebene Bücher aus dem Mittelalter, etwa 7 000 Wiegendrucke (Inkunabeln) und 80000 Handschriften. In dem mehr als 70 m langen, von Domenico Fontana erbauten, gewölbten Saal liegen in Vitrinen einige besonders wertvolle Beispiele schriftlicher Erzeugnisse aus: Bibel-Codices, illustrierte Evangeliare, aufwendig gedruckte Bücher, kostbare Pergamente, uralte Papyri und Schriftrollen.
Faksimile-Studio, Kataloggebäude (1984), katastrophensicherer 'Bunker' für Handschriften, Wiegendrucke u. a. (1984).

Museo Sacro

Am Ende des langen Traktes der Biblioteca Vaticana befinden sich die Säle mit dem Museo Sacro. Es enthält eine Sammlung von Funden, die bei Ausgrabungen in den Katakomben und frühchristlichen Kirchen Roms und der Umgebung entdeckt wurden. Besonders Papst Pius XI. (1922–1939) zeigte Interesse für die christliche Kleinkunst. In einem Nebensaal ist die "Aldobrandinische Hochzeit" zu sehen, ein zartes und guterhaltenes Fresko der Antike.

*Appartamento Borgia

Der Borgia-Papst Alexander VI. (1492–1503) ließ im Vatikanischen Palast für sich und seine Familie eine Privatwohnung einrichten. Den Auftrag zum Ausmalen der Räume erhielt Pinturicchio, der von 1492–1495 zusammen mit Gehilfen und Schülern Wände und Decken schmückte. Er griff dabei Themen der Renaissance, des Humanismus und des Altertums auf und verband sie mit christlichen Darstellungen:
Sala delle Sibille: Propheten und Sibyllen (im 1. Raum);
Sala del Credo: Glaubensbekenntnis der Propheten und Apostel (im 2. Raum);
Sale delle Arti Liberali: Allegorien der Sieben Freien Künste Dialektik, Rhetorik, Grammatik, Geometrie, Arithmetik, Musik und Astronomie (im 3. Raum);
Sala dei Santi: Heiligenlegenden der Jungfrau Maria, des hl. Sebastian, der hl. Susanna, der hl. Barbara, der hl. Katharina und der Eremiten Antonius und Paulus (im 4. Raum);
Sala dei Misteri della Fede: Szenen aus dem Leben Jesu und Mariens (im 5. Raum), Porträt des Borgia-Papstes;
die Papst-Bilder des 6. Raumes sind nicht erhalten.

**Stanze di Raffaello (Stanzen des Raffael)

Der kunstsinnige und herrschaftsbewußte Papst Julius II. wollte 1508 die von Nikolaus V. erbauten Räume über dem Appartamento Borgia neu ausmalen lassen. Er beauftragte den jungen Raffael, der in diesen Stanzen (Räumen) sein Meisterwerk schuf. Er erneuerte die traditionsreiche Gattung der historischen Malerei und setzte damit für die Kunst der folgenden Jahrhunderte neue Maßstäbe. Als reiner Klassiker hielt er sich in den Fresken an strengste kompositorische Symmetrie. Die durch Rolle und Handlung determinierten Figuren bewegen sich um einen perspektivischen und bildlichen Schwerpunkt, der in der Regel in der Bildmitte liegt. Die Stanza della Segnatura und die Stanza di Eliodoro wurden eigenhändig von Raffael ausgemalt, die Stanza dell'Incendio di Borga wurde unter Anlei-

Vatikan – Musei Vaticani

Stanze di Raffaello
(Fortsetzung)

tung des Meisters von seinen Schülern ausgeführt, die Stanza di Constantino entstand erst nach Raffaels Tod und ist hauptsächlich eine Arbeit von Giulio Romano und Gian Francesco Penni.

1. Saal (Sala dell'Incendio di Borgo, der Brand des Borgo):
Das Deckenfresko mit der Allegorie der Heiligen Dreifaltigkeit stammt von Perugino, dem Meister Raffaels; die thematischen Arbeiten der Stanze (vier historische Szenen) wurden 1514–1517 von Schülern Raffaels ausgeführt: Leo IV. löscht auf wunderbare Weise den Brand des Borgo, der 847 in dem an den Vatikan angrenzenden Stadtviertel ausgebrochen war und die Peterskirche bedrohte; die Kaiserkrönung Karls des Großen durch Leo III., die Weihnachten im Jahre 800 in der Peterskirche vollzogen wurde; der Seesieg Leos IV. bei Ostia im Jahre 849 über die Sarazenen, die an der Tibermündung gelandet waren; und der Reinigungseid Leos III. am 23. Dezember 800, durch den er vor Karl dem Großen und der versammelten Geistlichkeit die Beschuldigungen der Neffen Hadrians I. entkräftete. – Alle Päpste waren Namensvorgänger des von 1513 bis 1521 regierenden Papstes Leo X.

2. Saal (Sala della Segnatura, Päpstlicher Gerichtshof):
Die Fresken, die Raffael von 1508 –1511 schuf, stellen den Höhepunkt der Renaissance-Malerei dar. Die damalige kulturelle Welt erscheint in ihrem ganzen Reichtum und Glanz. Bereits die vier Gewölbemedaillons mit allegorischen Figuren versinnbildlichen die vier Grundthemen des Raumes. Der Disput des Sakraments steht für die Theologie, die Schule von Athen für die Philosophie, der Parnaß für die Dichtkunst und die drei Szenen mit den Tugenden und der Einsetzung des bürgerlichen und des kanonischen Rechts für die Gerechtigkeit. Die Gesamtkomposition des Gewölbes bringt den neuplatonischen Gedanken der Hochrenaissance zum Ausdruck: Humanismus und Christentum sollen eins werden.
Die Disputà del Sacramento, die theologische Disputation über das Altarsakrament, stellt die übernatürliche Glaubenswelt dar; in der unteren Zone um den Altar Päpste, Bischöfe, Kirchenlehrer, Theologen, die "Gläubigen", darunter Papst Innozenz III., Bonaventura und Dante; in der oberen Zone unter Gottvater Christus mit Maria und Johannes dem Täufer, daneben bedeutende Heilige.
Die Scuola d' Atene (die Schule von Athen), die in der neuerbauten Peterskirche stattfindet, repräsentiert den Bereich der natürlichen Wissenschaften (ohne göttliche Offenbarung erreichbar) und zeigt die Vertreter der Philosophie (die beiden Zentralfiguren Platon, der die Züge Leonardo da Vincis trägt, und Aristoteles mit Sokrates, die mit ihren Schriften 'Timaios' und 'Ethik', d.h. Natur- und Moralphilosophie symbolisieren), der Architektur (Bramante), der Historie (Xenophon), der Mathematik (Archimedes, Pythagoras, Euklid) und auch den Künstler Raffael selbst (zweiter von rechts außen).
Über dem einen Fenster dieses Saals dazu ergänzend der "Parnaß" (→ Abb. S. 152) mit den großen Künstlern der Antike, dem geigenden, von neun Musen umringten Apoll, links die um den blinden Homer versammelte Gruppe von Vergil, Dante, Petrarca und Sappho, rechts Ariost, Boccaccio, Ovid, Catull und Horaz; über dem anderen die "Erteilung des weltlichen und geistlichen Rechts" an Kaiser und Papst (Übergabe der Dekretalien und Pandekten) sowie stilistisch an Michelangelo erinnernde allegorische Darstellungen der Tugenden Klugheit und Maß.

3. Saal (Sala d' Eliodoro, Saal des Heliodor):
Gemessen an der Sala della Segnatura ist die Ausdruckskraft Raffaels in diesem von 1512–1514 ausgemalten Raum kräftiger, sind die Bewegungen der Figuren lebhafter geworden. Das zeigt sich in den Themen "Leo der Große gebietet Attila halt" (mit dem alten Rom), der "Messe von Bolsena" (der Würdigung der Anwesenheit Christi in der Hostie; zurückgehend auf eine Legende, nach der 1263 beim Fronleichnamsfest vor den Augen eines böhmischen Priesters, der auf dem Weg nach Rom in Bolsena

151

Vatikan – Musei Vaticani

"Parnaß" in der Stanza della Signatura von Raffael

Stanze di Raffaello (Fortsetzung)

halt machte und dort die Messe laß, während der Andacht aus dem Kelch Blut auf das Korporale tropfte), der "Vertreibung Heliodors aus dem Tempel" (Biblische Vorlage, nach der Heliodor, der im Tempel von Jerusalem einen Diebstahl verübte, von drei Engeln gestellt und vertrieben wurde) und der "Befreiung des hl. Petrus aus dem Kerker", Raffaels erstes Nachtbild, in dem er Licht- und Gegenlichteffekte wirkungsvoll einsetzte. Wie die "Messe von Bolsena" ist die Kerkerszene in drei ineinander übergehende Momente untergliedert, ohne die Einheit der Gesamtdarstellung zu beeinträchtigen.

4. Saal (Sala di Costantino, Saal des Konstantin):
Der Raum ist fast ausschließlich unter Clemens VII. nach dem Tode Raffaels in den Jahren 1517–1524 ausgestaltet worden. Auf der Längsseite ist das eindrucksvolle Fresko der Schlacht Konstantins gegen seinen Mitkaiser Maxentius an der Milvischen Brücke zu sehen mit der 'Kreuzesvision', in der Kaiser Konstantin kurz vor der Entscheidungsschlacht das Kreuz erscheint, in dessen Zeichen er siegen wird. Weitere Szenen zeigen die Taufe Konstantins im Baptisterium des Laterans und die sogenannte Konstantinische Schenkung, in der Kaiser Konstantin inmitten einer dichten Menschenmenge, dem Papst die weltliche Macht überträgt. Diese letzten Stanzen wurden von Raffaels Schülern Giulio Romano und Gian Francesco Penni ausgeführt.

*Cappella di Niccolò (Kapelle Nikolaus' V.)

Nahe bei den Stanzen des Raffael liegt die Kapelle Nikolaus' V., ein kleiner Andachtsraum, den Fra Beato Angelico von 1447–1449 mit zwei Freskenzyklen über das Leben und das Martyrium der beiden Heiligen Stephanus und Laurentius ausschmückte. Ihr Wirken steht für die Anfänge der Kirche in Jerusalem (Stephanus) und Rom (Laurentius).

Vatikan – Musei Vaticani

Galleria delle Carte Geografiche (Galerie der Landkarten)

Die 120 m lange "Galerie der Landkarten" zeigt alle Regionen Italiens, oft mit Stadtansichten und Landschaftsüberblicken (1580–1583). Die Landkarten aus der Werkstatt Antonio Dantes sind wenngleich noch nicht immer genordet so doch bereits detaillierte kartographisch wertvolle Darstellungen, die als Palastdekoration entworfen wurden.

Galleria dei Candelabri e degli Arazzi (Galerie der Kandelaber und Gobelins)

Der Landkarten-Galerie folgt, wenn man vom Vatikan-Palast kommt, die Galleria dei Candelabri e degli Arazzi (Galerie der Kandelaber und der Wandteppiche) mit kostbaren Wandteppichen aus dem 5.–17. Jh. und römischen Marmorkandelabern.

✳✳Cappella Sistina (Sixtinische Kapelle)

Die Sixtinische Kapelle, die Papst Sixtus IV. von 1473 bis 1484 im Vatikanischen Palast an der Stelle einer Cappella magna (Palastkapelle, 13. Jh.) aus der Zeit Nikolaus III. einrichten ließ, ist ein schlichter, 13,20 m hoher Raum, dessen Maße von 40,93 m Länge und 13,71 m Breite denen des Tempels von Salomon entsprechen. Die Innenwände sind durch nur drei Gesimse gegliedert. Die Unterteilung des Raumes in Presbyterium und Bereich für die Gläubigen kennzeichnet einerseits die verschiedenartige geometrische Musterung des vielfarbigen Marmorfußbodens, andererseits eine von Mino da Fiesole und Andrea Bregno geschaffene Marmorschranke mit Eisengittern. Die Kirche ist gleichsam die päpstliche Hauskapelle und wird vom Papst für Gottesdienste und bei feierlichen Anlässen benutzt. Nach dem Tod eines Papstes findet hier das Konklave statt, um das neue Oberhaupt der katholischen Kirche zu wählen. Zu unterscheiden sind die Fresken an den Seitenwänden, der Decke und der Altarwand.
Seit 1980 wird die Cappella Sistina umfassend restauriert. Die Reinigung von Michelangelos Lünetten und Gewölbefresken steht kurz vor ihrer Vollendung, so daß man bei diesem Höhepunkt der Renaissance-Malerei bereits wieder die leuchtenden Farben von einst erkennen kann. Endgültig abgeschlossen werden die Restaurierungsarbeiten der Kapelle jedoch voraussichtlich erst Mitte der neunziger Jahre.

Die Seitenwände zwischen den Fenstern sind von großformatigen Fresken bedeckt, die Sixtus IV. (1481–1483) von den berühmtesten Malern seiner Zeit ausführen ließ: von Perugino, Botticelli, Rosselli, Pinturicchio, Signorelli und Ghirlandaio. Diese Maler haben biblische Szenen aus dem Hintergrund der ihnen bekannten Landschaften Umbriens und der Toskana geschaffen. Sie haben (schon gegen Ende des 15. Jh.s) in einzigartiger Weise die Individualität des Menschen, seine Bedeutung für historisches Geschehen entdeckt und ihn – in künstlerischer Weise vollkommen – in Architektur und Landschaft handeln lassen, damit schon die Steigerung durch Michelangelo vorbereitend.

Fresken der Seitenwände

Die linke Wand zeigt Szenen aus dem Leben des Moses, des Befreiers des jüdischen Volkes aus der Gefangenschaft in Ägypten: die Beschneidung des Moses; Moses mit den Schafen und dem brennenden Dornbusch; Durchzug der Juden durch das Rote Meer; Moses empfängt die Gesetzestafeln am Sinai; Bestrafung der Rotte des Korah, mit dem Konstantinbogen im Hintergrund, dramatisch dargestellt von Botticelli; Moses' Tod.

Die rechte Wand stellt Ereignisse aus dem Leben Christi, des Befreiers von den Sünden, dar: seine Taufen im Jordan; die geheilten Aussätzigen und Versuchungen Christi (großartige Werke Botticellis); Berufung der Jünger Petrus und Andreas von Ghirolandaio dargestellt; Bergpredigt, mit Chri-

153

Vatikan – Musei Vaticani

Capella Sistina (Fortsetzung)

stus in der Rolle des Gesetzgebers von Rosselli; die Schlüsselübergabe an Petrus (symbolisch wichtiges Hauptwerk Peruginos); das Letzte Abendmahl von Cosimo Rosselli und Pietro di Cosimo.

Deckenfresken

Die Fresken an der Decke hat Michelangelo unter dem Pontifikat Julius' II., des bedeutenden Renaissance-Fürsten, zumeist eigenhändig ausgeführt (Herbst 1508–August 1510, nach einer Pause legte er in mehrmonatigen Perioden bis Oktober 1512 letzte Hand an). Die Erschaffung der Welt darzustellen, wie sie in der Bibel berichtet wird, war seine nicht geringe, in dieser weitgespannten Themenausführung gänzlich neue Absicht. Interessant ist, daß Michelangelo die Fresken entgegen der chronologischen Ordnung mit der Sintflut und nicht mit der Erschaffung des Lichts begann.

In der Mitte sind zu unterscheiden (von vorn): Gott scheidet Licht und Finsternis, er erschafft die Gestirne und Pflanzen; er scheidet Erde und Wasser; die Erschaffung Adams, die Erschaffung Evas; der Sündenfall; das Opfer Noahs; die Sintflut; die Trunkenheit des Noah. Diese Mittelfelder sind umrahmt von den mächtigen Einzelgestalten der Propheten und Sibyllen, die die Juden und die Heiden mit der Botschaft Gottes vertraut machen. Die Erschaffung Adams veranschaulicht auf besondere Weise durch Blickwechsel und Gesten der Hände die künstlerische Kraft und Intensität Michelangelos, mit der er eine zentrale Sehnsucht des Menschen, die Beseelung durch den göttlichen Odem darstellte. Äußerst effektvoll sind hier die aktiv konzipierte Figur Gottes und der schöne, unschuldig und eher passiv wirkende Adam einander parallel und fast spiegelbildlich gegenübergestellt.

Durch die Restaurierung der Kapelle wurde bis Ende der achtziger Jahre eine bis dahin unerwartete leuchtende Farbigkeit von Michelangelo Fresken festgestellt, die z.T. heftige Diskussionen um die Restaurierung aus-

"Erschaffung Adams" und ...

... "Delphische Sibylle" von Michelangelo

Vatikan – Musei Vaticani

löste, obgleich sich die intensive Farbgebung auf Florentiner Traditionen zurückführen läßt. Die Restauratoren entfernten auch nur Schmutz und später aufgetragene Übermalungen bis zu jener Schutzschicht, die aufgrund der Maltechnik Michelangelos bestand und legten damit die originale Farbgebung frei: helle und intensiv leuchtende Töne in Blau, Grün, Ocker, Rot und Weiß.
Die Personendarstellung wirkt in allen Szenen äußerst plastisch und zeigt leidenschaftliche Bewegtheit.

Capella Sistina, Deckenfresken (Fortsetzung)

Fast 22 Jahre später (1534), unter Papst Paul III. – der Künstler war inzwischen 59 Jahre alt geworden –, begann Michelangelo mit dem Fresko an der Altarwand. Der "Erschaffung der Welt" wollte er ihr Ende entgegensetzen: das "Jüngste Gericht", in dem nach der Lehre der Kirche Jesus Christus als Weltenrichter wiederkommt und die Gerechten zu sich ruft, die Verdammten hingegen in die Hölle weist. Das Thema mit seinen Einzelheiten entnahm er der Heiligen Schrift. Dieses hochdramatische Geschehen, das Michelangelo als Richtspruch über das Leben des einzelnen auffaßt, ist so bewegend dargestellt, daß ohne Zweifel das "Jüngste Gericht" zu den größten Werken der europäischen Malerei gehört. Wie ein mächtiger jugendlicher Gott erscheint Jesus Christus auf den Wolken des Himmels, umgeben von Maria, den Aposteln und anderen Heiligen. Die Gerechten (links), die zum Himmel aufsteigen, und die Verdammten (rechts), die in die Hölle stürzen, bilden eine gewaltige Bewegung hinauf und hinunter, die über das ewige Schicksal der Menschen entscheidet. Unten vollzieht sich die Auferstehung der Toten aus den Gräbern.
In der Mitte rufen die Engel mit Posaunen alle zum Gericht herbei. Oben tragen Engel die Leidenswerkzeuge des Weltenrichters Christus im Triumph.
Den 391 Figuren hat Michelangelo athletische Gestalten gegeben und manche mit leicht erkennbaren Attributen versehen (Petrus mit dem Schlüssel, Sebastian mit den Pfeilen, Laurentius mit dem Rost, Bartholomäus mit der abgezogenen Haut, auf der das Portrait Michelangelos erscheint, Katharina mit dem Rad).

Altarfresko

Museo Profano

Der Saal des Museo Profano ist Ausstellungsstücken nicht-religiösen Inhalts gewidmet und zeigt verschiedene Gegenstände aus der etruskischen, römischen und mittelalterlichen Epoche.

Museo Pio Cristiano

Das Museum, das Papst Pius IX. 1854 den vatikanischen Sammlungen hinzufügte, enthält verschiedene Objekte, die bis 1963 in den Räumen des → Palazzo Laterano Aufnahme gefunden hatten. Das Museo Pio Cristiano besteht aus zwei Abteilungen: eine für Architektur, Skulpturen und Mosaiken, die andere für Inschriften.

Museo Missionario Etnologico

Auch jene zur Ausstellung geeigneten Gegenständen, die aus den Missionsgebieten der katholischen Kirche nach Rom gelangten und in den Besitz des Vatikans kamen, wurden zunächst (seit 1927) im → Palazzo Laterano gezeigt. Pius XI. ordnete ihre systematische Zusammenfassung an.
Im Jahre 1973 wurden alle Stücke (rund 40 000 Gegenstände, u.a. Statuen aus Kolumbien, Polynesien, China, Mexiko, Neuguinea und Afrika) von Interesse – für das Publikum, aber auch für Wissenschaftler – in das Museo Missionario Etnologico überführt.

Vatikan – Palazzi Vaticani

Museo delle Carroze

Das 1973 eröffnete Kutschenmuseum des Vatikans befindet sich in einem 1963–1964 im Auftrag von Papst Paul VI. eingerichteten Raum unter dem sogenannten Giardino Quadrato (neben der Pinakothek). Dieses Museum birgt Staatskarossen von Päpsten und Kardinälen (u.a. Kutsche Leos XII.) und eine Reihe von Oldtimern (u.a. schwarzer Landauer von Pius XIII.) sowie das Modell des Düsenflugzeugs, mit dem Paul VI. zur UNO geflogen wurde.

Collezione d' Arte Religiosa Moderna

Papst Paul VI. (1963–1978) zeigte stets Interesse für die moderne religiöse Kunst. Der Ausstellung der Werke, die den Päpsten geschenkt bzw. von ihnen erworben worden waren, stellte er 55 Säle zur Verfügung oder ließ sie neu einrichten. In der Kollektion sind Künstler aus aller Welt mit mehr als 800 Werken vertreten, darunter Rodin, Barlach, Matisse, Modigliani, Kokoschka, Dalì, Munch, de Vlaminck, Feininger, Fontana, Ernst, Beckmann, Nolde, Corbusier, Kandinsky, de Chirico, Greco, Marini, Manzù, Rouault, Hartung, Hansing und Sutherland.

*Palazzi Vaticani (Vatikanischer Palast)   A/B 5/6

U-Bahn-Station
Linie A, Ottaviano

Buslinien
23, 32, 41, 47, 62, 64, 492, 990

Straßenbahn-linien
19, 30

Eine Vorstellung von den Ausmaßen des Vatikanischen Palastes rechts neben der Piazza San Pietro (Petersplatz) und San Pietro in Vaticano (Peterskirche) gewinnt man, wenn man vom linken Brunnen des Petersplatzes das riesige Gebäude des Haupttraktes aufragen sieht und dann rechts an der Mauer entlang zum Eingang der Musei Vaticani (Vatikanische Museen) geht.

Wohnräume für den römischen Bischof neben der alten Peterskirche (weit außerhalb der Stadt!) gab es wohl schon im 6. Jahrhundert. Die Päpste residierten jedoch zunächst im → Palazzo Lateran. Als eigentliche Papstresidenz hat erst Nikolaus III. (1277–1280) den Vatikan in Betracht gezogen, eine Alternative, die sich als günstig anbot, nachdem die Päpste bei ihrer Rückkehr aus dem französischen Exil in Avignon (1377) den Lateran-Palast verfallen vorgefunden hatten. Von 1450 an bauten die Päpste den Vatikan systematisch und zielstrebig aus und beschäftigten dabei stets die bedeutendsten Architekten in Rom: Nikolaus V., Sixtus IV. (Sixtinische Kapelle), Alexander VI. (Appartamento Borgia), Julius II. (Belvedere-Hof, Loggien am Damasus-Hof), Paul III. (Cappella Paolina mit Fresken Michelangelos), Pius V. und Sixtus V. (mit den heutigen Privaträumen, Empfangssälen und der Bibliothek des Papstes).

Die bebaute Fläche mißt ohne die Gärten 55000 m², von denen 25000 m² von Höfen eingenommen werden. Die Zahl der Säle, Kapellen und Zimmer beträgt 1400. Kaum ein anderes Bauwerk kommt dem Vatikan an historischer und künstlerischer Bedeutung gleich.

Neben den Wohn- und Arbeitsräumen des Papstes haben einige vatikanische Kongregationen im Apostolischen Palast ihren Sitz, ebenso die Musei Vaticani. Den Hauptzugang bildet das Bronzetor am Ende der rechten Kolonnaden, das sich zum Corridorio del Bernini öffnet, der in die von Bernini geschaffene Scala Regia mündet.

Giardini Vaticani (Vatikanische Gärten)

Die Vatikanischen Gärten (→ Abb. S. 147) nehmen einen großen Teil der Vatikanstadt ein und umschließen hinter der Peterskirche und dem Palast

Piazza San Pietro und Via della Conciliazione ▶

Vatikan – Piazza San Pietro

Palazzi Vaticani, Giardini Vaticani (Fortsetzung)

eine Reihe von Zweckbauten, Kirchen und Verwaltungsgebäuden, Türme und Brunnen Jan van Xantens, die erweiterte Casina di Pio IV. mit der Accademia delle Scienze (Sitz der Päpstlichen Akademie der Wissenschaften), den Palazzo del Governatorato (→ Abb. S. 144), Studio del Mosaico und ein Kaffeehaus; sie grenzen bei der Leoninischen Mauer an den Bahnhof, den Rundfunksender Radio Vaticano und die Museen des Vatikans.

Führungen

März–Okt.: Mo., Di., Fr., Sa. 10.00 (Anmeldung im Uffizio Informazioni, Piazza San Pietro)

** Piazza San Pietro (Petersplatz) B 5

U-Bahn-Station
Linie A, Ottaviano

Buslinien
23, 32, 34, 46, 49, 51, 62, 64, 65, 81, 98, 280, 490, 492, 881, 907, 982, 991, 994, 999

Straßenbahnlinien
19, 30

Vor der bereits fertiggestellten Basilika San Pietro in Vaticano (Peterskirche) legte Bernini von 1656 bis 1667 die Piazza San Pietro an. Er schuf damit für die Zusammenkunft der Gläubigen aus aller Welt eine Kulisse, die bis in die heutige Zeit als vielleicht berühmtester Platz der Welt ihre Faszination bewahrt hat. Diese Piazza besteht aus zwei Plätzen, einer bis 340 m langen und bis 240 m breiten Ellipse und einem trapezförmigen Platz (Piazza Retta), der zur Kirche hin in Stufen (gesäumt von den Statuen der Apostelfürsten Petrus und Paulus) ansteigt und sich zugleich verbreitert. Das Oval umgab Bernini mit vierfachen halbkreisförmigen Kolonnaden von insgesamt 284 Säulen und 88 Pfeilern aus Travertin, auf deren Balustrade 140 Heiligenfiguren stehen. Links und rechts rauschen die Wasserfontänen zweier 8 m hoher Brunnen mit riesigen Granitschalen; der rechte wurde 1613 von Maderno, der linke 1675 wohl von Bernini errichtet. Im Pflaster geben zwei Scheiben rechts und links die Brennpunkte der Ellipse (Centri del Colonnato) an. Von dieser Stelle aus erscheinen die jeweils vier hintereinander stehenden Säulen der Kolonnaden wie eine einzige.

Blick vom Centro del Colonnato auf die Säulen der linken Kolonnade

Vatikan – San Pietro in Vaticano

Piazza San Pietro: Peterskirche und Apostolischer Palast

In der Mitte, zu der die Piazza leicht abfällt, ragt ein 25,50 m hoher ägyptischer Obelisk auf. Kaiser Caligula ließ ihn im Jahre 39 aus Heliopolis nach Rom transportieren und in seinem (später nach Nero benannten) Zirkus aufstellen. Er blieb als einziger Obelisk das ganze Mittelalter hindurch an seiner Stelle, bis Papst Sixtus V. im Jahre 1586 befahl, ihn hier aufzustellen. Domenico Fontana leitete den höchst schwierigen Transport dieses 322 Tonnen schweren Steines, für den man vier Monate Zeit (30. April bis 10. September 1586), 44 Winden, 900 Arbeiter und 140 Pferde benötigte. Man erzählt sich, die Aufrichtung sei fast mißlungen, da die Seile zu zerreißen drohten. Ein Arbeiter, der dies bemerkte, durchbrach daraufhin den strikten Befehl des Papstes auf absolute Stille und schrie: "Wasser auf die Seile!" Ihm und seiner Familie habe der Papst das Privileg zugestanden, für die Zeremonien des Palmsonntags die Zweige zu liefern, was die Nachfahren bis auf den heutigen Tag erfüllen.
Auf dem Petersplatz wurde Papst Johannes Paul II. bei einem Attentat am 13. Mai 1981 schwer verletzt.

Piazza San Pietro
(Fortsetzung)

San Pietro in Vaticano (Peterskirche)   B 5

Die berühmteste Kirche der Christenheit ist dem Andenken des hl. Apostels Petrus gewidmet, dem nach der Überlieferung ersten Bischof Roms, als dessen Nachfolger sich jeder Papst als Oberhaupt der katholischen Kirche fühlt. Die Geschichte der Peterskirche ist zugleich die des Papsttums. Bis zum Jahre 1989 war San Pietro in Vaticano weltweit die größte christliche Kirche. Nach ihrem Vorbild entsteht nun derzeit ein noch gewaltigerer Sakralbau in Yamoussoukro, der neuen Hauptstadt der Elfenbeinküste.
Die alte Peterskirche wurde 326 von Papst Sylvester eingeweiht, ein Bau, den die Christenheit Kaiser Konstantin verdankte. Ins Auge fiel schon

Lage
Piazza San Pietro

U-Bahn-Station
Linie A, Ottaviano

Vatikan – San Pietro in Vaticano

Buslinien
23, 32, 34, 46, 49,
51, 62, 64, 65, 81,
98, 280, 490, 492,
881, 907, 982,
991, 994, 999

**Straßenbahn-
linien**
19, 30

Öffnungszeiten
tgl. 7.00–18.00
(im Sommer bis
19.00)
Kuppel: tgl.
8.00–16.15
(im Sommer bis
18.15)

damals die baulich schwierige Lage am Abhang des vatikanischen Hügels. Bei den Grundmauern mußten dafür beträchtliche Höhenunterschiede ausgeglichen werden. Hinzu kam, daß die Kirche weit außerhalb der Stadt lag. Als Grund für diese besondere Ortswahl darf mit einigem archäologisch fundierten Recht und unter Berufung auf das gute Orts- und Geschichtsgedächtnis der Römer vermutet werden, daß sich hier das Grab des Apostels Petrus befindet, der nach der Überlieferung 64 oder 67 unter Nero in den kaiserlichen Gärten beim vatikanischen Hügel das Martyrium erlitt. Alt-Sankt-Peter, eine klassische, fünfschiffige Hallenbasilika, wurde vielfach restauriert und prächtig ausgeschmückt, war jedoch nach dem Exil der Päpste in Avignon und nach dem abendländischen Schisma (mehrere Päpste zu gleicher Zeit) dem Verfall nahe. Deshalb beschloß Nikolaus V. im Jahre 1452, in dem aufstrebenden Rom einen Neubau zu errichten und ihn mit Hilfe der ganzen Christenheit (auch unter Inanspruchnahme von Ablaßgeldern, wogegen Martin Luther sich aussprach) auszuführen. An dem Neubau, der mit fieberhafter Intensität seit 1506 von Grund auf betrieben wurde, waren alle Päpste von Julius II. (1503–1513) bis Pius VI. (1775–1799) beteiligt. Die mit dem Bau beauftragten Architekten waren: Bramante (Erstentwurf), dem beim Bau Veruntreuung von Geldern und Verwendung von schlechtem Material vorgeworfen wurde; dann folgten Raffael, Fra Giocondo, Giuliano da Sangallo, Baldassare Peruzzi, Antonio da Sangallo und schließlich Michelangelo, der 1547 (im Alter von 72 Jahren), die Bauleitung übernahm. Er erdachte vor allem die Kuppel, deren Tambour (Aufsatz) noch vor seinem Tod 1564 fertig wurde. Weitere Architekten waren Vignola, Ligorio, della Porta, Fontana und Maderno, der auf Wunsch Pauls V. den Zentralbau in das zum Platz weisende Schiff verlängerte.

Fassade

Da Paul V. Borghese neben der Verlängerung des Hauptschiffes eine Verbindung zwischen der Peterskirche und dem Palazzo Apostolico (Vatikanischer Palast) anordnete, der wegen der Symmetrie eine Verbreiterung der Fassade links entsprechen mußte, wuchs diese zu einer Länge von 114,70 m an; die Höhe von 45,50 m konnte nicht vergrößert werden, weil dann die Kuppel des Michelangelo noch mehr verdeckt worden wäre, als sie es tatsächlich ist. Durch mächtige Gliederungen mit Säulen und Pfeilern, Eingängen, Balkonen und Fenstern suchte der Baumeister Maderno diese unglücklichen Proportionen auszugleichen. Vom Mittelbalkon aus verkündet der Dekan des Kardinalskollegiums nach der Wahl den Namen des neuen Papstes. An Festtagen spendet der Papst von dort aus den Segen "Urbi et orbi" ("Für die Stadt und den Erdkreis"). Selig- und Heiligsprechungen werden ebenfalls hier bekanntgegeben. Oben auf der Fassade stehen 5,70 m hohe Statuen von Christus, Johannes' d. T. und den Aposteln (ausgenommen Petrus). Die beiden Uhren über den Glockentürmen wurden von Valadier erst im 19. Jh. in die Fassade eingefügt.

Vorhalle

In die Vorhalle (71 m breit, 13,50 m tief und 20 m hoch) führen fünf mit Bronzegittern versehene Eingänge. Ganz außen zwei Reiterstandbilder (links Karl der Große, rechts Konstantin, der letztere ein Werk Berninis). Über dem Mittelportal Fragmente der Navicella (Schiff im Seesturm); das Mosaik von Giotto wurde aus der alten Peterskirche übernommen. Das zweiflügelige Bronzetor des Mittelportals, ebenfalls aus der alten Peterskirche, ist ein Werk des Florentiner Bildhauers Filarete (1433–1445). Es zeigt Christus und Maria sowie Petrus und Paulus mit ihrem Martyrium, dazu andere historische Szenen. Links das "Tor des Todes", ein modernes Werk des Bildhauers Giacomo Manzù. Rechts außen die vermauerte Heilige Pforte, die nur im Heiligen Jahr geöffnet wird.

Inneres

Das Innere der Kirche (hier sind das Tragen langer Hosen und schulterbedeckender Oberteile erforderlich) nimmt schon durch seine Ausmaße gefangen: 186 m lang, im Hauptschiff 46 m, im Kuppelraum 119 m hoch; auf einer Grundfläche von rund 15 000 m² finden etwa 60 000 Menschen Platz. Im Fußboden des Mittelschiffs sind die Längenmaße (von der Apsis

160

Vatikan – San Pietro in Vaticano

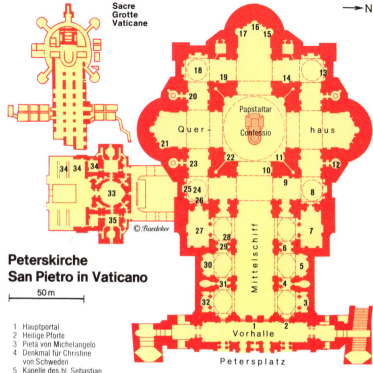

Peterskirche
San Pietro in Vaticano

50 m

1 Hauptportal
2 Heilige Pforte
3 Pietà von Michelangelo
4 Denkmal für Christine von Schweden
5 Kapelle des hl. Sebastian
6 Denkmal für die Markgräfin Mathilde von Toskana
7 Sakramentskapelle
8 Gregorianische Kapelle
9 Altar des hl. Hieronymus
10 Sitzbild des hl. Petrus
11 Eingang zu den Sacre Grotte Vaticane
12 Aufgang zur Kuppel
13 Altar des Erzengels Michael
14 Altar des hl. Petrus, die Tabitha vom Tode erweckend
15 Grabmal Papst Urbans VIII.
16 Cathedra Petri (von Bernini)
17 Grabmal Papst Pauls III.
18 Säulenkapelle
19 Altar des hl. Petrus, einen Lahmen heilend
20 Grabmal Papst Alexanders VII.
21 Altar der Kreuzigung des hl. Petrus
22 Statue des hl. Andreas
23 Grabmal Papst Pius' VIII. Eingang zur Sakristei und zum Museum
24 Klementinische Kapelle
25 Altar des hl. Gregor
26 Denkmal für Papst Pius VII.
27 Chorkapelle
28 Grabmal Papst Innozenz' VIII.
29 Grabmal Papst Pius' X.
30 Capella della Presentazione
31 Denkmal für Maria Sobieska
32 Baptisterium (Taufkapelle)
33 Sakristei
34 Kunsthistorisches Museum (Schatzkammer)
35 Sakristei der Kanoniker

aus gemessen) anderer großer Kirchenbauten der Welt zum Vergleich angegeben. Trotz dieser riesigen Dimensionen kann die Peterskirche wegen ihrer einfachen architektonischen Anordnung – der Grundriß eines lateinischen Kreuzes, bei dem das Hauptschiff länger ist als das Querhaus – und der krönenden runden Kuppel überblickt werden.

Inneres (Fortsetzung)

Ein Rundgang durch die Kirche sollte folgende Sehenswürdigkeiten berücksichtigen:
Wenige Meter vom Mittelportal (Hauptportal) entfernt ist eine rote Porphyrscheibe in den Fußboden eingelassen; sie gab in der alten Kirche die Stelle an, auf der der Frankenkönig Karl der Große am Weihnachtstag des Jahres 800 von Papst Leo III. gekrönt wurde.

161

Vatikan – San Pietro in Vaticano

Mittelschiff und Papstaltar

Michelangelos Pietà

Inneres
(Fortsetzung)

Im nördlichen Seitenschiff befindet sich rechts die Cappella della Pietà, auf deren Altar die seit 1972 durch Panzerglas geschützte, einzigartige Pietà steht, die 1498–1499 von dem damals 24jährigen Michelangelo als Grabstatue für Kardinal Jean de Bilhères de la Groslaye geschaffen wurde: Die idealisierte zarte Frauenfigur einer jugendlichen Madonna mit dem vom Kreuz abgenommenen Jesus im Arm; ein Band über der Brust Mariens nennt den Bildhauer Michelangelo mit Namen. Der Ausdruck der Gesichter und die vollkommene Beherrschung des Marmors weisen Michelangelo schon früh als bedeutenden Künstler aus.

Am ersten Pfeiler zur Seite hin das Denkmal für Christine von Schweden, die als Königin abdankte und zum katholischen Glauben übertrat.

In der Kapelle des hl. Sebastian ist über dem Altar ein Mosaik mit dem Martyrium des Heiligen beachtenswert (nach einem Gemälde von Domenichino; die meisten Gemälde wurden übrigens durch Mosaiken ersetzt; die Originale befinden sich in den → Musei Vaticani.

Am nächsten Pfeiler des Seitenschiffes das nach einem Entwurf von Bernini ausgeführte Mausoleum der Markgräfin Mathilde von Toskana, die in den Auseinandersetzungen zwischen Kaiser und Papst im 11. Jh. eine wichtige Rolle spielte.

An der reichgeschmückten Sakramentskapelle, die unter Papst Urban VIII., dem Barberini-Papst (daher die Bienen seines Wappens), ausgestaltet wurde, haben sowohl Bernini (Tabernakel) als auch Borromini (Bronzegitter) mitgearbeitet. Im Durchgang rechts das von Camillo Rusconi entworfene Grabmal Gregors XIII. (aus der Familie der Boncompagni, mit dem Drachen im Wappen,1572–1585); der Kalenderreformer ist auf dem Grabrelief dargestellt.

Im rechten Teil des Querhauses tagte (1869–1870) das Erste Vatikanische Konzil mit etwa 650 Bischöfen; das Zweite (1962–1965) mußte wegen der auf mehr als 3000 Bischöfe angewachsenen Teilnehmerzahl im Langhaus stattfinden. Vorn im Durchgang das klassizistische Grabmal Clemens' XIII., ein Jugendwerk Canovas (1788–1792).

Vatikan – San Pietro in Vaticano

Bronzesitzbild des hl. Petrus *Cathedra Petri von Bernini*

Vier fünfeckige Pfeiler von 24 m Durchmesser und 71 m Umfang tragen die Kuppel, die Michelangelo als Krönung über dem Grab des Petrus schuf. Die Kuppel über dem Tambour mit 16 Fenstern hat einen Durchmesser von 42,34 m (ist also etwas kleiner als die des Pantheon mit 43,20 m); sie ist zusammengesetzt aus einer inneren Raumkuppel und einer äußeren Schutzschale (zwischen diesen beiden kann man im Innern zum Kuppeldach aufsteigen, s. unten). Über der Kuppelschale erhebt sich die Laterne, so daß die Höhe insgesamt 137,50 m beträgt. In den Pfeilernischen stehen die Heiligen Veronika mit dem Schweißtuch, Helena mit dem Kreuz Christi, Longinus mit der Lanze und Andreas mit dem X-förmigen Kreuz. In den Loggien darüber werden Reliquien der Passion Christi gezeigt. Der Kuppelring verkündet in lateinischer Sprache die Worte des Matthäus-Evangeliums (in zwei Meter hohen Buchstaben), auf die sich der Anspruch der Päpste auf die Leitung der Kirche gründet: "Tu es Petrus... Du bist Petrus und auf diesen Fels werde ich meine Kirche bauen und Dir gebe ich die Schlüssel des Himmelreiches."

Um auf das Dach der Peterskirche zu gelangen, von dem aus man zu Fuß über eine Galerie im Innern des Tambours und weitere zum Teil sehr enge und steile Treppen (330 Stufen!) zum Kranz der Laterne emporsteigen kann, hat man die Wahl zwischen dem Treppenaufstieg (Eingang rechts neben der Taufkapelle; 142 Stufen) und einem Aufzug (Eingang neben der Gregorianischen Kapelle; Gebühr). Vom Dach der Basilika und von der Laterne bietet sich ein wunderschöner Blick über den Petersplatz und die Stadt. Zudem kann man die Kuppel von Michelangelo und die Einzelheiten ihres architektonischen Aufbaus aus der Nähe betrachten.

Unter der Kuppel befindet sich genau über dem Petrus-Grab der Papstaltar, den der knapp 25jährige Bernini im Auftrag Papst Urbans VIII. mit einem 29 m hohen Bronzebaldachin krönte (1624–1633; die Bronze stammt von der Vorhalle des Pantheon). Dieser Baldachin stellt in der gedrehten Bewegung der Säulen und der wogenden des "Stoffes" ein Mei-

Vierung mit Kuppel

Papstaltar

Via Appia Antica

San Pietro in Vaticano, Papstalter (Fortsetzung)

sterwerk des Barock dar. Als Vorbild der Säulen dienten die orientalischen Säulen der alten Peterskirche. 95 vergoldete Öllampen beleuchten mit Ewigen Lichtern die Confessio, den tieferliegenden Raum vor dem Petrus-Grab.

Bronzesitzbild des hl. Petrus

Am Longinus-Pfeiler befindet sich ein Bronzesitzbild des thronenden Petrus (→ Abb. S. 163), dem die Gläubigen durch Handberührung oder Küsse den rechten Fuß blankgerieben haben. Die Apostelstatue schuf Arnolfo di Cambios im 13. Jh. nach dem Vorbild einer antiken Philosophenskulptur, die man in den Sacre Grotte Vaticane besichtigen kann.

Apsis

Die Cathedra Petri (→ Abb. S. 163) in der Apsis, ebenfalls ein Werk Berninis im Auftrag von Alexander VII., zeigt die gleiche barocke Bewegung wie der Baldachin. Vier Kirchenlehrer (Ambrosius und Augustinus als Vertreter der lateinischen, Athanasius und Johannes Chrysostomus als Vertreter der griechischen Kirche) stützen einen Thron, den Bischofsstuhl des Petrus. Bevor dieser Sessel zum Thron des Stellvertreters Christi wurde, diente er Karl dem Kahlen als Thron (11. Jh.). Darüber befindet sich ein Alabasterfenster mit der Taube, dem Symbol des Heiligen Geistes.

Neben der Cathedra liegen die Grabmäler für die Päpste Urban VIII. Barberini (rechts; von Bernini, 1642–1647) und Paul III. Farnese (links; von Giacomo della Porta, 1551–1575).

Auch im linken Seitenschiff befinden sich Grabmäler berühmter Päpste, von bedeutenden Künstlern geschaffen: Vorn am Durchgang das für Alexander VII. (unter der Leitung Berninis, 1672–1678). Schräg gegenüber dem Eingang zur riesenhaften, unter Pius VI. von 1776–1784 erbauten Sakristei das Denkmal für Pius VII. (1823) von Thorwaldsen (dem einzigen protestantischen Künstler, weshalb es Proteste gab).

Vor der Chorkapelle, die der gegenüberliegenden Sakramentskapelle entspricht, eine Mosaikkopie der "Verklärung Christi" von Raffael.

Vor der Cappella della Presentazione das Grabmal Innozenz' VIII., der zweimal dargestellt ist (thronend und liegend), ein Werk von Pollaiolo (1498). Es wurde als einziges aus der alten Peterskirche in die neue übernommen. Dem Grabmal gegenüber krönt die Statue für den hl. Pius X.

In der Cappella della Presentazione ist ein Bronzerelief für Papst Johannes XXIII. (1958–1963; auf der rechten Seite) zu sehen sowie eine Statue für Benedikt XV. (1914–1922; links).

Sacre Grotte Vaticane

Öffnungszeiten tgl. 7.00–17.00 (im Sommer bis 18.00)

Der Eingang zu den Vatikanischen Grotten befindet sich am Andreas-Pfeiler. Diese "Grotten" sind ein weiter Kellerraum unter der Basilika. Er entstand, als Antonioda Sangallo vor 1546 den Fußboden um ca. 3,20 m höher legte, um die Kirche vor Feuchtigkeit zu schützen. In diesen Gewölben fanden die Päpste aus der alten Peterskirche und viele der seitdem gestorbenen ihre letzte Ruhestätte, darunter die letzten vier Päpste: Pius XII., der 1940–1957 umfangreiche Ausgrabungen unter der Peterskirche anordnete, wobei die alte Gräberstadt entdeckt wurde (s. unten), Johannes XXIII., Paul VI. und Johannes Paul I; ein Gang zu den Gräbern der Päpste gehört zu den eindrucksvollsten Erlebnissen in Rom.

Ausgrabungen

Mit einer Sondererlaubnis (schriftliche Anmeldung beim Reverenda Fabbrica di San Pietro neben dem Arco delle Campane) ist es auch möglich, in die Ausgrabungen (Scavi) unter der Peterskirche zu gelangen. Dort haben Archäologen die alte Gräberstadt am Vatikanischen Hügel – darunter auch das vermutete Grab des hl. Petrus – und Fundamente der alten Konstantinsbasilika freigelegt.

Via Appia Antica   F/G 9/10

Wenn man das Stadttor San Sebastiano mit der → Mura Aureliane und die kilometerlangen Mauern der Stadtgrundstücke hinter sich gelassen hat, erreicht man die Via Appia Antica, eine der ältesten und wichtigsten

Via dei Fori Imperiali

Via Appia Antica (kurzes Stück mit altem Belag)

der römischen Konsularstraßen. Sie wurde von dem Censor Appius Claudius Caecus um 300 v. Chr. als Verbindung zum Süden bis Capua angelegt und um 190 v. Chr. bis Brindisi verlängert. Heute ist sie fast durchgehend asphaltiert. Vom Hafen Brindisi aus konnte man über das Mittelmeer in den östlichen Raum des Römischen Reiches gelangen. Parallel zur Via Appia verlaufen in der Nähe Roms Aquädukte der Appia-Wasserleitung, deren Ruinen noch zu sehen sind. Links und rechts der Via Appia richteten sich die vornehmen römischen Familien Gräber ein; damit dem Gesetz folgend, daß die Toten nicht innerhalb der Stadtmauern bestattet werden durften. Diese Gräber, Grabhäuser und Gedenksteine (⟶ Catacombe di San Callisto, ⟶ San Sebastiano, ⟶ Tomba di Cecilia Metella) charakterisieren heute die Via Appia und geben ihr – zusammen mit den Pinien und Zypressen der römischen Campagna – ein beeindruckendes Aussehen.

Via Appia Antica (Fortsetzung)

Buslinien
118, 218 (vorher 4, 88, 90, 93; dann umsteigen)

Via Condotti

⟶ Piazza di Spagna / Scalinata della Trinità dei Monti

Via dei Fori Imperiali   E 6/7

Die sechsspurige Straße liegt unmittelbar neben dem ⟶ Foro Romano und verbindet das Kapitol (⟶ Campidoglio) mit dem Kolosseum (⟶ Colosseo). Im Jahre 1980 beschloß die kommunistisch-sozialistische Hauptstadtregierung, die 1932 unter Mussolini angelegte Straße abzutragen, um der Archäologie Vorrang vor dem Autoverkehr zu geben. Denn unter den 64 000 m² Asphalt liegen Ruinen aus den großen Zeiten des Imperium Romanum, die freigelegt werden sollen.

Buslinien
85, 87, 88

165

Via di San Gregorio

Via di San Gregorio E 7

U-Bahn-Station
Linie B, Colosseo

Buslinien
11, 15, 27, 81, 85,
87, 88, 90, 118,
673

Im Süden des Kolosseums (→ Colosseo) am Konstantinsbogen (→ Arco di Costantino) beginnt die breite und von Bäumen gesäumte Via San Gregorio, die ehemalige Via triumphalis der siegreichen Feldherren.
Sie zieht sich heute zwischen den Hügeln des Palatin (→ Palatino) und Celio als breite Autostraße vorbei an der Kirche → San Gregorio (daher der Name) hin zum südöstlichen Ende des → Circo Massimo.

Via Veneto (Via Vittorio Veneto) E 5

U-Bahn-Station
Linie A, Barberini

Buslinien
52, 53, 56, 58,
90b, 95, 490, 492,
495

Die Prachtstraße Via Veneto, die mit zwei langen Kurven von der Porta Pinciana hinunter zur Piazza Barberini verläuft, zieht seit dem Bau am Anfang dieses Jahrhunderts Touristen aus aller Welt an. In den fünfziger Jahren verband man mit dem Namen der Straße das von Fellini auf die Leinwand projizierte 'dolce vita' der römischen Schickeria.
Elegante Modegeschäfte, belebte Cafés und Bars, vornehme Hotels wie das legendäre Excelsior und vielbesuchte Restaurants lassen auch heute noch die Besucher "sehen und gesehen werden".
Bekannt als makabere Kuriosität ist der Friedhof der Kapuzinerkirche → Santa Maria della Concezione (Nr. 27).

Villa Adriana

→ Tivoli

*Villa Borghese D/E 4/5

U-Bahn-Stationen
Linie A, Flaminio,
Piazza di Spagna

Buslinien
3, 52, 53, 490,
495, 910

**Straßenbahn-
linien**
19, 19b, 30, 30b

Die wohlhabenden römischen Familien besaßen einen Stadtpalast, den Palazzo, und eine Residenz "im Grünen", die sogenannte Villa. Dieser bequeme Landsitz mit Gartenanlage lag mehr oder weniger weit außerhalb der Stadt oder gar in den Albaner Bergen. (Deshalb muß in Rom zwischen Palazzo und Villa bei demselben Familiennamen unterschieden werden.)
Die Familie Borghese, der Papst Paul V. (1605–1621), mehrere Kardinäle und andere bedeutende Persönlichkeiten entstammen, ließ von 1613 bis 1616 (unter Kardinal Scipione Caffarelli Borghese) in den Weinbergen bei der Stadt eine Villa mit künstlichen Seen und Gartenhäusern anlegen; heute, verbunden mit dem → Pincio, eine der weiträumigsten Parkanlagen Roms.

Parkanlagen

Byron-Denkmal

Christoph Unterberger veränderte im Auftrag des Fürsten Marc Antonio Borghese die Anlage. Beachtenswert in der Gartenlandschaft sind der im Zentrum angelegte künstliche See, dessen Halbinsel ein kleiner Äskulap-Tempel ziert (Aspruccis Kopie eines griechischen Tempels, 1786), der nahe der Viale Giulia befindlichen Tempel der Diana (1789) und der Faustina (1792) und das gegenüberliegende Museum des italienischen Bildhauers Pietro Canonica (1869–1959), ein Rennplatz (Galoppatoio), die Piazza Siena, auf der Anfang Mai internationale Pferderennen stattfinden, und mehrere Denkmäler, darunter das Byron-Denkmal, eine Kopie aus dem Jahre 1959 nach dem Original von Thorwaldsen, Gustav Eberleins Goethe-Denkmal (1902–1904) an der Viale San Paolo del Brasile und das ebenfalls von Eberlein entworfene Denkmal für Victor Hugo (1905).

Villa Borghese

Außer für die Galleria Borghese sind die weitläufigen Grünanlagen auch Standort der Sammlungen des → Museo Nazionale d'Arte Moderna und des → Museo Nazionale Etrusco di Villa Giulia.

Parkanlagen (Fortsetzung)

Zu dem Gelände gehört ferner ein kleiner Zoologischer Garten, der im Jahre 1911 nach dem Vorbild des Hamburger Tierparks Hagenbeck entstand und daher bei der Gestaltung der Gehege eine möglichst genaue Nachbildung des natürlichen Lebensraumes der Tiere vorsah. Wenngleich die Anlagen heute größtenteils veraltet sind (derzeit Restaurierung mehrerer Anlagen) sind die Tiergehege (u.a. Flamingos, Affen, Elefanten) doch nach wie vor beliebtes Ausflugsziel für kleine und große Tierfreunde (kostenloser Eintritt für Kinder und Senioren; → Abb. S. 171 und 207).
Öffnungszeiten:
Tgl. 8.00–18.15, im Winter bis 17.00 Uhr (1. Mai geschlossen).

Giardino Zoologico

*Museo e Galleria Borghese

Das Casino Borghese, von dem jungen Holländer Jan van Santen, der sich später Giovanni Vasanzio nannte, in den Jahren 1613 bis 1615 im östlichen Teil des Parks errichtet, beherbergt heute die Antiken- und Gemäldesammlung des Kardinals Scipione Borghese, einem Neffen von Papst Camillo Borghese, dem späteren Papst Pius V. (seit 1605).
Der zweigeschossige Bau, der wegen Restaurierungsarbeiten (voraussichtlich bis 1991) derzeit nur teilweise zugänglich ist, wird von zwei rechteckigen Türmen gekrönt. Das Erdgeschoß weist eine Loggia mit fünf Arkaden auf, überdacht von einer großen offenen Terrasse.

Öffnungszeiten
Di.–Sa.
9.00–14.00,
So. 9.00–13.00
(Eingang Piazzale Brasile)

Der kunstsinnige Kardinal Scipione Borghese sammelte – nicht zuletzt durch zahlreiche Schenkungen seines Onkels unterstützt – kostbare alte Kunstwerke und gab Aufträge an zeitgenössische Künstler. Von ihm erhielt

Frühwerke Berninis: "David" ...   ... und der "Raub der Proserpina"

Villa Doria Pamphili

Villa Borghese,
Museo e
Galleria Borghese
(Fortsetzung)

beispielsweise Bernini seine ersten Aufträge. Im Casino wurde dann die Antikensammlung des Kardinals aufgenommen, die Grundlage des heutigen Museums. Auch Borgheses Nachfolger waren interessierte Kunstkenner, die das Museum und die Villa erweiterten und verschönerten. Vor allem unter Marcantonio IV. (1730–1800) wurden umfangreiche Restaurierungen durchgeführt und die Gartenanlage neugestaltet. Leider verkaufte Camillo Borghese, Gemahl der Paolina Buonaparte, einen Großteil der Antikensammlung – auf Drängen seines Schwagers Napoleon – an den Louvre in Paris. Anfang dieses Jahrhunderts kam die Gemäldesammlung hinzu, die Galerie entstand.

Die fünf Fragmente eines Mosaikfußbodens aus Torrenuova in der Nähe von Tusculum, die sich in der reich ausgeschmückten Eingangshalle befinden, stammen aus dem 3. Jh. und zeigen Gladiatorenkämpfe und Jagdszenen. Die barocken Deckenfresken der Halle, die "Camillus bei der Beendigung der Verhandlungen mit dem gallischen Heerführer Brennus" und eine "Allegorie des Ruhms" darstellen, schuf Mariano Rossi.

Unter den Skulpturen des Museums ragen hervor: Die auf einem Diwan "Ruhende Venus" (wahrscheinlich ein Porträt der Fürstin Paolina Borghese, geb. Buonaparte, 1805 von Canova geschaffen); "David mit der Schleuder" (1623–1624, Jugendwerk Berninis im Auftrag von Scipione Borghese, → Abb. S. 167); "Apoll und Daphne", ein Meisterwerk des jungen Bernini, der von den Metamorphosen Ovids inspiriert, mit großen Einfühlungsvermögen dem kalten Marmor pulsierende, lebendige Bewegung verlieh: die Metamorphose (Verwandlung) Daphnes in einen Ölbaum bei der Verfolgung durch den Gott Apoll; der "Raub der Proserpina durch Pluto" (→ Abb. S. 167), ebenfalls ein Jugendwerk von Bernini (1621 bis 1622), das erneut die vollkommene technische Fertigkeit des Künstlers belegt; "Der Schlafende Hermaphrodit" (römische Kopie eines griechischen Originals, das in den Besitz des Louvre überging); "Äneas mit seinem Vater Anchises" (von Gian Lorenzo und Pietro Bernini, gleichfalls Sohn und Vater, 1619) sowie ein weiteres Werk Berninis, die "Wahrheit von der Zeit entschleiert" (um 1642), das unvollendet blieb.

In der Gemäldegalerie sind beachtenswert: Bilder von Raffael (u. a. "Die Grablegung" von 1507, im Auftrag von Atalanta Baglioni für die Familienkapelle in Perugia ausgeführt, zur Erinnerung an ihren Sohn Grifone, der 1500 bei den Kämpfen um Perugia ums Leben kam; "Männerbildnis" von 1502) sowie Gemälde von Botticelli ("Madonna mit Kind, Johannesknaben und Engeln", 15. Jh.), Andrea del Sarto ("Pietà" und "Vier Heilige"), Pinturicchio ("Kreuzigung mit den hll. Hieronymus und Christopherus"), Perugino ("Madonna mit Kind"), Lukas Cranach d. Ä. ("Venus und Amor" von 1527, inspiriert durch Verse von Theokrit), Sodoma ("Pietà", "Heilige Familie"), Domenichino ("Die Sibylle", "Jagd der Diana"), Caravaggio ("Madonna dei Palafrenieri", 1605–1606 als Altargemälde für die Palafrenieri, die Reitknechte di Palazzo geschaffen), Correggio ("Danae"), Tizian ("Himmlische und irdische Liebe", Frühwerk um 1516), Antonello da Messina ("Porträt eines Mannes") sowie Werke von Rubens, Lotto, Bernini, Bassano, Van Dyck, Bellini und Paolo Veronese.

*Villa Doria Pamphili   A/B 7/8

Lage
Via Aurelia Antica

Buslinien
31, 42, 144

Neben dem Gianicolo-Hügel erstreckt sich das weitreichende Gelände der Villa Doria Pamphili, des größten städtischen Parks (9 km²) in Rom, mit schattenspendenden Pinienbeständen und weiten Grünflächen. Die Villa wurde 1644–1652 von Alessandro Algardi für den Fürsten Camillo Pamphili (Neffe des Papstes Innozenz X.) angelegt. An der Via Aurelia Antica steht auf einer Terrasse das Casino dei Quattro Venti, die Villa der vier Winde, die mit Standbildern und Reliefs geschmückt ist.

Villa d' Este

→ Tivoli

✳✳Villa Farnesina   C 6

Die Villa Farnesina, heute in Staatsbesitz und u. a. Heimstatt des Gabinetto Nazionale delle Stampe (Nationales Kunstdruckkabinett; Besichtigung nur nach Vereinbarung), entfaltete zur Zeit ihres Baus den ganzen Luxus des 16. Jahrhunderts. Der von einem Park umgebene Renaissancepalast wurde 1508–1522 von Baldassare Peruzzi für den Bankier der Kurie, Agostino Chigi, erbaut, der aufgrund seiner rauschenden Feste auch 'il magnifico' genannt wurde. Die Ausschmückung der römischen Villa übernahmen berühmte Künstler wie Raffael, Giulio Romano, Sebastiano del Piombo, Peruzzi selbst und Sodoma.

Päpste, Kardinäle, Fürsten, Diplomaten, Künstler und Literaten wurden hier aufs fürstlichste bewirtet. Illustre Gäste hatten ein mit ihrem Wappen versehenes eigenes Silberservice, das sie nach einem Festmahl in den nahe vorbeifließenden Tiber warfen (allerdings war ein verstecktes Netz aufgespannt, in dem die Silbergeräte sorgfältig gesammelt wurden). Nach den Banketten fanden in den Gartenanlagen zuweilen auch galante Gesellschaftsspiele (u.a. fingierte Duelle) statt. Im Jahre 1580 kauften die Farnese den Gartenpalast, danach ging er auf die Bourbonen über.

Anschrift
Lungotevere della Farnesina

Buslinien
23, 28, 65

Öffnungszeiten
Mo.–Sa.
9.00–13.00;
Di auch
15.00–17.30;
Aug. geschlossen
(Eingang: Via della Lungara)

In der Gartenloggia der Villa ist an den Wänden und der Decke die Liebesgeschichte von Amor und Psyche (nach der Fabel von Apuleius) dargestellt, ein Werk Raffaels und seiner Schüler Giulio Romano und Francesco Penni (1517); anmutige jugendliche Gottheiten der heidnischen Antike durchschwebten nun – in der Renaissance – das Rom der Päpste; griechisch-römische Ideale und Themen verbinden sich mit christlichen.

Im Saal der Galathea, der sich ebenfalls im Erdgeschoß befindet, dominiert zwischen den Lünettenfresken von Sebastiano del Piombo (verschiedene Szenen aus Ovids Metamorphosen darstellend) und Baldassare Peruzzuis "Sternenhimmel" der von Raffael gemalte "Triumph der Nymphe Galathea" (1511), die von dem einäugigen Zyklopen Polyphem geliebt wird, sich jedoch über seine Bemühungen nur lustig macht. Vermutungen, die besagen, daß Imperia, (die Geliebte Chigis) in diesem Gemälde porträtiert wurde, sind nicht belegt worden.

Sehenswert sind ferner im Obergeschoß der 'Perspektiven-Saal' von Baldassare Peruzzi, eine Anfang des 16. Jh.s gemalte illusionistische Dekoration, die aus vorgetäuschten Säulengängen den Blick auf verschiedene Plätze des antiken Roms eröffnet.

Ein Hauptwerk Sodomas aus den Jahren 1511–1512 ziert das Schlafzimmer des Agostino Chigi: "Hochzeit Alexanders des Großen mit Roxana" (Tochter des persischen Königs Darius). Die Darstellung des Schlafgemachs mit dem Makedonen-Feldherrn, der seiner Braut die Krone überreicht, symbolisiert den Sieg der Liebe über alles andere, Hymen und kleine Eroten mit Liebespfeilen, die Roxane beim Entkleiden helfen, signalisieren die Erotik der Situation. Sodoma malte auch "Alexanders Begnadigung der persischen Familie Darius".

Villa Giulia

→ Museo Nazionale Etrusco di Villa Giulia

Villa Madama   A/B 2/3

Anschrift
Via di Villa
Madama

Buslinien
28, 32, 90, 391

Am Abhang des Monte Mario zur Stadt hin liegt die Villa Madama, heute Repräsentationsgebäude der italienischen Regierung für Empfänge und Konferenzen. Nach einem Entwurf Raffaels wurde der Bau zuerst für Kardinal Giulio (aus der Florentiner Familie der Medici), dem späteren Papst Clemens VII., ausgeführt, dann von Antonio da Sangallo d. J. verändert. Die Villa kam in den Besitz der Madama Margarethe von Parma, Tochter Karls V. und Frau in erster Ehe des Alessandro Medici, in zweiter des Ottavio Farnese, später an die Bourbonen von Neapel (1735). Die Villa verbindet sich harmonisch mit der umgebenden Natur. Von den gepflegten Grünanlagen bietet sich ein prächtiger Blick über die Stadt.

Villa Medici   D 5

Anschrift
Viale della Trinità
dei Monti

U-Bahn-Station
Linie A, Piazza di
Spagna

Nördlich der Kirche Trinità dei Monti, wenige Schritte von der Spanischen Treppe (→ Piazza di Spagna) entfernt, liegt die Villa Medici (Besichtigung nach Anmeldung bei der Französischen Akademie), ein Bau der Spätrenaissance mit einer strengen Außenfassade und einer reich gegliederten Gartenrückfront, die dem → Pincio zugewendet ist. Die Villa wurde 1544 von Annibale Lippi für Kardinal Ricci von Montepulciano ausgeführt; dann wurde sie Eigentum der Medici und der Großherzöge der Toskana; schließlich richtete Napoleon hier einen Sitz der 1666 von Richelieu in Paris gegründeten französischen Akademie ein, eine Stiftung für Künstler aus Frankreich.

Von 1630 bis 1633 war in der Villa Medici Galileo Galilei auf Anordnung des Heiligen Offiziums inhaftiert.

Villa Medici

Villa Torlonia

Zoologischer Garten in der Villa Borghese

Villa Torlonia   G 4

Der 13 ha große Park Villa Torlonia, mit dem zu Beginn des 19. Jh.s erbauten Palazzo Torlonia, ein neoklassizistischer Komplex, ehemals Besitztum der Familie Torlonia, war während der Zeit des Faschismus Privatresidenz Mussolinis. Heute befindet sich das Areal im Besitz der Stadt Rom und ist damit für die Öffentlichkeit zugänglich; allerdings kann das Gebäude selbst nicht besichtigt werden.

Anschrift
Via Nomentana

Buslinien
36, 37, 60, 62, 63, 136, 137

Zoologischer Garten

→ Villa Borghese, Giardino Zoologico

Praktische Informationen von A bis Z

Anreise

Für die Anreise nach Rom empfehlen sich sowohl die Autobahnen als auch die Hauptstraßen.
Die Benutzung der italienischen Autobahnen ist gebührenpflichtig. Die Höhe der Mautgebühr ist nach Hubraumgröße und Achsenabstand gestaffelt; eine Ermäßigung gibt es für ausländische Touristen, wenn sie Benzingutscheine (→ Kraftstoff) kaufen . Die Gebührenabschnitte müssen aufbewahrt werden, da sie beim Verlassen der Autobahn wieder eingezogen werden.

Mit dem Auto

An der schweizerisch-italienischen Grenze sind folgende Grenzübergänge ununterbrochen geöffnet:
Großer St. Bernhard (Tunnel): Straße Lausanne – Aosta – Turin (Paßstraße in der Regel von November bis Juni gesperrt)
Simplon-Tunnel: Straße Brig – Iselle – Mailand
Chiasso: Straße Lugano – Como – Mailand
Castasegna/Chiavenna (Maloja-Paß): Straße St. Moritz – Mailand

Grenzübergänge

An der österreichisch-italienischen Grenze sind folgende Grenzübergänge ununterbrochen geöffnet:
Brenner: Straße Innsbruck – Bozen
Reschenpaß: Straße Landeck – Meran – Bozen
Winnbach (Prato alla Drava): Straße Lienz – Bozen bzw. Venedig
Tarvisio: Straße Villach – Udine – Venedig

→ dort

Straßenverkehr

Von einer großen Anzahl von Veranstaltern werden Autobusreisen angeboten, die entweder als Städtereisen Rom direkt zum Ziel haben oder einen Romaufenthalt innerhalb einer Rundreise vorsehen. In der Regel handelt es sich dabei um Gruppenreisen.

Mit dem Autobus

Touring-Linien/Europabus
Für Einzelreisende kommen die Touring-Busse in Frage, die im Linienverkehr von vielen Städten der Bundesrepublik Deutschland, Österreichs und der Schweiz verkehren. Zumeist handelt es sich um Fahrten mit Umsteigen, auch mit Übernachtungen (Auskünfte über Reisebüro). Touring-Busse verkehren auf den Strecken Frankfurt am Main – Würzburg – Nürnberg – München – Abano Terme – Montegrotto und Frankfurt am Main – Mannheim – Stuttgart (Anschluß von Heilbronn) – München – Abano Terme – Montegrotto. Auskunft erteilt die Deutsche Touring GmbH, Am Römerhof 17, 6000 Frankfurt am Main, Tel. (069) 79030.

Direktverbindungen bestehen von allen wichtigen Städten der Bundesrepublik Deutschland, Österreichs und der Schweiz.
Züge aus dem Ausland, deren Endstation Rom ist, fahren auf dem Hauptbahnhof (Stazione Termini) ein. Züge, die nach Süditalien weiterfahren, kommen meist am Bahnhof Tiburtina an. Von beiden Bahnhöfen bestehen Taxi-, Bus- und U-Bahnverbindungen in die Innenstadt. Wer ein Taxi nehmen möchte, muß beim Hauptbahnhof mit langen Wartezeiten rechnen. Im Gebäude des Hauptbahnhofs befindet sich ein Touristeninformationsbüro sowie im Untergeschoß ein 'Albergo Diurno', wo man sich duschen und ausruhen kann. Es werden auch tagsüber Ruheräume vermietet. Fer-

Mit der Eisenbahn

◀ *Galleria Nazionale d'Arte Moderna*

173

Antiquitäten   **Praktische Informationen**

Anreise mit der   ner gibt es hier eine Bar, die bis spät in die Nacht geöffnet ist, verschiedene
Eisenbahn (Forts.)   Läden und einen Friseur.

Bahnhöfe   → dort

Bahnreisen   → dort

Mit dem Flugzeug   Linienflüge mit Direktverbindungen (ohne Zwischenlandung) nach Rom
                        bestehen von den deutschen Flughäfen Frankfurt am Main und München;
                        von den schweizerischen Flughäfen Zürich und Genf; vom österreichi-
                        schen Flughafen Wien. Während der Hauptreisezeit bieten einige Reise-
                        veranstalter darüber hinaus verbilligte Charterflüge an, die in der Regel auf
                        dem Flughafen Ciampino landen (inklusive Transfer in die Innenstadt bzw.
                        zum Hotel).
                        Der Flughafen Leonardo da Vinci in Fiumicino liegt 36 km (Via del Mare)
                        bzw. 26 km (Autostrada) von Rom entfernt. Zwischen Flughafen und Air
                        Terminal (Via Giolitti 36, an der Stazione Termini) verkehren Autobusse (ca.
                        alle 15 Min. von 7.00 bis 19.00, zwischen 19.00 und 7.00 alle halbe Stunde;
                        Tickets im Flughafengebäude). Mit dem Taxi muß man für die Fahrt in die
                        City ca. 45 Minuten einplanen, zur Hauptverkehrszeit kann es erheblich
                        länger dauern.
                        Der Flughafen Ciampino ist in erster Linie ein Charter- und Militärflughafen.
                        Zwischen Flughafen und Air Terminal (Via Sicilia) verkehren Autobusse.
                        Der Sportflughafen Urbe kann nur von Kleinflugzeugen angeflogen wer-
                        den; kein Pendelverkehr.

Flugverkehr   → dort

Antiquitäten

Piazza Navona   Die Restauratoren in ihrer 'bottega' in den kleinen engen Straßen hinter der
                        Piazza Navona verstehen sich auf die Technik, die von der Zeit oft schwer
                        beschädigten antiken Möbel und Gemälde zu restaurieren.
                        So drängt sich denn auch ein Laden neben den anderen und versucht, mit
                        seinem Angebot an antiken Möbeln, Silbergeschirr, Schmuck, Puppen,
                        Gemälden, Lampen, Spitzendecken und anderen Antiquitäten die Konkur-
                        renz zu übertreffen.

Via dei Coronari   In der Via dei Coronari mit ihren vielen Antiquitätengeschäften finden zwei-
                        mal jährlich in der zweiten Mai- und der zweiten Oktoberhälfte 'Wochen
                        des Antiquariats' statt.

Via del Babuino/   In diesem Viertel zwischen der Piazza di Spagna und der Piazza del Popolo
Via Giulia   ist die römische Kunstmarktszene zu Hause. Neben zahlreichen Galerien
                        findet man hier ebenfalls viele Antiquitätenhändler, die Raritäten (zu ent-
                        sprechenden Preisen!) anbieten.

'Banchi vecchi'   Altwarengeschäfte gibt es in den Straßen der 'Banchi vecchi' (von Campo
                        dei Fiori Richtung Tiber).

Porta Portese   Flohmarkt ist am Sonntagvormittag an der Porta Portese in Trastevere.

Antiquitäten-   Einen ersten Eindruck über Angebot und Preise können folgende
handlungen   Geschäfte vermitteln:

                        Bilenchi '900 (Glas und Lampen)
                        Via della Stelletta 17

                        Fallani (Kleinplastiken, Bronzen, Münzen)
                        Via del Babuino 58a

Praktische Informationen   **Ärztliche Hilfe**

Febo Antichità (Möbel, Art deco)   Antiquitätenhand-
Vi delle Carrozze 48   lungen (Forts.)

L'Oriulo (Uhren, Schmuck, Grammophone)
Via Santa Maria dell'Anima 40

Apotheken (Farmacie)

Mo.–Fr. 9.00–13.00 und 15.30–19.30.   Öffnungszeiten

In jedem Stadtbezirk gibt es eine Apotheke, die Tag und Nacht geöffnet   Farmacia di turno
hat. Die diensttuenden Apotheken sind in den Tageszeitungen verzeichnet
bzw. unter Tel. 1921-5 (abhängig vom Stadtbezirk) zu erfahren.

Tag und Nacht geöffnet: Internationale
Via Cavour 2, Tel. 460019   Apotheken
Piazza Barberini 49, Tel. 462996, 4755456.

Apotheke (Tag und Nacht geöffnet), die auch Präparate für Tiere führt: Veterinärmedizin
Via Appia Nuova 51/55, Tel. 7550622, 7576298.

Ärztliche Hilfe

Einheitlicher Notruf in ganz Italien: Notruf
Tel. 113

Ganzjährig: Deutschsprachiger
Tel. 4954730   Notrufdienst

Rotes Kreuz   Erste Hilfe
(Croce Rossa)   (Pronto Soccorso
Tel. 5100   Autoambulanze)

Pronto Soccorso a domincilio   Ärztedienst
Tel. 4756741-4   (Hausbesuche)

Fabio Farello   Deutschsprachige
Viale Medaglie d'oro 199, Tel. 3496655   Ärzte

Hiltrud Steinbart
Via A. Chinotto 1, Tel. 3612761

San Camillo, Circonvalazione Gianicolese 87, Tel. 58701   Krankenhäuser
                                                           (Ospedali) mit
San Giovanni, Via Amba Aradam, Tel. 77051   Notaufnahme

Santo Spirito, Lungotevere in Sassia (Nähe Vatikan), Tel. 650901

San Giacomo, Via Canova 29 (Ecke Via del Corso), Tel. 6726

San Fillipo, Via Martinotti 20, Tel. 33061

San Eugenio, Viale Umanesimo (EUR), Tel. 5904 (Tag), 5017571 (Nacht)

San Agostino, Lido di Ostia, Tel. 5692210, 5615541

Policlinico Umberto I., Viale del Policlinico (Universitätsstadt), Tel. 49971,
492341

Ausflüge   **Praktische Informationen**

Ärztliche Hilfe, Krankenhäuser (Fortsetzung)	Policlinico A. Gemelli, Largo Gemelli 8, Tel. 33051
Entgiftungszentren (Centri Antiveleni)	Policlinico Umberto I., Tel. 490663 Policlinico A. Gemelli, Tel. 335656
Kinderklinik	Ospedale del Bambin Gesù, Piazza S. Onofrio 4, Tel. 65191
Krankenversicherungsschutz	Nach den Verordnungen der EG haben Versicherte deutscher Krankenkassen Anspruch auf Leistungen, wenn sie während eines Italienaufenthaltes erkranken. Voraussetzung ist, daß man sich vor Reiseantritt einen 'Anspruchsausweis' (Vordruck E 111) besorgt hat. Im Bedarfsfall (Ausnahme Notfall) muß man sich unter Vorlage des 'Anspruchsausweises' an die Unità Sanitaria Locale (u.a.: Via Ariosto 3, Tel. 730121) wenden. Die Behandlung ist dann kostenfrei.
Notdienste	⟶ dort

Ausflüge

In den meisten Reisebüros und auch bei der staatlichen Reiseagentur CIT (Compagnia Italiano Turismo, Piazza della Republica 64) lassen sich Ausflüge in die Umgebung von Rom und auch nach Florenz, Neapel und Pompeji buchen. Wer auf eigene Faust losgehen möchte, erreicht viele Sehenswürdigkeiten bequem mit öffentlichen Verkehrsmitteln (⟶ Sehenswürdigkeiten von A bis Z, Ostia Antica, Tivoli) oder besser mit dem Wagen (⟶ Sehenswürdigkeiten von A bis Z, Cerveteri, Colli Albani).

Palestrina
Zu den lohnenswerten Zielen, die man am besten mit dem Auto ansteuert, zählt Palestrina, das antike Praeneste, 38 km südöstlich von Rom, zu erreichen über die Autostrada A 2, Abfahrt Zagarolo oder über die Strada Statale N. 6. Besonders sehenswert sind dort die riesigen Anlagen des römischen Heiligtums der Fortuna Primigenia (1. und 2. Jh. v.Chr.), in die ein Teil der Stadt hineingebaut wurde. Die zahlreichen Funde aus dem Heiligtum und aus Gräbern der Umgebung sind im Museo Nazionale Archeologico Prenestino (geöffnet: tgl. 9.00 Uhr bis Sonnenuntergang) ausgestellt, das sich im Palazzo Colonna Barberini auf der höchsten Terrase des Heiligtums befindet.

Tarquina
Knapp 100 km nordwestlich von Rom liegt die Etruskerstadt Tarquina. Man erreicht sie über die Autostrada A 12 Richtung Fiumicino, Abzweigung nach Civitavecchia, wo die Autobahn endet, und weiter über die Via Aurelia (Strada Statale N. 1). Die Nekropole der Stadt birgt die schönsten ausgemalten Gräber der etruskischen Kultur. Die Malereien in den Grabkammern sind allerdings – nicht zuletzt durch den Besucherandrang – sehr in Mitleidenschaft gezogen, so daß insgesamt nur acht Kammern (wechselweise vier pro Tag) zu besichtigen sind. Im Museo Nazionale Tarquiniense sind jedoch die Funde aus den Gräbern zu besichtigen (geöffnet: tgl. außer montags 9.00–14.00, im Sommer auch 16.00–19.00 Uhr).

Monte Circeo/ San Felice
Ein in landschaftlicher Hinsicht reizvoller Ausflug führt in den 90 km südöstlich von Rom gelegenen Küstenort San Felice. Man verläßt Rom zunächst Richtung Lido di Ostia, biegt dort nach Südosten auf die Küstenstraße ab und gelangt über Anzio, Nettuno und Sabaudia nach San Felice. Etwa 5 km vor dem Ort befindet sich der Monte Circeo, wo der Sage nach der Palast der Zauberin Circe, die die Gefährten des Odysseus in Schweine verwandelte, stand. Von San Felice selbst blickt man bei klarem Wetter bis nach Ischia, Capri, zum Vesuv und zu den Ponzainseln. Wer sich

Praktische Informationen — **Auskunft**

die Mühe macht und um eine Erlaubnis zum Betreten des Militärgebiets um den 448 m hohen Semàforo nachkommt und dort die höchste Spitze (541 m ü.d.M.) erklimmt, hat eine noch bessere Aussicht und kann beim Zurückblicken vielleicht die Kuppel des Petersdoms erkennen.

Ausflüge, Monte Circeo/San Felice (Fortsetzung)

Wer auf dem Flughafen 'Leonardo da Vinci' einen längeren Aufenthalt zwischen zwei Flügen hat, kann mit dem 'Intermezzo-Bus' der Alitalia gratis einen Ausflug nach Ostia Antica unternehmen (tgl. 11.00, 13.00 und 15.00 Uhr).

Hinweise für Transitpassagiere

Auskunft

Erste Adresse für alle Auskünfte, die eine geplante Romreise betreffen, sind die Vertretungen der Staatlichen Italienischen Fremdenverkehrsämter:

Staatliche Italienische Fremdenverkehrsämter (ENIT)

In der Bundesrepublik Deutschland
D-4000 Düsseldorf, Berliner Allee 26, Tel. (0211) 132231/2.
D-6000 Frankfurt am Main, Kaiserstraße 65, Tel. (069) 237109, 237430.
D-8000 München 2, Goethestraße 20, Tel. (089) 530369.

In Österreich
A-1010 Wien, Kärntner Ring 4, Tel. (0222) 654374, 651639.

In der Schweiz
CH-1201 Genf, 3, Rue du Marché, Tel. (022) 282922.
CH-8001 Zürich, Uraniastr. 32, Tel. (01) 2113633.

In Rom
Via Marghera 2/6, Tel. 49711.

Ente Provinciale per il Turismo
Via Parigi 5, Tel. 463748.

Römisches Verkehrsbüro (E.P.T.)

Im Hauptbahnhof (Stazione Termini), Tel. 465461, 4750078.

Flughafen Leonardo da Vinci (Ankunftshalle), Tel. 6011255, 60124471.

Autobahn Rom – Mailand (A 1): Area di servizio Salvaria Ovest, Tel. 6919958.

Autobahn Rom – Neapel (A 2): Area di servizio Frascati Est, Tel. 9464341 (saisonbedingt).

Piazza Esquilino 29
(bei S. Maria Maggiore)
Tel. 4751531.

Deutsches Reisebüro (DER)

Via del Sant' Uffizio 29
(beim Petersplatz)
Tel. 6548568,
6565704.

Deutsches Rompilger-, Touristik- und Informationsbüro

Zentrale:
Tel. 6982

Vatikanische Informationsbüros

Ufficio Informazioni Pellegrini e Turisti
Südseite vom Petersplatz
Tel. 698466,
6984466.

Autohilfe	Praktische Informationen

Auskunft, Vatikanische Informationsbüros (Forts.)	Peregrinatio ad Petri Sedem Via della Conciliazione 10 Tel. 6540912
Amtliches Italienisches Reisebüro (CIT)	Compagnia Italiana Turismo Piazza della Republica 64, Tel. 47941.
Telefonauskunft	Unter der Rufnummer 116 erhält man in ganz Italien jederzeit Auskunft und Beratung (mehrsprachiges Personal).
Polizisten	Im Zentrum von Rom kann man sich an Stadtpolizisten wenden, die am linken Arm ein kleines Schild tragen, auf dem angegeben ist, welche Fremdsprache sie sprechen.
Automobilclubs	⟶ Autohilfe

Autohilfe

Hinweis	Nimmt man in Italien die Hilfe eines Pannendienstwagens in Anspruch, so ist dies gebührenfrei, wenn man einen ADAC-Auslands- bzw. Euroschutzbrief oder ein Bezingutscheinheft vorweisen kann.
	Das Abschleppen von liegengebliebenen Fahrzeugen auf italienischen Autobahnen ist ausschließlich den italienischen Pannenhilfswagen vorbehalten. Bei Übertretung des Verbots kassiert die Polizei Bußgeld.
Automobilclubs	Automobile Club d'Italia (ACI) Via Marsala 8, Tel. 49981
	Automobile Club di Roma (ACR) Via Cristoforo Colombo 261, Tel. 5106
	Touring Club Italiano (TCI) Via Ovidio 7/A, Tel. 388602, 388658
Pannenhilfe	ACI, Tel. 116 (in ganz Italien jederzeit erreichbar).
Officina	'Officina' heißen Autoreparaturwerkstätten.
Notruf	Einheitlich für ganz Italien: Tel. 113.
Straßenzustandsbericht	ACI, Tel. 4212 (auch in deutsch).

Autovermietung

⟶ Mietwagen

Bäder (Piscine)

Hallenbad	Foro Italico Geöffnet: Nov.–Mai
Freibäder	Stadio del Nuoto (Foro Italico) Geöffnet: Juni–Sept.

Praktische Informationen **Bahnreisen**

Piscine delle Rose
(EUR)
Geöffnet: Juni–Sept.

Bäder,
Freibäder (Forts.)

In die Badeorte der Umgebung Roms gehen Busse der Gesellschaft Acotral; zum Lido von Ostia fährt die Linie B der Metropolitana.

Badeorte

Bahnhöfe

Stazione Termini
Züge ins Ausland und nach ganz Italien
Auskunft Tel. 4775
Fundbüro Tel. 4730-6682

Hauptbahnhof

Bahnhof Tiburtina
Züge nach Nord- und Süditalien
Auskunft Tel. 4956626

Weitere
Bahnhöfe

Bahnhof Trastevere
Züge Richtung Pisa/Genua

Bahnhof Ostiense
Richtung Ostia/Nettuno al mare/Neapel

Bahnhof Roma-Nord
Richtung Viterbo

Bahnhof Prenestina
Richtung Pescara

Bahnhof Tuscolana
Linie Grosseto/Viterbo

Bahnhof San Pietro
Nahverkehr

Bahnhof Porta S. Paolo
Linie Viterbo und Linie Ostia Lido

Bahnreisen

Das italienische Eisenbahnnetz umfaßt derzeit etwa 16000 km. Der überwiegende Teil der Verbindungen wird von den italienischen Staatsbahnen (Ferrovie Italiane dello Stato, FS) unterhalten.

Ferrovie Italiane
dello Stato (FS)

Piazza della Croce Rossa
Tel. (06) 8490/2931

Zentrale
in Rom

In der Bundesrepublik Deutschland
Bahnhofsplatz 2
D-8000 München 2
Tel. (089) 593643, 591597

Auslandsvertre-
tungen der FS

In Österreich
Mariahilfer Str. 84, A-1070 Wien, Tel. (0222) 935311

In der Schweiz
Effingerstr. 8, CH-3011 Bern, Tel. (0031) 254161

Besichtigungsprogramm   **Praktische Informationen**

Bahnreisen (Fortsetzung), Fahrkarten	Internationale Fahrkarten sind zwei Monate gültig, wobei die Fahrt beliebig oft unterbrochen werden kann.
Touristenfahrkarte	Die günstigste Fahrkarte für Urlauber ist die FS-Tourist-Karte (biglietto turistico di libera circolazione). Sie gilt ohne Kilometerbeschränkung auf allen Eisenbahnstrecken der FS. Beim Kauf muß ein für die Einreise nach Italien gültiger Ausweis vorgelegt werden, aus dem hervorgeht, daß der Käufer außerhalb Italiens wohnhaft ist. Die Fahrkarte ist 8, 15, 21 oder 30 Tage gültig und ermächtigt zu einer unbeschränkten Zahl von Fahrten; Kinder von 4 bis 11 Jahren zahlen den halben Preis.
Kilometerhefte	Bei Kilometerheften beträgt die Ermäßigung etwa 10 %. Sie berechtigen dazu, 3000 km auf den Eisenbahnstrecken der FS zu fahren. Alle Züge sind zugelassen; bei zuschlagspflichtigen Zügen muß der Zuschlag bezahlt werden.
Ermäßigung für Kinder und Jugendliche	Kinder, die das vierte Lebensjahr noch nicht vollendet haben, reisen, wenn sie keinen Sitzplatz beanspruchen und in Begleitung Erwachsener sind, umsonst. Jugendliche, die das zwölfte Lebensjahr noch nicht vollendet haben und einen Sitzplatz beanspruchen, zahlen in Italien die Hälfte des Fahrpreises.
Inter-Rail-Karte	Jugendliche (bis 26 Jahre), die eine Inter-Rail-Karte erwerben, können im eigenen Land zu stark ermäßigten Preisen und in Italien ohne zusätzlichen Fahrausweis die Bahn benutzen; die Netzkarte berechtigt zu Fahrten in der zweiten Klasse und gilt einen Monat. Junge Leute können bis zur Vollendung des 26. Lebensjahres auch mit Twen-Tickets, einem Vorzugstarif, reisen.
Ermäßigung für Familien	Familien (mindestens 3 Personen) erhalten auf allen Eisenbahnstrecken der FS Ermäßigung, sofern sie im Besitz einer REF(Rail-Europ-Family)-Karte sind; die Karte muß käuflich erworben werden und gilt in Italien ein Jahr.
Ermäßigung für Senioren	Senioren (Damen und Herren ab 60 Jahren), die über einen Senioren-Paß ihres Heimatlandes und eine RES (Rail-Europ-Senior)-Karte verfügen, erhalten 30 % Ermäßigung. Die Karte gilt so lange wie der zugehörige Seniorenpaß.
Auskunft und Buchung	Weitere detaillierte Auskünfte und Fahrkarten erhält man in den zum Verkauf berechtigten Reisebüros der Deutschen Bundesbahn und bei den ausländischen Niederlassungen des Amtlichen Italienischen Reisebüros CIT.
Amtliche Italienische Reisebüros (CIT)	Am Rindermarkt 2, D-8000 München 2, Tel. (089) 2319030 Stiftstr. 2, D-6000 Frankfurt am Main, Tel. (069) 209046 Komödienstr. 49, D-5000 Köln, Tel. (0221) 207090

Banken

→ Geld und Devisenbestimmungen

Besichtigungsprogramm

Hinweise	Die nachstehenden Empfehlungen sollen dem Reisenden, der zum ersten Mal nach Rom kommt und nur wenig Zeit zur Verfügung hat, als Leitfaden dienen, um den Aufenthalt in der Stadt möglichst eindrucksvoll zu gestalten. Die Verweiszeichen (→) beziehen sich – sofern nicht anders vermerkt

Praktische Informationen   **Besichtigungsprogramm**

Treffpunkt Piazza Navona (Fontana del Nettuno)

– auf die Beschreibungen der 'Sehenswürdigkeiten von A bis Z' im Hauptteil dieses Reiseführers.

Besichtigungsprogramm (Fortsetzung)

Wer sich nur für ein paar Stunden in Rom aufhält und dennoch das Allerwichtigste sehen möchte, dem sei die Teilnahme an einer organisierten Stadtrundfahrt angeraten (→ Praktische Informationen, Stadtbesichtigung).

Um sich einen Überblick von den Rom prägenden historischen und kulturellen Einflüssen zu verschaffen, empfiehlt sich ein Gang durch die Stadt, der vom Zentrum des antiken zu jenem des christlichen Rom führt. Ausgangspunkt ist das Kolosseum (→ Colosseo), von wo es nur wenige Schritte zum Forum Romanum (→ Foro Romano) sind, dessen eindrucksvolle Reste in einem kleinen Rundgang besichtigt werden sollten. Zurück auf der → Via dei Fori Imperiali gelangt man am mächtigen Nationaldenkmal für Viktor Emanuel II. (→ Monumento Nazionale a Vittorio Emanuele II.) vorbei auf die vom Verkehr überflutete → Piazza Venezia, deren Überquerung für sich schon zum Abenteuer geraten kann. Ein reizvoller Abstecher führt über die Via del Corso und die Via di Muratte zu Roms größtem und berühmtesten Brunnen, der → Fontana di Trevi, in die man – so man es glaubt – eine Münze werfen kann, um sich die Rückkehr nach Rom zu sichern. Die jüngere und aktuelle Geschichte Roms begegnet dem Besucher – nach Überquerung der Via del Corso – im italienischen Abgeordnetenhaus (→ Camera dei Deputati) an der Piazza di Montecitorio. Südlich davon lädt an der Piazza della Rotonda das → Pantheon zu einem Aufenthalt ein. Von dort geht es durch verwinkelte Sträßchen über die weiträumige → Piazza Navona mit ihren prächtigen Brunnen schließlich zum Tiber, den man am besten auf der → Ponte S. Angelo zur Engelsburg (→ Castel S. Angelo) hin überquert. Wendet man sich nach links, bietet sich ein prächtiger Blick auf die Peterskirche (→ Vatikan – San Pietro in Vaticano) und das geöffnete Rund des Petersplatzes (→ Vatikan – Piazza

Ein Tag

181

Bibliotheken   Praktische Informationen

Besichtigungs-
programm, ein Tag
(Fortsetzung)

San Pietro). Die breit angelegte Via della Conciliazione führt direkt in den kleinsten Staat der Welt, den Vatikan.

Stimmungsvoller Abschluß eines Tages in Rom ist ein abendlicher Bummel durch das quirlige → Trastevere, dem – zumindest nach Ansicht seiner Bewohner – ältesten Bezirk Roms. In den Gäßchen und Straßen um die Kirche → Santa Maria in Trastevere bieten viele Trattorien Gelegenheit, die römische Küche zu probieren.

Wer sich nicht so viel vornehmen will, der verzichte auf den Abstecher zur Fontana di Trevi und zur Abgeordnetenkammer und beschäftige sich dafür etwas länger mit den anderen Sehenswürdigkeiten. Ansonsten laden zahllose Straßencafés und 'Bars' zur Erholung ein. Eine komfortablere Art die Stadt kennenzulernen, ist eine Rundfahrt per Pferdedroschke (→ Praktische Informationen, Stadtbesichtigung).

Zwei Tage

Stehen zwei Tage für den Rom-Besuch zur Verfügung, sollte man versuchen, die bisher nur flüchtigen Eindrücke zu vertiefen.

Ein Muß – sofern nicht schon am Vortag geschehen – ist eine Besichtigung der Peterskirche (→ Vatikan – San Pietro in Vaticano). Ebensowenig sollte man auf einen Gang durch die Vatikanischen Museen (→ Vatikan – Musei Vaticani) verzichten. Dabei gilt es aber je nach Neigung (und Durchhaltungsvermögen!) aus den verschiedenen Abteilungen auszuwählen, wobei die Stanzen (Stanze di Raffaello) und die Sixtinische Kapelle (Cappella Sistina) obligatorisch sind.

Wer sich mehr den weltlichen Dingen zugeneigt fühlt, verbringe den Nachmittag am besten mit einem Bummel durch die Straßen um die → Piazza di Spagna und die → Via Veneto mit ihren (teuren!) Mode- und Schuhgeschäften. Vom Trubel in den Einkaufsstraßen kann man sich im hinter der Spanischen Treppe gelegenen Park der → Villa Borghese erholen.

Drei Tage

Neben dem Kennenlernen der wichtigsten Sehenswürdigkeiten der Stadt erlaubt der etwas längere Aufenthalt auch einen Ausflug in die nähere Umgebung. Lohnende Ziele sowohl in archäologischer als auch in landschaftlicher Hinsicht sind die → Via Appia Antica, wo noch ein kurzes Stück der alten Römerstraße, Gräber römischer Familien und mit der → Catacombe di San Callisto eine der größten Katakombenanlagen zu sehen sind; → Tivoli mit Park und Gebäuden der Villa d'Este (16. Jh.) und der Villa Adriana aus der Kaiserzeit; → Ostia Antica, der Hafen des antiken Rom oder die Berg- und Seenlandschaft der → Colli Albani.

Bibliotheken

Von den zahlreichen in- und ausländischen Bibliotheken mit ihren Sammlungen antiker Handschriften, rarer, kostbarer Bücher und auch moderner Zeitschriften und Bücher sind die nachfolgend aufgeführten besonders hervorzuheben:

Alessandra Universitaria
Città Universitaria
Tel. 4 95 68 20
Geöffnet: Mo.–Fr. 8.30–22.00, Sa. 8.30–19.30

Archivio di Stato di Roma
Corso Rinascimento 40
Tel. 6 54 38 23
Geöffnet: Mo.–Sa. 8.30–13.30

Archivio Storico Capitolino
Piazza della Chiesa Nuova 18
Tel. 6 54 26 62
Geöffnet: Mo.–Sa. 9.00–13.00

Praktische Informationen   Camping

Biblioteca Angelica   Bibliotheken
Piazza S. Agostino 8, Tel. 655874.   (Fortsetzung)
Geöffnet: Di., Do., Sa. 8.30–13.30; Mo., Mi., Fr. 8.30–19.30 Uhr
(in den Sommermonaten bis 13.30)

Biblioteca dell'Istituto Nazionale
d'Archeologia e Storia dell'Arte
Piazza Venezia 3, Tel. 6781167.
Geöffnet: Mo.–Fr. 9.00–20.00; Sa. 9.00–13.00

Biblioteca Germanica
(Goethe Institut)
Via Savoia 15, Tel. 8841725

Biblioteca Hertziana
Via Gregoriana 28, Tel. 6797352.
Geöffnet: Mo.–Fr. 9.00–13.00, 16.00–19.00
Eintritt nur mit Sondererlaubnis

Instituto Archeologico Germanico
(Deutsches Archäologisches Institut)
Via Sardegna 79, Tel. 465617.
Geöffnet: Mo.–Fr. 9.00–13.00, 15.30–20.00

Piazza del Orologio (Palazzo Borromini), Tel. 6541040.   Städtische
Geöffnet: Mo.–Fr. 9.00–13.00, Di. und Do. auch 15.00–19.00   Bibliotheken

Via Marmorata 169, Tel. 576480.
Geöffnet: Mo.–Fr. 9.00–13.00, 17.00–19.00

Via Ottavio Assarotti 9/b, Tel. 336242.
Geöffnet: Mo.–Fr. 9.00–13.30, Mi. und Fr. auch 14.30–19.00

Via Gela 8, Tel. 7856645.
Geöffnet: Mo.–Fr. 9.00–13.00, 16.00–20.00;
Sa. 9.00–13.00

Botschaften

⟶ Diplomatische und konsularische Vertretungen

Camping

Camping Tiber   Campingplätze
Via Tiberina, km 1,400, Tel. 6912314, 6910733.
Im Norden der Stadt, am Ufer des Tiber.

Capitol
Ostia Antica, Via Castelfusano 45, Tel. 5662720.

Flaminio
Via Flaminia Nouva, km 8,200, Tel. 3279006.

Happy Camping
Via Prato della Corte 1915, Tel. 6422401.

Roma Camping
Via Aurelia 831, km 8,200, Tel. 6223018.

Diplomatische und konsularische Vertretungen	**Praktische Informationen**

Campingplätze (Fortsetzung)	Salania Camping Via Salania, km 15,600, Tel. 691 96 88. Seven Hills Via Cassia 1213, km 18, Tel. 376 55 71.
Campingführer	Detaillierte Informationen zur Ausstattung der Campingplätze enthält der jährlich neu überarbeitete ADAC-Campingführer.

Devisen

⟶ Geld und Devisenbestimmungen

Diplomatische und konsularische Vertretungen

Bundesrepublik Deutschland	Botschaft Via Po 25/c, Tel. 86 03 41 Rechts- und Konsularreferat Via G. Paisiello 24, Tel. 86 40 03.
Deutsche Demo-kratische Republik	Botschaft Via Trasone 56/58, Tel. 8 39 00 45/46
Republik Österreich	Botschaft Via Pergolesi 3, Tel. 86 82 41. Konsularabteilung Piazzale Clodio 56/6, Tel. 38 04 42.
Schweizerische Eidgenossenschaft	Botschaft Via Barnaba Oriani 61, Tel. 80 36 41/5

Einkäufe

⟶ Shopping

Elektrizität

Das Stromnetz führt in der Regel 220 Volt Wechselspannung. Europa-norm-Gerätestecker sind im allgemeinen verwendbar.

Erste Hilfe

⟶ Ärztliche Hilfe

Essen und Trinken

Eßgewohnheiten	Die italienischen Eßgewohnheiten unterscheiden sich zum Teil erheblich von den deutschen. Das beginnt schon am Morgen: Zwar bieten heutzu-

Praktische Informationen **Essen und Trinken**

tage die meisten Hotels ein Frühstück, das mit Brötchen, Butter und Konfi-
türe nordeuropäischen Gepflogenheiten entspricht, Italiener jedoch
begnügen sich mit einem schnellen Espresso in der Bar und höchstens
einem Hörnchen ('cornetto') dazu. Dafür wird mittags und abends um so
üppiger gespeist. Ein typisches Mittag- bzw. Abendessen besteht mei-
stens aus einer kalten oder warmen Vorspeise ('antipasto'), einem ersten
('primo') Gang mit Nudeln ('pasta'), einem zweiten Gang ('secondo') mit
einem Fleisch- oder Fischgericht und zum Abschluß Käse und ein Dessert
('dolce').
Das Mittagessen ('pranzo' oder 'colazione') nimmt man in der Regel zwischen 13.00 und 15.00 Uhr ein, das Abendessen zwischen 19.00 und
22.00 Uhr. In den meisten Restaurants wird man mittags vor 12.30 und
abends vor 18.30 Uhr kaum etwas bekommen. Wer erst am Abend ausgie-
big speisen will, dem sei – um mögliche Enttäuschungen zu vermeiden –
die Tischreservierung empfohlen.

Eßgewohnheiten
(Fortsetzung)

Die Römische Küche legt keinen gesteigerten Wert auf Extravaganz und
Verfeinerung, sondern hat sich eher den Charakter ländlicher Hausmanns-
kost bewahrt, die sich durch Reinheit und Güte der Zutaten sowie sorgfäl-
tige Zubereitung nach einfachen, althergebrachten Rezepten auszeichnet.
Steht am Eingang oder auf der Speisekarte eines Restaurants 'cucina
romana', so darf man hier Gerichte nach römischen Rezepten ('alla romana') erwarten. Man sollte nicht versäumen, einige dieser Spezialitäten zu
kosten.

Römische Küche

Zuppa: Hühnerbrühe mit Gemüse, Fleischklößchen, Reis oder Teigwaren

Suppen

Broccoli romani: in Weißwein gedünstete Broccoli
Cannelloni: mit Fleisch, Kalbshirn, Spinat, Ei und Käse gefüllte Rohrnu-
deln.
Carciofi alla giudà: Artischocken in einer Tonform gebacken
Carciofi alla romana: Artischocken mit Pfefferminzblättern gewürzt und mit
Sardellen gefüllt
Fettucine: Bandnudeln mit Sauce aus Butter, Eiern, Sardellen und Käse
Gnocchi alla romana: Grießteigklößchen
Gnocchi di polent: Überbackene oder panierte und in Fett gebackene
Maismehlkuchen
Lumache: Schnecken in Tomatensoße, mit Ingwer gewürzt
Panzarottini: kleine Teigtaschen mit Käse und Butter, nachmal mit Ei, Sar-
dellen u. a. überbacken
Suppli di riso: Bällchen aus gekochtem Reis und Ei mit Fleischragout

Vorspeisen

Anguilla: Aal in Weißwein gedünstet
Calamari fritti: fritierte Tintenfischringe
Orate ai ferri: Goldbarsch vom Rost

Fischgerichte

Anitra: gefüllte Ente mit Kalbsfüßen
Cappone: Kapaun mit Brotfüllung, gewürzt mit Käse
Pollo: Huhn in Tomantensauce mit Weißwein

Geflügel

Abbacchio: Milchlamm in Weißwein
Polenta: Polentascheiben (Maismehlkuchen) mit Hammelragout
Salsa romana: süssaure braune Sauce mit Rosinen sowie Kastanien- und
Linsenpüree zu Wildgerichten
Saltimbocca: gerolltes Kalbsschnitzel mit Schinkenscheibe und Salbei-
blatt, in Butter gedünstet und mit Marsala abgelöscht
Testarelle di abbacchio: Lammköpfe in Öl gebraten, mit Rosmarin
Trippa: Kutteln in Tomatensauce, mit Weißwein

Fleischgerichte

Im allgemeinen werden zum Essen Wein und Wasser getrunken, doch
bekommt man in vielen Restaurants auch Bier, das aber im Vergleich zum
Wein oft erheblich teurer ist.

Getränke

185

Fahrradverleih   **Praktische Informationen**

Essen und
Trinken,
Getränke
(Fortsetzung)

Die bekanntesten Weine aus der Umgebung von Rom sind die der Castelli Romani, oft nach dem Hauptweinort Frascati benannt; von dort kommen kräftige, blumige Weißweine ('vino bianco'). Weitere Weinorte gruppieren sich um den Lago Albano: Grottaferrata, Marino, Genzano, Velletri (auch Rotweine, 'vino rosso' oder 'vino nero') sowie die Lagen der Colli Lanuvini und der Colli Albani (meist leicht säuerlich, 'asciutto'). Von gleicher Lage erhält man in der Regel sowohl einen trockenen ('secco') Tischwein als auch lieblichen ('abboccato, amabile') bis süßen ('dolce') Dessertwein.
Der Tischwein ('vino di pasto') wird offen in Liter-, Halbliter- und Viertelliter-karaffen ('un litro, mezzo litro, un quarto') und im Glas ('un bicchiere') serviert.

In Rom gibt es über 5000 Bars, deren Mittelpunkt eine Espressomaschine ist. Die Sitzgelegenheiten sind rar, man steht an der Theke, die Ausstattung ist spärlich – dafür ist die Wahl des richtigen Kaffees für den Römer eine Wissenschaft für sich. Man trinkt den auch nördlich der Alpen bekannten Espresso (ein kleiner, schwarzer, starker Kaffee). Doch nur ein Ausländer bestellt auch einen 'Espresso', in Rom heißt er schlicht 'caffè', den es wiederum doppelt ('doppio'), 'korrigiert' ('corretto') mit Grappa (Tresterschnaps), Cognac oder Bitter, kalt ('freddo') im Sommer oder schwach und verlängert ('ristretto') gibt.
Noch variantenreicher ist der Cappuccino (mit heißem Milchschaum gekrönter Caffè): man kann ihn hell oder dunkel ('chiaro' oder 'scuro'), in den verschiedenen Temperaturen und mit mehr oder weniger Schaum zu sich nehmen.
Ein einfacher Milchkaffee ist ein 'Caffelatte' oder 'Macchiato' ('gefleckt'), wer aber Milch mit wenig Kaffee vorzieht, der bestelle sich eine 'Latte Macchiato'.

Restaurants   ⟶ dort

Fahrradverleih

Mit dem Fahrrad in Rom herumzufahren ist äußerst gefährlich. Empfehlenswert ist allerdings eine Tour durch die herrlichen ⟶ Parkanlagen der Stadt oder über Land.

Bicinoleggio telefonico
(telefonischer Fahrradverleih)
Lungotevere Marzio 3, Tel. 6543394
(Frühling bis Herbst)

Collati
Via del Pellegrino 82, Tel. 6541084

Feiertage

1. Januar (Neujahr), 6. Januar (Erscheinungsfest Hl. Drei Könige), 25. April (Tag der Befreiung; 1945), Ostermontag, 1. Mai (Tag der Arbeit), Himmelfahrt, Fronleichnam, 2. Juni (Proklamation der Republik; Feiern am darauffolgenden Samstag), 15. August (Ferragosto: Mariä Himmelfahrt; Familienfeiertag, Höhepunkt der inneritalienischen Ferienvölkerwanderung), 1. November (Allerheiligen), 4. November (Tag der Nationalen Einheit; Feiern am darauffolgenden Samstag), 8. Dezember (Mariä Empfängnis), 25. und 26. Dezember (Weihnachten).

Pfingstmontag, Karfreitag, Fronleichnam, Heiligabend und Silvester sind keine Feiertage.

Praktische Informationen   **Galerien**

Flugverkehr

Der Internationale Flughafen Roms 'Leonardo da Vinci' liegt in Fiumicino   Flughäfen
südwestlich von Rom (26 km auf der Autobahn). Zwischen Stadtzentrum
und Flughafen verkehren Autobusse (→ Anreise).
Auskunft in Italienisch und Englisch: Tel. 60 12 36 40 (von 7.00 bis 23.30),
Tel. 60 12 34 88 (von 23.30 bis 7.00).

Der Flughafen Ciampino im Südosten Roms ist hauptsächlich ein Charter-
und Militärflughafen.
Auskunft: Tel. 46 94.

Der Sportflughafen Urbe im Norden der Stadt kann nur von Kleinflugzeu-
gen angeflogen werden.

Lufthansa   Fluggesellschaften
Via L. Bissolati 6-10, Tel. 4 66 02 10/2
Flugreservierungen Tel. 4 66 08

Interflug
Via S. Nicola da Tolentino, Tel. 4 74 36 29, 4 74 59 05

Austrian Airlines
Via Barberini 68, Tel. 46 33 55
Flugreservierungen Tel. 46 12 06, 46 33 03

Swissair
Via Po 10, Tel. 8 47 05 11/2
Flugreservierungen Tel. 8 47 05 55

Alitalia
Via Bissolati 13, Tel. 4 68 81
Flugreservierungen Tel. 54 55, 54 56

Fundbüro (Servizi oggetti rinvenuti)

Fundbüros gibt es auf den Flughäfen und Bahnhöfen. Sie sind zumeist   Flughäfen/
durchgehend geöffnet.   Bahnhöfe

Fundbüro der Städtischen Verkehrsbetriebe ATAC   Städtische
Via Volturno 65 (Nähe der Stazione Termini)   Verkehrsbetriebe
Geöffnet: werktags 10.00–12.00

Via Bettoni 1   Städtisches
Geöffnet: werktags 9.00–12.00   Fundbüro

Galerien

Galleria Borghese
→ Sehenswürdigkeiten von A bis Z, Villa Borghese

Galleria Colonna
→ Sehenswürdigkeiten von A bis Z, Galleria Collona im Palazzo Colonna

Galleria Nazionale d'Arte Antica
→ Sehenswürdigkeiten von A bis Z, Palazzo Barberini
→ Sehenswürdigkeiten von A bis Z, Palazzo Corsini

Geld und Devisenbestimmungen **Praktische Informationen**

Van Goghs "Gärtner"

"Bogenschütze" von A. Bourdelle

Galerien (Fortsetzung)

Galleria Nazionale d'Arte Moderna
→ Sehenswürdigkeiten von A bis Z, Galleria Nazionale d'Arte Moderna

Galleria Communale d'Arte Moderna
Piazza S. Pantaleo 10
Geöffnet: nur Do., Sa. 9.00–14.00

Galleria dell'Accademia di San Luca
Piazza dell Accademia di San Luca 77
Geöffnet: Mo., Mi., Fr., letzter So. des Monats 10.00–13.00
Gemälde u. a. von Raffael, da Bassano, Rubens u. a.

Galleria dell'Oca, Via dell'Oca 41
Geöffnet: Mo.–Sa. 10.00–13.00, 16.00–20.00
Gemälde abstrakter Kunst des 20. Jahrhunderts.

Galleria Doria Pamphili
Palazzo Doria Pamphili, Piazza del Collegio Romano 1/a
Gemälde des 15. bis 17. Jahrhunderts.

Galleria Spada
Piazza Capo di Ferro 3
Geöffnet: Di.–Sa. 9.00–14.00, So. 9.00–13.00
Werke des 17. Jahrhunderts.

Geld und Devisenbestimmungen

Währung

Währungseinheit ist die italienische Lira (Lit; Mehrzahl Lire). Banknoten zu 1000, 2000, 5000, 10 000, 50 000 und 100 000 Lit; Münzen zu 5, 10, 20, 50,

Praktische Informationen   **Geld und Devisenbestimmungen**

100, 200 und 500 Lit. Bei dem häufig auftretenden Kleingeldmangel erset- | Währung
zen mitunter Telefonmarken ('gettoni') die 50-Lire-Münzen (auch Verwen- | (Fortsetzung)
dung von Briefmarken und 'Minischecks').
1 vatikanische Lira = 1 italienische Lira.

100 Lit = 0,14 DM	1 DM = 735 Lit
100 Lit = 0,86 öS	1 öS = 104 Lit
100 Lit = 0,11 sfr	1 sfr = 870 Lit

Wechselkurse (schwankend)

Seit Jahren wird im italienischen Parlament über eine Währungsreform | Lira Nuova
beraten. Vorgesehen ist die Einführung einer 'neuen Lira' (Lira Nuova), eine
neue Lira soll 1000 alten Lire entsprechen. Ob und wann der Gesetzesent-
wurf verbschiedet werden kann, ist nach wie vor ungewiß. Sollte er ver-
wirklicht werden, bleibt für mindestens zwei Jahre neben der neuen auch
die alte Lira im Umlauf.

Die Einfuhr von Lire und ausländischen Zahlungsmitteln nach Italien ist frei; | Devisen-
jedoch empfiehlt es sich wegen der mitunter strengen Devisenkontrollen | bestimmungen
bei der Ausreise, die mitgeführten Beträge in jedem Fall auf dem an der
Grenze erhältlichen Formblatt 'Modulo V2' zu deklarieren.
Die Ausfuhr von Devisen ist ohne Einreise-Deklaration nur bis zum Gegen-
wert von 5 000 000 Lit pro Person gestattet; in italienischer Währung dürfen
nur bis 1 000 000 Lit ausgeführt werden.

Die Mitnahme von Eurocheques, Travellerschecks oder anderen Reise- | Reiseschecks,
schecks, die keinen Beschränkungen unterliegen, ist empfehlenswert. | Eurocheques
Eurocheques können bis zu einem Betrag von 300 000 Lire ausgestellt
werden. Bei dem Verlust der Eurocheque-Karte wende man sich umge-
hend an den Zentralen Annahmedienst für Verlustmeldungen von Euro-
cheque-Karten in Frankfurt am Main (Tel. von Italien: 00 49/69/74 09 87; Tag
und Nacht besetzt); die Karte wird dann sofort gesperrt.

Banken, größere Hotels, Restaurants der gehobenen Kategorien, Autover- | Kreditkarten
mieter sowie viele Einzelhandelsgeschäfte akzeptieren die meisten internationalen Kreditkarten. Am verbreitetsten ist in Italien Visa, gefolgt von
American Express, Eurocard und Diners Club.

Öffnungszeiten der Banken: | Banken
Mo.–Fr. 8.30–13.30 oder 14.00, zusätzlich eine Stunde am Nachmittag, je
nach Bank verschieden (in der Regel 15.00–16.00).

In fast allen Banken und in Wechselstuben: | Geldwechsel
 | (Cambio)

American Service Bank
Piazza Mignanelli 5

Cambio Roma
Via Francesco Crispi 15

Eurocambio
Via Francesco Crispi 92

Außerhalb der üblichen Geschäftszeiten und an Wochenenden ist Geldwechsel in folgenden Wechselstuben möglich (keine Eurocheques!):
im Hauptbahnhof (Stazione Termini);
auf dem Flughafen 'Leonardo da Vinci' (Fiumicino).

Geschäftszeiten

→ Öffnungszeiten

Hotels   Praktische Informationen

Getränke

→ Essen und Trinken

Hotels (Alberghi)

Kategorien
Die Hotels sind amtlich in fünf Kategorien eingeteilt. Die Skala reicht vom Luxushotel (5 Sterne) bis zum Hotel bzw. bis zur Pension für bescheidene Ansprüche (1 Stern). Die folgende Hotelliste richtet sich nach diesem Klassifizierungssystem. Neben der Anschrift und der Telefonnumer der Hotels ist jeweils die Zimmerzahl angegeben.

Preise
Die Hotelpreise variieren je nach Jahreszeit erheblich. Die in der nachstehenden Tabelle aufgeführten Preise (in Lire) gelten für ein Einzel- bzw. Doppelzimmer mit Bad in der Hochsaison. Die Angaben entsprechen etwa denen des von der E.P.T. herausgegebenen Hotelverzeichnisses "Alberghi di Roma e Provincia 1990". Der Inflationsrate folgende Erhöhungen sind wahrscheinlich.

	Einzelzimmer	Doppelzimmer
*****	190000–400000	270000–600000
****	75000–300000	110000–350000
***	35000– 90000	50000–150000
**	20000– 60000	30000– 95000
*	15000– 40000	25000– 60000

Hinweis
Zahlungsbelege für Übernachtung und Bewirtung in italienischen Beherbergungsbetrieben sind aufzubewahren und der Steuerfahndung auf Verlangen vorzuweisen (widrigenfalls Geldstrafe!).

In der Nähe der Stazione Termini

Hotels*****
Le Grand Hôtel et de Rome, Via V. Emanuele Orlando 3, Tel. 4709, 328 B.

Hotels****
Mediterraneo, Via Cavour 15, Tel. 464051, 4252 B.;
Metropole, Via Principe Amedeo 3, Tel. 4774, 443 B.;
Universo, Via Principe Amedeo 5–b, Tel. 476811, 381 B.;
Palatino, Via Cavour 213, Tel. 4754927, 380 B.;
San Giorgio, Via G. Amendola 61, Tel. 4751341, 340 B.;
Quirinale, Via Nazionale 7, Tel. 4707, 339 B.;
Massimo d'Azeglio, Via Cavour 18, Tel. 460646, 302 B.;
President, Via E. Filiberto 173, Tel. 770221, 249 B.;
Royal Santina, Via Marsala 22, Tel. 4955241, 208 B.;
Londra & Cargill, Piazza Sallustio 18, Tel. 473871, 198 B.;
Genova, Via Cavour 33, Tel. 476951, 175 B.;
Anglo-Americano, Via 4 Fontane 12, Tel. 472941, 165 B.;
Napoleon, Piazza Vittorio Emanuele 105, Tel. 737646, 141 B.;
Mondial, Via Torino 127, Tel472861, 138 B.;
Atlantico, Via Cavour 23, Tel. 485951, 129 B.;
Commodore, Via Torino 1, Tel. 4751515, 100 B.

Hotels***
Diana, Via Principe Amedeo 4, Tel. 4751541, 293 B.;
Nord-Nuova Roma, Via G. Amendola 3, Tel. 465441, 250 B.;
Siracusa, Via Marsala 50, Tel. 4957838, 197 B.;
Archimede, Via dei Mille 19, Tel. 4954600, 196 B.;
Y.M.C.A., Piazza Indipendenza 23–c, Tel. 4940656, 193 B.;
Madison, Via Marsala 60, Tel. 4954344, 184 B.;
Globus, Viale Ippocrate 119, Tel. 4940001, 174 B.;

Praktische Informationen   **Hotels**

Esperia, Via Nazionale 22, Tel. 474 42 45, 174 B.;   Hotels***,
Torino, Via Principe Amedeo 8, Tel. 475 47 41, 172 B.;   Nähe der Stazione
Lux Messe, Via Volturno 32, Tel. 474 17 41, 161 B.;   Termini
Milani, Via Magenta 12, Tel. 494 00 51, 150 B.;   (Fortsetzung)
Sorrento & Patrizia, Via Nazionale 251, Tel. 4631 07, 150 B.;
La Capitale e Santa Maria Maggiore, Via C. Alberto 3, Tel. 7338 03, 137 B.;
San Marco, Via Villafranca 1, Tel. 490 4 37, 118 B.;
Medici, Via Flavia 96, Tel. 475 13 19, 116 B.;
San Remo, Via M. d'Azeglio 36, Tel. 461741, 113 B.;
Aretusa, Via Gaeta 14, Tel. 475 56 74, 109 B.;
Nizza, Via M. d'Azeglio 16, Tel. 461061, 96 B.;
Rex, Via Torino 149, Tel. 462743, 95 B.;
Tirreno, Via S. Martino ai Monti 18, Tel. 460778, 77 B.;

Stazione, Via Gioberti 36, Tel. 731 12 82, 102 B.;   Hotels**
Marconi, Via G. Amendola 97, Tel. 460864, 94 B.;
Igea, Via P. Amedeo 97, Tel. 7311212, 63 B.;
Embassy, Via A. Salandra 6, Tel. 461402, 62 B.;
Salus, Piazza Indipendenza, Tel. 4950044, 60 B.;
Maxim, Via Nazionale 13, Tel. 486837, 51 B.

Gioberti, Via Gioberti 20, Tel. 730783, 37 B.;   Hotels*
Reatina, Via San Martino della Battaglia 11, el. 4954279, 36 B.;
Bruna, Via Marghera 13, Tel. 4959370, 32 B.;
Bergamo, Via Gioberti 30, Tel. 7316308, 22 B.; u.a.

Zwischen Quirinal und Villa Borghese

Excelsior (Gruppo Gigahotels), Via V. Veneto 125, Tel. 4708, 658 B.;   Hotels*****
Ambasciatori Palace, Via V. Veneto 70, Tel. 47493, 267 B.;

Hassler Villa Medici   *Hotel Excelsior*

Hotels   Praktische Informationen

Hotels★★★★★, Quirinal und Villa Borghese (Forts.)	Bernini-Bristol, Piazza Barberini 23, Tel. 463051, 222 B.; Hassler Villa Medici, Piazza Trinità del Monti 6, Tel. 6782651, 190 B.; Eden, Via Ludovisi 49,k Tel. 4743551, 184 B.
Hotels★★★★	Parco dei Principi, Via G. Frescobaldi 5, Tel. 841071, 366 B.; Jolly, Corso d'Italia 1, Tel. 8495, 346 B.; Flora, Via V. Veneto 191, Tel. 497281, 264 B.; Regina Carlton, Via V. Veneto 72, Tel. 476851, 230 B.; Boston, Via Lombardia 47, Tel. 473951, 221 B.; Savoia, Via Ludovisi 15, Tel. 4744141, 212 B.; Majestic, Via V. Veneto 50, Tel. 486841, 200 B.; Imperiale, Via V. Veneto 24, Tel. 4756351, 155 B.; Eliseo, Via di Porta Pinciana 30, Tel. 460556, 97 B.; Victoria, Via Campania 41, Tel. 473931, 60 B.
Hotels★★★	King, Via Sistina 131, Tel. 4741515, 122 B.; Alexandra, Via V. Veneto 18, Tel. 461943, 70 B.; u.a.
Hotels★★	Amati, Via V. Veneto 155, Tel. 493651, 50B.; Ausonia, Piazza di Spagna 35, Tel. 6795745, 20 B.; u.a.

In der Altstadt

Hotels★★★★★	Holiday Inn Crowne Plaza Minerva, Piazza della Minerva 69, Tel. 6841888, 230 B.
Hotels★★★★	De la Ville, Via Sistina 69, Tel. 6733, 357 B.; Plaza, Via del Corso 126, Tel. 672101, 311 B.; Delta, Via Labicana 144, Tel. 770021, 269 B.; Marini Strand, Via del Tritone 17, Tel. 672061, 212 B.;

Empfangshalle des ...   *... Holiday Inn Crowne Plaza Minerva*

Praktische Informationen **Hotels**

D'Inghilterra, Via Bocca de Leone 14, Tel. 672161, 185 B.; Hotels✳✳✳✳,
Colonna Palace, Piazza Montecitorio 12, Tel. 6781341, 160 B.; in der Altstadt
Forum, Via Tor de'Conti 25, Tel. 6792446, 156 B.; (Fortsetzung)
Nazionale, Piazza Montecitorio 131, Tel. 6789251, 139 B.;
Raphael, Largo Febo 2, Tel. 650881, 132 B.;
Delle Nazioni, Via Poli 7, Tel. 6792441, 132 B.;
Cardinal, Via Giulia 62, Tel. 6542719, 114 B.;
Valadier, Via della Fontanella 15, Tel. 3610592, 66 B.

Bologna, Via Santa Chiara 4–a, Tel. 6568951, 195 B.; Hotels✳✳✳
Adriano, Via di Pallacorda 2, Tel. 6542441, 116 B.;
Santa Chiara, Via Santa Chiara 21, Tel. 6541700, 114 B.;
Pace-Elvezia, Via IV Novembre 104, Tel. 6791044, 110 B.;
Genio, Via G. Zanardelli 28, Tel. 6542328, 99 B.;
Cesari, Via di Pietra 89-a, Tel. 6792386, 92 B.;
Lugano, Via Tritone 132, Tel. 460733, 53 B.;
Sole al Pantheon, Via del Pantheon 63, Tel. 6780441, 48 B.

Brotzky, Via del Corso 509, Tel. 393632; 20 B.; Hotels✳✳
Piccolo, Via dei Chiavari 32, Tel. 6542560, 27 B.

Sole, Via Biscione 76, Tel. 6540873, 88 B.; Hotels✳
Arenula, Via S. Maria dei Calderai 47, Tel. 6879454, 61 B.;
Della Lunetta, Piazza del Paradiso 68, Tel. 6561080, 58 B.; u. a.

In den nördlichen Stadtteilen

Lord Byron, Via G. de Notaris 5, Tel. 3609541, 91 B. Hotels✳✳✳✳✳

Ritz, Via Chellini 41, Tel. 803751, 612 B.; Hotels✳✳✳✳
Residence Palace, Via Archimede 69, Tel. 878341, 323 B.;
Beverly-Hills, Largo B. Marcello 220, Tel. 852141, 315 B.;
Aldrovandi, Via U. Aldrovandi 15, Tel. 841091, 212 B.;
Claridge, Viale Liegi 62, Tel. 868556, 166 B.;
Hermitage, Via E. Vajna 12, Te4l. 870454, 154 B.;
Borromini, Via Lisbona 7, Tel. 841321, 147 B.

Fleming, Piazza Monteleone di Spoleto 20, Tel. 3276341, 489 B.; Hotels✳✳✳
Rivoli, Via Taramelli 7, Tel. 870141, 86 B.; u.a.

Hotels in den östlichen Stadtteilen

Porta Maggiore, Piazza Porta Maggiore 25, Tel. 7598751, 230 B.; Hotels✳✳✳
San Giusto, Piazza Bologna 58, Tel. 425583, 97 B.; u.a.

In den südlichen Stadtteilen

Sheraton Roma, Viale del Pattinaggio (EUR), Tel. 5453, 1174 B. Hotels✳✳✳✳

American Palace EUR, Via Laurentina 554, Tel. 5911551, 160 B.; Hotels✳✳✳
Dei Congressi, Viale Shakespeare 29 (EUR), 152 B.;
Piccadilly, Via Magna Grecia 122, bei der Porta S. Giovanni, Tel. 777017,
92 B.;
EUR Motel, Via Pontina 416, Tel. 5207805, 43 B.; u.a.

Auf dem rechten Tiberufer

Cavalieri Hilton, Via Cadlolo 101, Tel. 31511, 631 B. Hotels✳✳✳✳✳

Jugendherbergen   **Praktische Informationen**

Hotels auf dem rechten Tiberufer (Fortsetzung), Hotels****

Atlante Garden, Via Crescenzio 78a, Tel. 6 87 23 61, 76 B.;
Atlante Star, Via Vitelleschi 34, Tel. 6 87 95 58, 91 B.;
Ergife Palace, Via Aurelia 619, Tel. 3874, 1316 B.;
Midas Palace, Via Aurelia 800, Tel. 6506, 700 B.;
Holiday Inn EUR, V. le Castello della Magliana 65, Tel. 5475, 626 B.;
Holiday Inn, Via Aurelia Antica 415, Tel. 5872, 620 B.;
Villa Pamphili, Via della Nocetta 105, Tel. 5662, 513 B.;
Visconti Palace, Via F. Cesi 37, Tel. 3684, 489 B.;
Cicerone, Via Cicerone 55/c, Tel. 3576, 445 B.;
Jolly-Leonardo da Vinci, Via dei Gracchi 324, Tel. 39608, 415 B.;
Princess, Via A . Ferrara 33, Tel. 637 9091, 412 B.;
Michelangelo, Via Stazione di S. Pietro 14, Tel. 631251, 264 B.;
Giulio Cesare, Via degli Scipione 287, Tel. 3 102 44, 139 B.

Hotels***

Motel Agip, Via Aurelia, km 8, Tel. 6379001, 440 B.;
Marc'Aurelio, Via Gregorio XI 135, Tel. 6228441, 220 B.;
Clodio, Via S. Lucia 10, Tel. 3 175 41, 209 B.;
Columbus, Via della Conciliazione 33, Tel. 6565435, 190 B.;
Nova Domus, Via G. Savonarola 38, Tel. 318141, 149 B.;
Cristoforo Colombo, Via C. Colombo 710, Tel. 592 13 15, 141 B.;
Rest, Via Aurelia 325, Tel. 637 4943, 135 B.;
Fiamma, Via Gaeta 61, Tel. 4758436, 127 B.;
Pacific, Viale Medaglie d'Oro 51, Tel. 35 11 62, 120 B.;
Olympic, Via Properzio 2-a, Tel. 6799025, 91 B.;
Imperator, Via Aurelia 619, Tel. 6222232, 79 B.;
Alicorni, Via Scossacavalli 11, Tel. 6875235, 78 B.

Hotels**

Nordland, Via A. Alciato 14, Tel. 6231841, 198 B.;
Beethoven, Via Forte Braschi 2, Tel. 6273617, 96 B.;
Motel Boomerang, Via Aurelia, km 10,5, Tel. 6900167, 76 B.

Hotels*

Foyer Phat Diem, Via Pin. Sacchetti 45, Tel. 6208676, 121 B.;
Domus Aurelia, Via Aurelia 218, Tel. 636784, 49 B.;
Zurigo, Via Germanico 198, Tel. 3501 39, 25 B.; u. a.

Tageshotels (Alberghi Diurini)

In den sogenannten Tageshotels kann man sich frisch machen, umziehen, sein Gepäck deponieren, zum Friseur gehen, sich aber auch einfach nur eine Weile ausruhen.

Casa del Passagero, Via Viminale 1, Tel. 461795;
Stazione Termini (Untergeschoß), Tel. 4758582;

Studentenheime

→ dort

Pilgerheime

Preiswert und gepflegt kann man in Pilgerheimen übernachten, die von verschiedenen Orden unterhalten werden. Anfragen richtet man am besten an seine heimatliche katholische Kirchengemeinde oder an die Diözesanverwaltung.

Jugendherbergen (Alberghi per la Gioventù)

Besonders für jüngere Touristen bieten die Jugendherbergen (Ostelli per la Gioventù) preisgünstige Übernachtungsmöglichkeiten. Grundsätzlich haben Wanderer unter 30 Jahren Vorrang. Der Aufenthalt in ein und derselben Jugendherberge für Einzelpersonen auf drei Nächte begrenzt, sofern das Haus voll belegt ist. Zur Hauptreisezeit, für Gruppen über fünf Personen grundsätzlich, ist Voranmeldung erforderlich. Eigene Schlafsäcke dürfen nicht benützt werden; die Gebühr für einen Leihschlafsack ist im Übernachtungspreis enthalten. Voraussetzung für die Benutzung von Jugendherbergen ist ein Jugendherbergsausweis des Heimatlandes.

Praktische Informationen　　　　　　　　　　　　　　　　　　　　**Katakomben**

Associazione Italiana Alberghi per la Gioventù　　　　　Jugendherbergen
Via Cavour 44 (3. Stock)　　　　　　　　　　　　　　　　　(Fortsetzung),
I-00184 Roma (Rom)　　　　　　　　　　　　　　　　　　Auskunft
Tel. (06) 46 23 42

Deutsches Jugendherbergswerk
Bismarckstraße 8
D-4930 Detmold
Tel. (052 31) 74 01 14

Foro Italico – A. F. Pessina　　　　　　　　　　　　　　　Jugendherberge
Viale delle Olimpiadi 61 (Foro Italico), 330 B.

→ dort　　　　　　　　　　　　　　　　　　　　　　　　Studentenheime

Katakomben

Die Katakomben waren anfangs die gesetzlich anerkannten Begräbnis-　　Allgemeines
stätten von Christen (und auch Heiden) und wurden von diesen mit griechi-
schem Namen als Coemeteria (Ruhestätten) bezeichnet. Bis zum Anfang
des 9. Jh.s genossen die Coemeterien mit den Märtyrergräbern allgemeine
Verehrung, wobei auch unzählige Gebeine als Reliquien in andere Kirchen
überführt wurden. Dann gerieten die Grabstätten in Verfall, und sogar der
alte Name wurde vergessen. Die jetzige Bezeichnung geht auf eine derartige Grabstätte zurück, die in der Catacumba genannten Gegend bei San
Sebastiano lag. Die wissenschaftliche Erforschung begann am Ende des
16. Jh.s und wurde nun Ehrensache der Kirche. Wie neuere Forschungen
ergaben, dienten die Katakomben lediglich als Begräbnisstätte und zu
Totenmessen, nicht jedoch als Zufluchtsort der Christen und zu gewöhn-

Priscilla-Katacombe: Marienbild ...　　　　　　*... und Griechische Kapelle*

195

Kraftstoff	**Praktische Informationen**

Katakomben (Fortsetzung) lichen Gottesdiensten. Die Anlage ist sehr einfach: schmale Gänge, in deren Wänden übereinander mehrere Längsnischen zur Aufnahme der Leichen eingelassen waren; bei den Nichtchristen dienten Wandnischen zur Aufnahme von Aschenurnen; Marmor- und Terrakottatafeln schlossen die Nischen. Die Ausschmückung, mit Malereien und wenigen Skulpturen, lehnt sich im Stil an die gleichzeitige heidnische Kunst an, dem Inhalt nach überwiegen symbolische Darstellungen: das Opferlamm, der Fisch, bei dem das griechische Wort 'Ichthys' die griechischen Anfangsbuchstaben von 'Jesus Christus Gottes Sohn Heiland' darstellte. Eindrucksvoll sind ferner frühe Darstellungen des Abendmahls und der Jungfrau Maria. Die älteren Inschriften nennen nur den Namen des Toten.

Catacombe di Domitilla
Katakomben der Domitilla
⟶ Sehenswürdigkeiten von A bis Z, Catacombe di Domitilla

Catacombe di Priscilla
Katakomben der Priscilla
⟶ Sehenswürdigkeiten von A bis Z, Catacombe di Priscilla

Catacombe di S. Agnese
Katakomben von S. Agnese
⟶ Sehenswürdigkeiten von A bis Z, Sant'Agnese fuori le Mura

Catacombe di S. Callisto
Katakomben des heiligen Kallixtus
⟶ Sehenswürdigkeiten von A bis Z, Catacombe di San Callisto

Catacombe di S. Ciriaca
Katakomben der heiligen Ciriaca
Via Ciriaca
Wegen einer Besichtigung wende man sich an die Sakristei der Basilica San Lorenzo (Piazzale del Verano, ⟶ Sehenswürdigkeiten von A bis Z, San Lorenzo fuori le Mura). In den weitläufigen Katakomben sind interessante Malereien zu besichtigen.

Catacombe di S. Sebastiano
Katakomben des heiligen Sebastian
⟶ Sehenswürdigkeiten von A bis Z, San Sebastiano

Kraftstoff

Benzingutscheine In Italien liegen die regulären Kraftstoffpreise (abgesehen von Diesel) erheblich über dem europäischen Durchschnitt. Für Touristen werden verbilligte Benzingutscheine zusammen mit Ermäßigungen für die gebührenpflichtigen italienischen Autobahnen in vier verschiedenen Gutscheinpaketen (Nordpaket, Südpaket, Süd- und Insel-Paket, Zentrumpaket) ausgegeben. Die Gutscheinhefte haben eine Gültigkeit von zwei Jahren, übriggebliebene können mit einem Verlust von rund 10 % zurückgegeben werden. Wer ein solches Gutscheinheft besitzt, hat Anspruch auf kostenlose Pannenhilfe durch den ACI und kostenlose Bereitstellung eines Ersatzwagens. Erhältlich sind die Gutscheine beim ADAC, an den italienischen Grenzübergängen und für Leihwagen seit 1990 auch am Flughafen. Informationen erteilen die Automobilclubs (⟶ Autohilfe) und die ENIT (⟶ Auskunft).

Bleifreies Benzin Bei den Automobilclubs ist eine Liste derjenigen Autobahntankstellen erhältlich, die bleifreies Benzin (benzina senza piombo) anbieten.

Märkte (Mercati)

Flohmarkt Porta Portese (Trastevere), jeden Sonntagvormittag.

Kleidung Via Sannio (Nähe Porta San Giovanni), tgl. morgens außer Sonntag.

Praktische Informationen   **Mietwagen**

Römische Märkte – Kaleidoskope aus Obst- und Gemüsesorten

Piazza Fontanella Borghese, tgl. morgens außer Sonntag	Märkte (Forts.) Kunstdrucke, Landkarten
Via Trionfale, Di. 10.30–13.00	Blumen
Großmarkt (Mercati Generali), Via Ostiense, tgl. ab 10.00 Uhr für das Publikum geöffnet.	Lebensmittel

Jeden Vormittag in allen Stadtvierteln, besonders sehenswert:
'Campo de' Fiori' (charakteristische Atmosphäre);
Piazza Vittorio und Via Trionfale (reichstes Angebot).

Mietwagen (Autonoleggi)

Piazza Esquilino 1/c Tel. 47 01 2 16	Avis Reservierung in der Bundesrepublik Deutschland zum Ortstarif: Tel. 01 30 77 33
Via Sardegna 38/a Tel. 4 75 07 28, 4 70 12 29	
Flughafen Fiumicino, Tel. 60 15 31	
Piazza Vivona 3 Tel. 59 13 75	Europcar Reservierung in der Bundesrepublik Deutschland zum Ortstarif: Tel. 01 30 31 51
Via Lombardia 7 Tel. 4 75 03 81, 4 75 91 03	
Flughafen Fiumicino: Tel. 60 19 77	

Museen   **Praktische Informationen**

Mietwagen (Fortsetzung), Hertz Reservierung in der Bundesrepublik Deutschland zum Ortstarif: Tel. 01302121	Hilton Hotel, Via Cadlolo 101 Tel. 343758
	EUR, Viale America 133 Tel. 5915544
	Flughafen Fiumicino: Tel. 7240095
Maggiore	Piazza della Repubblica 57/58 Tel. 463715, 4755037
	Diese Firmen haben auch Schalter am Hauptbahnhof.
Motorrollerverleih	Scoot-a-long Via Cavour 302, Tel. 6780206
	Scooters for Rent Via della Purifiazione 66, Tel. 465485

Museen

Hinweis

Da sich die Öffnungszeiten der Museen in Italien außergewöhnlich oft ändern, ist es trotz größter Bemühungen nicht möglich, derartige Angaben immer auf einem aktuellen Stand zu halten. Wer 'Pannen' in jedem Fall ausschließen möchte, erkundige sich vor Ort nach eventuell geänderten Öffnungszeiten.

Museen

Casa di Keats e Shelley
(Haus von Keats und Shelley)
Piazza di Spagna 26
Geöffnet: Mo.–Fr.: 9.00–12.30 und 14.30–17.00
(im Sommer: 15.30–18.00)
Exponate und Porträts der englischen Dichter Keats, Shelley und auch von Byron und Hunt.

Gabinetto Nazionale delle Stampe
(Nationales Kunstdruckkabinett)
⟶ Sehenswürdigkeiten von A bis Z, Villa Farnesina

Musei Capitolini
(Kapitolinische Museen)
⟶ Sehenswürdigkeiten von A bis Z, Museo Capitolino
⟶ Sehenswürdigkeiten von A bis Z, Palazzo dei Conservatori

Musei Vaticani
(Vatikanische Museen)
⟶ Sehenswürdigkeiten von A bis Z, Vatikan – Musei Vaticani

Museo Antiquarium Forense e Palatino
(Museum des Forums und des Palatins)
Piazza S. Maria Nuova 53
Geöffnet von April bis Okt.: tgl. 9.00–18.00;
von Nov. bis März: tgl. 9.00–15.00
Funde vom Forum Romanum und vom Palatin.

Museo Antropologico
(Museum der Anthropologie)
Città Universitaria, Istituto di Antropologia
Geöffnet: nach Vereinbarung, Tel. 4991222
Skelettreste.

Praktische Informationen   **Museen**

Porphyrsarkophag im Museo Pio Clementino des Vatikans

Museo Archeologico di Ostia
(Archäologisches Museum von Ostia)
Ostia Antica
Geöffnet: tgl. 9.00–16.00.

Museo Astronomico e Copernicano
(Astronomisches Museum)
Via Trionfale 204
Geöffnet: Di., Fr., Sa. 9.30–12.00.

Museo Barracco
→ Sehenswürdigkeiten von A bis Z, Museo Barracco

Museo Burcardo
Via del Sudario 44
Geöffnet: Mo.–Fr. 9.00–13.00; im August geschlossen
Theatersammlung.

Museo Capitolino
(Kapitolinisches Museum)
→ Sehenswürdigkeiten von A bis Z, Museo Capitolino
→ Sehenswürdigkeiten von A bis Z, Palazzo dei Conservatori

Museo Centrale del Risorgimento
→ Sehenswürdigkeiten von A bis Z, Monumento Nazionale a Vittorio Emanuele II.

Museo dei Gessi dell' Arte Classica (Gipsmuseum)
Città Universitaria, Facolta di Lettere
Geöffnet: nach Vereinbarung, Tel. 4991653
Reproduktionen antiker Skulpturen.

Museen
(Fortsetzung)

Museen   **Praktische Informationen**

Museen
(Fortsetzung)

Museo del Folclore e dei Poeti Romaneschi
(Museum der Römischen Folklore und Dichtung)
im ehemaligen Kloster S. Egidio, Piazza S. Egidio 1/b
Geöffnet: Di.–Sa. 9.00–13.00, Di., Do., Sa. auch 17.00–19.30,
So. 9.00–12.30
Skulpturen, Skizzen des römischen Lebens, Zeugnisse römischer Dichter.

Museo del Fonografo
(Museum der Instrumente für die Reproduktion des Klanges)
im Palazzo Antici-Mattei, Via Caetani 32
Geöffnet: tgl. 9.00–13.00; an Feiertagen geschlossen
Geräte zur Tonwiedergabe, darunter die ersten Diktiergeräte und einer der
ersten tragbaren Plattenspieler von 1936.

Museo del Istituto Zoologico
(Museum des Zoologischen Instituts)
Viale dell' Università 32
Geöffnet: nach Vereinbarung, Tel. 4958254.

Museo della Civiltà Romana
(Museum der Römischen Kultur)
⟶ Sehenswürdigkeiten von A bis Z, Museo della Civiltà Romana

Museo dell' Alto Medioevo
(Museum des Hohen Mittelalters)
Viale Lincoln 1 (EUR)
Geöffnet: Sa., So. 9.00–14.00
Kunst und Kultur der Spätantike und des Hohen Mittelalters.

Museo delle Anime del Purgatorio
(Museum der Seelen von Verstorbenen)
Lungotevere Prati 12; man wende sich an die Sakristei der Kirche Sacro
Cuore del Suffragio
Geöffnet: tgl. 6.30–12.30 und 17.00–18.30
Gezeigt werden angebliche Zeugnisse der Anwesenheit von Verstorbenen.

Museo delle Cere (Wachsfigurenkabinett)
Piazza Venezia (auf der Seite von SS. Apostoli 67)
Geöffnet: tgl. 9.00–20.00.

Museo delle Mure Romane
(Museum der Römischen Stadtmauern)
Via di Porta S. Sebastiano 18
Geöffnet: Di.–Sa. 9.00–13.50, Di., Do. auch 16.00–19.00,
So., Fei. 9.00–13.00
Dokumente über die Bauphasen der römischen Stadtmauern.

Museo del Presepio Tipologico Internazionale
(Krippenmuseum)
Via Tor de' Conti 31/a
Geöffnet von Oktober bis Mai: Sa. 18.00–20.00; vom 24. Dez. bis 15. Jan.:
Sa. 16.00–20.00, So., Fei. 10.00–13.00 und 15.00 bis 20.00.

Museo di Etruscologia
(Museum des Etruskischen und Italienischen Altertums)
Città Universitaria, Facoltà di Lettere)
Nur mit Sondergenehmigung zu besuchen.

Museo di Goethe (Goethe-Haus)
Via del Corso 17
Wiedereröffnung Ende 1990; ⟶ Auskunft: Arbeitskreis selbständiger
Kulturinstitute (Poppelsdorfer Allee 43, 5300 Bonn 1).

Praktische Informationen   **Museen**

Wachsfigurenkabinett an der Piazza Venezia

Museen
(Fortsetzung)

Museo di Palazzo Venezia
→ Sehenswürdigkeiten von A bis Z, Palazzo Venezia

Museo di Roma
→ Sehenswürdigkeiten von A bis Z, Museo di Roma im
Palazzo Braschi

Museo di Storia della Medicina
(Museum der Medizingeschichte)
Viale dell' Università 34 A
Geöffnet: nach Vereinbarung, Tel. 4991487.

Museo e Galleria Borghese
→ Sehenswürdigkeiten von A bis Z, Villa Borghese

Museo Geologico
(Geologisches Museum)
Città Universitaria, Instituto di Geologia
Geöffnet: nach Vereinbarung, Tel. 4991290.

Museo Israelita
(Dauerausstellung der israelitischen Gemeinde in Rom)
Lungotevere Cenci (Synagoge)
Geöffnet: Mo.–Fr. 10.00–14.00, So. 10.00–12.00;
an jüdischen Feiertagen geschlossen.

Museo Mineralogico
(Mineralogisches Museum)
Città Universitaria, Facoltà di Scienze Matematiche, Fisiche e Naturali
Geöffnet: Fr. 9.00–12.00 und nach Vereinbarung, Tel. 490844
Gesteine, Marmorplatten und Fossilien.

Museen   **Praktische Informationen**

Museen
(Fortsetzung)

Museo Napoleonico
(Napoleonisches Museum)
Via Zanardelli
Geöffnet: Di.–So. 9.00–14.00
Erinnerungsstücke an Napoleon (der nie in Rom war!) und seine Schwe-
stern Caroline und Paolina.

Museo Nazionale Castel Sant' Angelo
(Nationalmuseum der Engelsburg)
⟶ Sehenswürdigkeiten von A bis Z, Castel Sant' Angelo

Museo Nazionale d'Arte Orientale
(Nationalmuseum der Orientalischen Kunst)
⟶ Sehenswürdigkeiten von A bis Z, Museo Nazionale d'Arte Orientale

Museo Nazionale degli Strumenti Musicali
(Museum für Musikinstrumente)
Piazza S. Croce in Gerusalemme 9/a
Geöffnet: Di. 9.00–19.00, Mi.–Sa. 9.00–14.00, So., Fei. 9.00–12.30
Etwa 3000 Exponate aus aller Welt illustrieren die Geschichte der Musik
von der Antike bis zum Ende des 18. Jh.s.; berühmt ist die Barberini-Harfe
(17. Jh.).

Museo Nazionale delle Arti e Tradizione Popolari
(Museum für Volkskunst und Volkstraditionen)
⟶ Sehenswürdigkeiten von A bis Z, Museo Nazionale delle Arti e Tradi-
zione Popolari

Museo Nazionale Etrusco di Villa Giulia
(Etruskisches Nationalmuseum in der Villa Giulia)
⟶ Sehenswürdigkeiten von A bis Z, Museo Nazionale Etrusco di Villa
Giulia

Museo Nazionale Romano o delle Terme
(Thermen-Museum)
⟶ Sehenswürdigkeiten von A bis Z, Terme di Diocleziano

Museo Numismatico della Zecca Italiana
(Museum der Staatlichen Münze)
im Gebäude des Schatzministeriums
Via XX. Settembre 97
Geöffnet: Mo.–Fr. 9.00–13.00, Sa. 9.00–12.00
Münzsammmlung ab dem 15. Jh., Schatzkammer.

Museo Preistoria e Protostoria del Lazio
(Vor- und Frühgeschichtliches Museum für Latium)
Viale Lincoln 1 (EUR)
Geöffnet: Di.–Sa. 9.00–14.00, So. 9.00–13.00.

Museo Preistorico ed Etnografico 'Luigi Pigorini'
(Prähistorisches und Völkerkundliches Museum)
Viale Lincoln 1 (EUR)
Geöffnet: Di.–Sa. 9.00–14.00, So. 9.00–13.00.

Museo Sacrario delle Bandiere della Marina
(Fahnenmuseum)
⟶ Sehenswürdigkeiten von A bis Z, Monumento Nazionale a Vittorio Ema-
nuele II.

Museo Storico dei Bersaglieri
(Historisches Museum der Bersaglieri)
Piazza di Porta Pia

Praktische Informationen   **Musik**

Geöffnet: Di., Do. 9.00–13.30   Museen,
Gezeigt werden Dokumente aus dem Befreiungskampf, aus den Afrika-   Museo Storico
Feldzügen und aus dem Ersten Weltkrieg.   dei Bersaglieri
                                                                 (Fortsetzung)

Museo Storico dei Carabinieri
(Historisches Museum der Carabinieri)
Piazza Risorgimento 20
Geöffnet: Do. 9.00–13.00
Dokumente und Geräte aus den Kriegen, an denen die Carabinieri teilge-
nommen haben, sowie Exponate, die das Corps betreffen.

Museo Storico dei Grantieri di Sardegna
(Historisches Museum der Grenadiere Sardiniens)
Piazza S. Croce in Gerusalemme 7
Geöffnet: Do., So. 10.00–12.00
Die Exponate stammen aus dem Zeitraum von 1659 bis 1945.

Museo Storico della Lotta di Liberazione di Roma
(Historisches Museum des Befreiungskampes)
Via Tasso 145
Geöffnet: Sa. 16.00–19.00, So. 10.00–13.00
(im August geschlossen; Eintritt frei)
Dokumente über die Judenverfolgung und den römischen Widerstand im
Zweiten Weltkrieg.

Museo Storico delle Poste e Telecommunicazioni
(Post- und Fernmeldemuseum)
Viale Europa 147 (EUR)
Geöffnet: Mo.–Sa. 9.00–13.00.

Museo Storico di Guardia Finanzia
(Historisches Museum der Finanzpolizei)
Piazza Armelini 20
Geöffnet: tgl. 9.00–13.00.

Museo Storico Nazionale dell' Arte Sanitaria
(Historisches Nationalmuseum der Gesundheitspflege)
Lungotevere in Sassia 3
Geöffnet: tgl. vormittags nach Vereinbarung,
Tel. 650901
Schaustücke von Barbieren, Chirurgen und Quacksalbern von der Antike
bis heute.

Museo Torlonia
⟶ Sehenswürdigkeiten von A bis Z, Museo Torlonia

⟶ dort   Galerien

Musik

Neben Vorstellungen im Opernhaus finden im Sommer Freilichtaufführun-   Oper/Ballett
gen in den Caracalla-Thermen statt.
Für beide Opern werden die Karten an der Kasse des Teatro dell'Opera,
Piazza B. Gigli, verkauft.
Geöffnet: 10.00–13.00 und 17.00–19.00

Teatro dell'Opera
Piazza Beniamino Gigli,
Tel. 363641, 461755
Vorstellungen: Dez.–Juni

Nachtleben	**Praktische Informationen**

Musik,
Oper/Ballett
(Fortsetzung)

Terme di Caracalla
Via delle Terme di Caracalla, Tel. 5758300/1/2
Vorstellungen: Juli–Mitte August

Konzerte

Das ganze Jahr über finden in Konzertsälen und Kirchen Konzerte statt.
Programmhinweise enthalten die Tageszeitungen und die in mehreren
Sprachen erscheinende Zeitschrift "La settimana a Roma" (Die Woche in
Rom).

Wichtige Konzertsäle:

Accademia Filarmonica Romana
Via Flaminia 118, Tel. 3601702

Auditorio del Foro Italico
Piazza L. de Bosis 28, Tel. 36865625

Auditorio di Santa Cecilia
Via della Conciliazione 4, Tel. 6541044

Sala dell'Accademia di Santa Cecilia
Via dei Greci 8, Tel. 6783996

Auditorio San Leone Magno
Via Bolzano 38, Tel. 853216

Aula Borrominiana dell'Oratorio di S. Filippo Neri
Via Fracassini 46, Tel. 3610051

Oratorio del Gonfalone
Via del Gonfalone 32/a, Tel. 655952

Teatro di Castel Sant'Angelo
Lungotevere Castello, Tel. 816192

Kirchenkonzerte

San Marcello al Corso
Piazza San Marcello 5

San Luigi dei Francesi in Campo Marzio
Piazza San Luigi dei Francesi 5

Basilica di San Marco (im Palazzo Venezia)
Piazza Venezia

Sant'Anselmo all'Aventino
Piazza Cavalieri di Malta 5
(tgl. 19.30 Gregorianische Choräle zur Vesper und sonntags 9.30 zur Messe)

Nachtleben

Nachtlokale

Astoria, Via S. Nicola da Tolentino 22
Café de Paris, Via Veneto 90
Chez toi, Via Cicerone 56/b
Club 84, Via Emilia 84
Gil's, Via dei Romagnosi 11a
Jackie O', Via Boncompagni 11
Ma vie, Via dell'Archetto 2
Olimpo Club, Piazza Rondanini 36
Open Gate, Via S. Nicola da Tolentino 4
Samaritani, Piazza Montevecchio 5

Praktische Informationen	**Notdienste**

Scarabocchio, Piazza Ponziani 8	Nachtleben,
Tartarughino, Via della Scrofa 2	Nachtlokale
Waikiki Club, Via G. Carducci 8	(Fortsetzung)
Acropolis, Via Luciani 52	Diskotheken
Bella Blu, Via Luciani 21	
Carrousel, Via Emilia 55	
Easy Going, Via della Purificazione 9	
Hysteria, Via Giovanelli 12	
Il Veleno, Via Sardegna 27	
I Professionisti, Via Vittorio Colonna 32	
La Makumba, Via degli Olimpionici 19	
Notorius, Via S. Nicola da Tolentino 22	
Piper, Via Tagliamento 9	
El Trauco, Via Fonte dell'Olio 5	Jazz und Folk
Folk Studio, Via G. Sacchi 3	
Mahona, Via A. Bertoni 6	
Mississippi Jazz Club, Borgo Angelico 16	
Murales, Via dei Fienaroli 30	
Music-Inn, Latgo dei Fiorentini 3	
Music Workshop, Via Prati 19	
Saint Louis City, Via del Cardello 13/a	
Blue Bar, Via dei Soldati 25	Bars
Derby, Via Collina 38	
*Harry's Bar, Via Vittorio Veneto 150	
Il Tartarughino, Via della Scrofa 2	
La Clef, Via Marche 13	
Limelight, Via E. Vittorini 33	
Little Bar, Via Gregoriana 54a	

Notdienste

→ dort	Ärztliche Hilfe
Kranken- und Fahrzeugrückholdienst	ACE-Notrufzen-
Telefon aus Italien: 0049/711/5303-111	trale in Stuttgart
Tag und Nacht besetzt	ADAC-Notrufzen-
Telefon aus Italien: 0049/89/222222	trale in München
Ambulanzrückholdienst und Telefonarzt:	
Telefon 0049/89/7676–2244	
Der DRK-Flugdienst hat seinen Sitz in Bonn.	DRK-Flugdienst
Telefon aus Italien: 0049/228/230023	
Die Deutsche Rettungsflugwacht hat ihre Zentrale in Stuttgart.	Deutsche
Telefon aus Italien: 049/711/701070	Rettungsflugwacht
Telefon aus Italien:	ÖAMTC-Notruf-
ÖAMTC-Euro-Notruf 0043/222/922245	zentrale Wien
Die Schweizerische Rettungsflugwacht hat ihren Sitz in Zürich.	Schweizerische
Telefon aus Italien: 0041/1/3831111	Rettungsflugwacht
→ Rundfunk	Reiserufe im Radio
→ dort	Autohilfe

205

Öffnungszeiten   Praktische Informationen

Öffnungszeiten

Lebensmittel-geschäfte	Sommer: Mo.–Sa. 7.30 bzw. 8.00–13.00 bzw. 13.30 und 17.45–19.30 bzw. 20.00. Geschlossen: Samstagnachmittag (Juli bis September) Winter: Mo.–Sa. 7.30 bzw. 8.00–13.00 bzw. 13.30 und 17.00–19.30 bzw. 20.00; geschlossen: Donnerstagnachmittag.
Sonstige Geschäfte	Mo.–Sa. 9.00–13.00 und 16.00–19.30; geschlossen: Samstagnachmittag im Sommer, Montagvormittag im Winter. Verschiedene Geschäfte in der Via Condotti sind Mo.–Sa. durchgehend 9.30–19.00 geöffnet.
Museen	Die Öffnungszeiten sind unter dem betreffenden Museum angegeben (→ Sehenswürdigkeiten von A bis Z; → Praktische Informationen, Museen). Beachten sollte man, daß die meisten Museen außer an den wöchentlichen Ruhetagen an Feiertagen geschlossen sind. Da sich die Öffnungszeiten außerordentlich häufig ändern und zudem Personalmangel, Streiks, Renovierungsarbeiten u.a. oft zu unvorhergesehenen Schließungen führen, erkundige man sich am besten vor jedem geplanten Museumsbesuch.
Kirchen	Die größeren Kirche sind meist bis 12.00 Uhr und gewöhnlich auch von 16.00 oder 17.00 Uhr bis zur Dämmerung geöffnet, einige Hauptkirchen auch den ganzen Tag. Mit entsprechender Zurückhaltung kann man das Innere selbst während des Gottesdienstes betrachten. Man achte beim Besuch stets auf angemessene Kleidung; ärmellose oder halsfreie Kleidung bzw. Blusen, Miniröcke, Shorts, kurzärmelige Hemden sollten vermieden werden (Zurückweisung möglich; am Eingang von Kirchen manchmal Verleih von Umhängen). In den beiden Fastenwochen werden fast alle Altarbilder verhüllt.
Apotheken	→ dort
Banken	→ Geld und Devisenbestimmungen
Post	→ Post, Telegraf, Telefon

Parks und Grünanlagen

Villa Ada
Ausgedehnte Parkanlage an der Via Salaria nördlich des Stadtzentrums

Villa Borghese mit Giardino Zoologico
→ Sehenswürdigkeiten von A bis Z, Villa Borghese

Villa Celimontana
Zwischen Kolosseum und den Thermen des Caracalla

Villa Corsini, Botanischer Garten
Largo Cristina di Svezia 24
Geöffnet: Mo.–Fr. 9.00–15.00, Sa. 9.00–13.00

Villa Doria Pamphili
→ Sehenswürdigkeiten von A bis Z, Villa Doria Pamphili

Praktische Informationen   **Polizei**

Flamingo-Gehege im Giardino Zoologico

Villa Glori Kleiner Park in der Tiberschleife nördlich des Stadtzentrums	Parks und Grünanlagen (Fortsetzung)
Villa Sciarra Malerischer Park im Stadtteil Trastevere mit dem 'Teatro delle Stagioni' aus dem 18. Jahrhundert.	
Villa Torlonia → Sehenswürdigkeiten von A bis Z, Villa Torlonia	
Passeggiata del Gianicolo → Sehenswürdigkeiten von A bis Z, Passeggiata del Gianicolo	Spazierweg

Polizei (Polizia)

Questura, Büro für ausländische Touristen Via S. Vitale 15, Tel. 4686	Polizeipräsidium
Polizia Stradale Via Portuense 185, Tel. 5577905 (Unfallhilfe)	Straßenpolizei
Vigili Urbani Via della Consolazione 4, Tel. 67691	Stadtpolizei
Viale Romania 45, Tel. 85291 (Zentrale) Tel. 112 (Notruf)	Carabinieri
Tel. 113	Überfall

Post, Telegraf, Telefon

Allgemeine Information	Postverwaltung Tel. 160
Porto	Bundesrepublik Deutschland und EG-Länder: Ansichtskarte 500 Lire Brief 700 Lire Österreich und die Schweiz Ansichtskarte 600 Lire Brief 700 Lire
Briefkästen	Die Briefkästen in Italien sind rot, die der Vatikanstadt blau.
Briefmarken	Außer auf den Postämtern kann man Briefmarken (francobolli) auch in Tabakgeschäften (erkennbar an einem Schild mit einem 'T' über dem Eingang) kaufen.
Postämter	Die Postämter sind Mo.–Fr. 8.15–14.00 und Sa. 8.30–12.00 geöffnet. Die Hauptpost (Piazza San Silvestro, Tel. 6771) ist für den Postgiroverkehr und für telegraphische Überweisungen Mo.–Fr. 8.30–21.00 und Sa. 8.30–12.00 geöffnet; für Postanweisungen, -gutscheine und Schecks Mo.–Fr. 8.30–14.30 und Sa. 8.30–12.00. Der Vatikanstaat hat eigene Briefmarken und Stempel. Am Petersplatz bei den Kolonnaden befindet sich ein Postamt des Vatikans.
Telegramme	Die Telegrammaufnahme in der Hauptpost (Piazza San Silvestro, Tel. 6795530) ist Tag und Nacht besetzt. Zudem können Telegramme unter Tel. 186 aufgegeben werden.

Italienischer Briefkasten

Postkasten der Vatikanstadt

Praktische Informationen   **Reisedokumente**

Die öffentlichen Fernsprecher funktionieren sowohl mit Telefonmünzen   Post, Telegraf,
(gettoni) als auch mit 100-Lire- oder 200-Lire-Stücken. Da man für Aus-   Telefon (Forts.),
landsgespräche eine große Anzahl von Münzen benötigt, empfiehlt es   Telefon
sich, ggf. einen Fernsprecher aufzusuchen, der mit Telefonwertkarten
(erhältlich bei der SIP, der staatlichen Telefongesellschaft: in der Via della
Merceda, neben der Hauptpost; am Hauptbahnhof und in der Via Santa
Maria) bedient werden kann.
Von den Fernsprechämtern der SIP können auch Ferngespräche gegen
Barzahlung geführt werden.
Zudem gibt es in den meisten Bars Telefonautomaten (erkenntlich an der
runden gelben Scheibe über dem Eingang), wo man mit Telefonmünzen
Stadtgespräche führen kann. Steht in der gelben Scheibe der Vermerk
'teleselezione' oder 'interurbana', so ist es auch möglich, direkt ins Aus-
land zu telefonieren.
Ein verbilligter Tarif gilt an Sonn- und Feiertagen, an Samstagen und ande-
ren Feiertagen vorausgehenden Tagen ab 13.00 sowie täglich zwischen
22.00 und 8.00. Ein Drei-Minuten-Gespräch in die Bundesrepublik
Deutschland, nach Österreich oder in die Schweiz kostet zum Normaltarif
ca. 5000 Lire.

Europa: Tel. 184   Telefonauskunft
Übersee: Tel. 170

Vorwahl von Italien   Telefonnetzkenn-
in die Bundesrepublik Deutschland: 0049   zahlen für den
in die Deutsche Demokratische Republik: 0037   Selbstwählverkehr
in die Schweiz: 0041
nach Österreich: 0043
(danach jeweils die Ortsnetzkennzahl ohne 0)

Vorwahl von der Bundesrepublik Deutschland und der Schweiz nach Rom:
00396
Vorwahl von Österreich nach Rom: 0406

Radio

⟶ Rundfunk

Reisedokumente

Zur Einreise nach Italien genügt für Reisende aus der Bundesrepublik   Personalpapiere
Deutschland (einschl. Berlin/West), Österreich und der Schweiz der Perso-
nalausweis.

Der Führerschein und Kfz-Schein des Heimatlandes werden anerkannt   Fahrzeugpapiere
und sind mitzuführen; ratsam ist es auch, die grüne Internationale Versi-
cherungskarte für Kraftverkehr mitzunehmen.
Kraftfahrzeuge müssen das ovale Nationalitätskennzeichen tragen.

Wer Haustiere (Hund, Katze) nach Italien mitnehmen will, benötigt für sie   Tiere
ein amtstierärztliches Gesundheitszeugnis (gültig für 30 Tage ab dem Tag
der Ausstellung) sowie ein mindestens 20 Tage und höchstens 11 Monate
altes Tollwut-Impfzeugnis.
Für Hunde müssen Maulkorb und Leine mitgeführt werden.

Es ist zu empfehlen, von den Reisedokumenten eine Fotokopie herzustel-   Hinweis
len, die bei Verlust die Beschaffung von Ersatzpapieren wesentlich erleich-
tert.

Reisezeit	Praktische Informationen

Reisezeit

Als beste Zeit für eine Reise nach Rom empfehlen sich die Monate April bis Juni mit durchschnittlichen Temperaturen um 15°C und September und Oktober mit Werten um 20°C.

Im Juli und August kommt das Leben in Rom beinahe zum Erliegen. Die Römer flüchten vor der oft unerträglichen Hitze (bis 40°C, Durchschnittstemperaturen um 25°C) aufs Land oder an die Strände. Die Hälfte aller Geschäfte ist in diesen Monaten geschlossen, was immer wieder den Protest der Zurückgebliebenen hervorruft.

Andererseits sind die Winter keineswegs mild. Auch in Rom kann es empfindlich kalt und unangenehm werden (die Durchschnittstemperaturen liegen bei 8°C), und oft wird nur schlecht geheizt. Bis weit über Ostern hinaus dauert die Schlechtwetterperiode. Dennoch bieten gerade die Wintermonate die Gelegenheit, die Sehenswürdigkeiten der Stadt in Ruhe zu erkunden.

An Weihnachten und Ostern ist Rom jedoch überfüllt mit Pilgertouristen. Hotels und Pensionen sind fast vollständig ausgebucht. Wer also nicht selbst an den Feierlichkeiten teilnehmen will und rechtzeitig für Unterkunft gesorgt hat, der sollte zu dieser Zeit die Ewige Stadt meiden.

Restaurants (Ristoranti)

Hinweise

Jede Gaststätte muß dem Gast eine quittierte Verzehrrechnung ausstellen, die im Umkreis des Lokales auf Verlangen der Steuerfahndung vorzuweisen ist (widrigenfalls Geldbuße).

Grundsätzlich ist es angebracht darauf zu achten, nicht übervorteilt zu werden. Dies geschieht mit Vorliebe bei Fischgerichten. Wundert man sich über den Preis, der nicht mit dem in der Karte übereinstimmt, so erhält man zur Antwort, man habe ja auch zusätzlich eine ganz besonders große Languste o. ä. erhalten. War dies nicht bestellt, sollte man die Konfrontation nicht scheuen und ggf. die Polizei rufen lassen.

Wegen der respektablen Preise für 'Essen à la carte' sei das (meist sehr gute) 'Menu turistico' empfohlen. Außerdem gibt es neben dem aufwendigen 'Ristorante' die bescheideneren aber qualitativ vorzüglichen Lokale mit den Bezeichnungen 'Tavola calda', 'Trattoria', 'Osteria', 'Rosticceria' bzw. 'Fiaschetteria', die in allen Stadtteilen angesiedelt sind. Sie bieten auch für den kleinen Hunger vorzügliche Antipasti, Pizza, Spagetti oder andere Pasta-Gerichte, phantasievolle Kreationen von Sandwiches und Tramezzini-Arten sowie Salate an. Besonders in Trastevere findet man viele preiswerte Restaurants.

Restaurants im Dreieck Piazza Navona – Piazza Colonna – Mausoleo di Augusto

Alfredo alle Scrofa, Via della Scrofa 104
Al Vicario, Via degli Uffici del Vicario 31
Chez Albert, Vicolo della Vaccarella 11 (nouvelle cuisine)
El Toulà di Roma, Via della Lupa 29
Er Faciolaro, Via dei Pastini 13 und 123 (urrömische Küche, Bohnen sind die Spezialität)
Fortunato al Pantheon, Via del Pantheon 55 (trotz der Lage: hierher kommen überwiegend Einheimische)
Hostaria dell' Orso, Via Monte Brianzo 93 (am Tiber)
Il Bistecchiere, Via dei Gigli d' Oro 2/3/4 (bis 2.30 Uhr geöffnet)
La Maiella, Piazza San Apollinare 45/46
Mastrostefano, Piazza Navona 94
Papà Giovanni, Via dei Sediari 4 (Nähe Piazza Navona)
Passetto, Via Zanardelli 15
Settimio, Via del Pellegrino 117 (Nähe Campo dei Fiori)

Praktische Informationen   **Restaurants**

*Piperno, Monte dei Cenci 9 (jüdisch-römische Küche)   Restaurants
Al Pompiere, Via de Calderari 38 (jüdisch-römische Küche)   westlich der
Da Gigetto al Portico d'Ottavia, Via Portico d'Ottavia 21/a   Piazza Venezia
Da Luciano, Via Portico d'Ottavia 16
Trattoria Evangelista, Via delle Zoccolette 11 (Nähe Ponte Garibaldi, In-
Lokal)

Mario's Hostaria, Piazza del Grillo 9 (feine römische Küche, hervorragende   Restaurant
Fischgerichte)   östlich der Piazza
Gemmae Maurizia alla Luga, Via Marghera 39 (typisch römische Küche;   Venezia
nahe Stazione Termini)

Gioia Mia, Via degli Avignonesi 34 (große Auswahl an Antipasti)   Restaurants
Sergio e Ada, Via del Boccaccio 1   um die Fontana
Tullio, Via S. Nicola di Tolentino 26   di Trevi

Casina Valadier, Pincio (Prominententreff; herrliche Aussicht)   Restaurants
Dal Bolognese, Piazza del Popolo 1–2   zwischen Piazza di
Hassler Villa Medici, Piazza Trinità dei Monti 6 (gastronomische Spitzenlei- Spagna und
stungen und ein unvergeßlicher Blick über Rom)   Piazza del Popolo
Nino a Via Borgogna, Via Borgogna 11 (Prominententreff, toskanische
Küche)
Ranieri, Via Mario de Fiori 26 (nobel-elegantes Restaurant mit langer Tradi-
tion)

Andrea, Via Sardegna 26   Restaurants
Berardino, Via Quintino Sello 1   nahe Via V. Veneto
Cappricio, Via Liguria 38
Cesarina, Via Piemonte 109 (vorwiegend norditalienische Gerichte, erle-
sene Weine)
Eden, Via Ludovisi 49
Il Caminetto, Viale Perioli 89
La Bruschetta, Via Ancona 35 (Nähe Piazza Pia; verhältnismäßig günstig)
Relais Le Jardin dell' Hotel Lord Byron, Via Guiseppe de Notaris 5 (elegan-
tes Interieur; raffinierte römische wie internationale Küche)
Taverna Flavia, Via Flavia 9/1

*Alberto Ciarla, Piazza San Cosimato 40 (Schwarz und Rot sind die Far-   Restaurants
ben des funktional-eleganten Interieurs; hier werden die besten Fisch-   in Trastevere
gerichte Roms serviert)
Antica Pesa, Via Garibaldi 18 (gutes Vorspeisenbuffet, hübscher Garten)
Capanna del Negro, Via Portuense 45 (römische Küche, Terrasse über
dem Tiber)
Corsetti, Piazza San Cosimato
Da Fieramosca, Piazza de' Mercanti 3a (ganz ausgezeichnete römische
Küche)
Da Gino in Trastevere, Via della Lungaretta 85
Galeassi, Piazza Santa Maria in Trastevere 3/3A
Romolo, Via Porta Settimiana 8 (römische Küche, hübscher kleiner Garten)
Sabatini, Piazza Santa Maria in Trastevere 13
Taverna Trilussa, Via del Politeama 23 (Künstlertreff, typisch römische
Küche)
Vicolo Santa Maria in Trastevere 18
Vincenzo alla Lungaretta, Via della Lungaretta 173

Checchino dal 1887, Via Monte Testaccio 30   Restaurant auf
(typisch römische Küche: vorzügliche Kutteln, Ochsenschwanz, Kalbshirn   dem Testaccio
u.a.)

Antica Gelateria Fassi, Corso d'Italia 45   Cafés, Eiscafés,
*Antico Caffè Greco, Via Condotti 86 (zu den Stammgästen dieses im   Tea rooms
18. Jh. eröffneten Literatencafés gehörten u.a. Casanova, Baudelaire,

Restaurants   **Praktische Informationen**

Literatencafé Greco

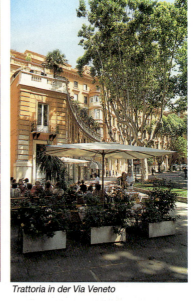

Trattoria in der Via Veneto

Auf einen Cocktail in Harry's Bar

Praktische Informationen   **Shopping**

Goethe, Schopenhauer, Franz Liszt, Mendelssohn, Wagner und Nietzsche)   Restaurants,
Babington, Piazza di Spagna 23 (stilvoller britischer Tearoom)   Cafeś, Eiscafeś,
Canova, Piazza del Popolo (Künstlertreff mit unerschöpflichem Angebot   Tearooms, Bars
an Tramezzini und Dolci)   (Fortsetzung)
Casina Valadier, Pincio (die herrliche Aussicht über Rom hat jedoch ihren
Preis)
Ge. Co., Via dei Baullari 106 (gemütlicher Intellektuellentreff um die Ecke
vom Campo dei Fiori)
Giolitti, Via Uffici del Vicario 14 (fantastische Eissorten werden in einem
Ambiente der Jahrhundertwende offeriert; geöffnet bis 2.00 Uhr)
Gran Caffé Pasticceria Berardo, Piazza Colonna 200 (Kaffeehaus im Stil
des 19. Jh.s)
Grand Café Aragno, Ecke Via delle Convertile/Via del Corso (Café, Tea
room und Pasticceria bieten zahlreiche süße und herzhafte Leckerbissen)
⁑Harry's Bar, Via Vittorio Veneto 150 ("Harry's" renommierter Name für
erstklassige Cocktails findet hier seine Bestätigung)
Pepy's Bar – american bar, Piazza Barberini (die köstlichen Tramezzini-
Kompositionen suchen ihresgleichen)
Rosati, Piazza del Popolo 5 (traditionsreiches Künstlercafé)
Tazza d'Oro, Via degli Orfani 86 ; beim Pantheon (seinen berühmten Kaffee
kann man nicht nur trinken, sondern auch käuflich erwerben)
Tre Scalini, Piazza Navona 30 (ein Muß für alle Freunde von Dolci ist der
"tartuffo" des Hauses)

⟶ Essen und Trinken   Speisen

Rundfunk

Die staatliche italienische Rundfunkanstalt RAI strahlt auf Mittelwelle (846   Sendungen in
kHz) ein Nachtprogramm in deutscher Sprache von 0.33 bis 5.33 Uhr mit   deutscher Sprache
stündlichen Nachrichten aus. Tagsüber sendet RAI auf Kurzwelle (9575,
7290, 5990 kHz) in deutscher Sprache von 15.35 bis 15.50 Uhr für österreichische Hörer, von 17.50 bis 18.10 für Hörer aus der Bundesrepublik
Deutschland und von 18.10 bis 18.25 Uhr für Hörer aus der DDR.
Radio Vatikan (MW 1530 kHz; KW 6185, 9645, 11740 kHz) sendet in deutscher Sprache täglich von 6.20 bis 6.40 Uhr, 16.00 bis 16.15 Uhr und 20.00
bis 20.40 Uhr.

Reiserufe in deutscher Sprache bringt die staatliche Rundfunkanstalt RAI   Reiserufe im Radio
täglich um 13.56 Uhr.

Shopping

Neben Paris ist Rom die Modehauptstadt der Welt. Ob aus Seide oder
Leder, elegant oder ausgefallen, ob Schuhe oder Schmuck – zwischen
Piazza di Spagna und Via del Corso, in der Via Frattina, Via Borgognona
und Via Condotti findet sich für jeden Geschmack etwas.
Eines haben alle diese Geschäfte jedoch gemeinsam: Wer hier nicht nur
schauen, sondern auch kaufen will, sollte eine wohlgefüllte Brieftasche bei
sich haben.

⟶ dort   Antiquitäten

Herder (deutschsprachig)   Bücher
Piazza Montecitorio 117

Economy Book Center (englischsprachig)
Piazza di Spagna 29

Shopping	**Praktische Informationen**

Bücher (Fortsetzung)	Libreria Modernissima Via della Mercede 43
	Rappaport (Antiquariat) Via Sistina 23
Damenmode	Camomilla Piazza di Spagna 84/85
	Fendi (Pelze) Via Borgognona 36–39
	Giorgio Armani Via del Babuino 102
	Krizia Piazza di Spagna 77 b
	La Mendola di Albertina Piazza Trinità dei Monti 15 (oberhalb der Spanischen Treppe)
	L'una e l'altra Via del Governo Vecchio 105 (bei der Piazza Navona)
	Mariselaine Via Condotti 70, Via del Corso 94
	Milla Schön Via Condotti 64
	Piatelli Via Condotti 20 a, Piazza S. Silvestro 19
	Sorelle Fontana Via di S. Sebastianello 6
	Valentino Via Gregoriana 24, Via Bocca di Leone 15/18
	Versace Via Bocca di Leone 26
Herrenmode	Albertelli Via dei Prefetti 11
	Angelo Litrico Via Sicilia 51
	Battistoni Via Condotti 61 a
	Cenci Via Campio Marzio 4–7
	Cosièsevipiace (Secondhand) Via delle Carrozze 85
	Cucci Via Condotti 67

Haute Couture bei La Mendola di Albertina ▶

Shopping   **Praktische Informationen**

Herrenmode (Fortsetzung)	Testa Via Frattina 104
	Valentino Uomo Via Condotti/Ecke Via Mario de Fiori
Kaufhäuser/ Supermärkte	Croff Via del Corso 316, Via Tomacelli 137; u.a.
	La Rinascente Piazza Colonna, Piazza Fiume
	Standa Filialen in fast allen größeren Geschäftsstraßen
	Upim Filialen in der ganzen Stadt
Küchengeräte	Leone Limentani Via del Portico d'Ottavia 47/48
Lederwaren	Elegant Belmonte Via Emilia 36
	Fendi Via Borgognona 36–39
	Furia Via Tomacelli 133
	Gucci Via Condotti 8
	Memini Via Zanardelli 18
	Simi Via della Scrofa 49
Märkte	→ dort
Papierwaren	Vertecchi Via della Croce 38
Schallplatten	Discoteca Frattina Via Frattina 50
Schmuck	Bozart (Modeschmuck) Via Bocca di Leone 4
	Buccellati Federico Via Condotti 31
	Bulgari Via Condotti 10
	Federica's Shop Via Borgognona 26
	La Stelletta (Modeschmuck) Via della Stelletta 4

Praktische Informationen   **Shopping**

Exklusive Lederwaren in der Via Condotti

Petochi
Piazza di Spagna 23

Tempi Moderni
Via del Governo Vecchio 108

El Vaquero
Via Mario de'Fiori 74

Enzo Albanese
Via Veneto 177,
Via Lazio 19

Herzel
Via di Propaganda 14

Raphael Salato
Via Veneto 149

Salvatore Ferragamo
Via Condotti 73

Magli, Varese, Zabato
Diese Geschäfte haben ihre Filialen in den wichtigen Geschäftsstraßen der Stadt.

Darüber hinaus gibt es fast an jeder Ecke und in fast jeder Straße Geschäfte, die hübsche und preisgünstige Schuhe anbieten.

Al Sogno
Piazza Navona 53

Schmuck
(Fortsetzung)

Schuhe

Sport	**Praktische Informationen**

Shopping, Schuhe (Fortsetzung)	Berté Piazza Navona 107–111
Stoffe	Cannavota Via dei Falegnami 63
	Carlo Bises & Figli Via del Gesù 93
Wein	Enoteca al Parlamento Via del Prefetti 15

Speisen

→ Essen und Trinken

Sport

Sportanlagen,
Foro Italico

Die große, unterhalb des Monte Mario, in unmittelbarer Nähe des Tiber gelegene Sportanlage wurde für die faschistische Akademie der Farnesina 1938/39 begonnen und nach dem Zweiten Weltkrieg vollendet. Für die Fußballweltmeisterschaft im Sommer 1990 wurden am Stadion umfassende Ausbauten vorgen0mmen.
Die Sportanlage besteht aus:

Stadio Olimpico (Olympiastadion)
Fußball- und Leichtathletikstadion für über 100000 Zuschauer; hier fanden 1960 die Leichtathletikkämpfe der 17. Olympischen Spiele, 1987 die Leichtathletikweltmeisterschaften und am 8. Juli 1990 das Finale der Fußballweltmeisterschaft statt. Zu diesem Komplex gehören auch Tennisplätze.

Stadio dei Marmi (Marmorstadion)
Das Marmorstadion war die erste Sportanlage, die im Foro Italico entstand; in dem Stadion, das 20000 Zuschauer faßt, werden Leichtathletikwettkämpfe veranstaltet.

Stadio del Nuoto (Schwimmstadion)
Das Schwimmstadion bietet bis zu 16000 Zuschauern Platz; es wird nicht nur für Wettkämpfe genutzt, sondern kann auch von Privatpersonen besucht werden.

Piscina Coperta (Hallenbad)
Das Schwimmstadion ist mit dem Hallenbad durch einen Tunnel verbunden, es ist mit buntem Marmor und farbigen Mosaiken ausgestaltet.

Palazzo dello Sport

Im Stadtteil EUR
In dem riesigen Gebäude mit seiner Rundkuppel werden Basketballspiele, Boxkämpfe und auch Tennisturniere veranstaltet.

Tre Fontane

Im Stadtteil EUR
Das großzügige angelegte Sportzentrum verfügt über Plätze für Hockey, Fußball, Rugby, Bahnen für Leichtathletik und zum Rollschuhfahren sowie über einige Sporthallen.

Palazzetto dello Sport

Bei der Piazza Apollodoro
Kleiner Sportpalast für Boxkämpfe, Rollschuhlauf, Ringen, Tennis- und Fechtturniere.

Praktische Informationen **Sport**

Stadio dei Marmi des Foro Italico

an der Viale Tiziano, in unmittelbarer Nähe des Palazzetto dello Sport Außer dem Fußballstadion, das 45000 Zuschauer aufnehmen kann, gehören zu dem Stadion ein Hallenbad, Turnhallen und ein Fechtsaal.	Stadio Flaminio
am Fuß des Monte Antenne Schwimmbad, Fußballplatz, Plätze für Polo und Rugby.	Acqua Acetosa
Hippodrom Capannelle an der Via Appia Nuova (km 12) Seit fast einem Jahrhundert finden hier vielbesuchte Galopp- und Hürdenrennen statt.	**Sportarten,** Reiten
Società Ippica Romana (Römische Reitgesellschaft) Via Monti della Farnesina 1	
Centro Ippico Aurelio (Reitzentrum Aurelio) Via Aurelia (km 15)	
Cirolo del Golf di Roma Via Appia Nuova 716/A	Golf
Golf Club Olgiata Largo dell' Olgiata 15	
→ Foro Italico	Tennis
→ Bäder	Schwimmen

219

Sprache	Praktische Informationen

Sprache

Hinweis

In den großen Hotels von Rom wird man mit Deutsch einigermaßen zurechtkommen; im übrigen ist man auf Italienisch , Französisch oder Englisch angewiesen. Stadtpolizisten, die eine Fremdsprache beherrschen, tragen am linken Arm ein Abzeichen mit der Flagge des Landes, dessen Sprache sie sprechen.

Aussprache

Der Ton liegt meist auf der vorletzten Silbe. Wird der Endvokal betont, trägt dieser stets einen Akzent (perchè, città). Bei Betonung auf der drittletzten Silbe steht in der offiziellen Rechtschreibung (außer in Zweifelsfällen) kein Akzent. Vielfach wird ein solcher jedoch als Aussprachehilfe hinzugesetzt (chilòmetro, sènapa), é bzw. ó bedeuten den geschlossenen, è bzw. ò den offenen Laut. Dipthonge sind getrennt zu sprechen: causa wie 'ka-usa', sei wie 'Bä-i'. Ein e ist nie stumm (auch nicht im Auslaut).

C oder cc wird vor e und i wie 'tsch', g oder gg vor e und i wie 'dsch' gesprochen; c und g vor den übrigen Vokalen sowie ch und gh wie 'k' und 'g'; gn und gl zwischen Vokalen wie 'nj' und 'lj'. H ist stumm, r ein Zungenlaut; qu wie 'kw'. Das s ist am Wortanfang vor einem Vokal stimmlos, vor b, d, g, l, m, n und v sowie zwischen zwei Vokalen jedoch stimmhaft; sc vor e und i wie 'sch'; z wie 'ds'.

Grundzahlen

0	zero	19	diciannove
1	uno, una, un, un'	20	venti
2	due	21	ventuno
3	tre	22	ventidue
4	quattro	30	trenta
5	cinque	31	trentuno
6	sei	40	quaranta
7	sette	50	cinquanta
8	otto	60	sessanta
9	nove	70	settanta
10	dieci	80	ottanta
11	undici	90	novanta
12	dodici	100	cento
13	tredici	101	cento uno
14	quattordici	153	centocinquantatre
15	quindici	200	duecento
16	sedici	1000	mile
17	diciasette	5000	cinque mila
18	diciotto	1 Mio.	un milione

Ordnungszahlen

1.	primo (prima)	7.	settimo
2.	secondo	8.	ottavo
3.	terzo	9.	nono
4.	quarto	10.	decimo
5.	quinto	20.	ventesimo/vigesimo
6.	sesto	100.	centesimo

Bruchzahlen

$1/2$	un mezzo (mezza)
$1/4$	un quarto
$1/10$	un decimo

Wichtige Redewendungen

Guten Morgen, guten Tag!	Buon giorno!
Guten Abend!	Buona sera!
Auf Wiedersehen!	Arrivederci!
Ja, nein!	Si, no!
Entschuldigen Sie	Scusi
Bitte (um Gefälligkeit)!	Per favore!
Bitte (nach Entschuldigung oder Dank)!	Prego!

Praktische Informationen

Sprache

Wichtige
Redewendungen
(Fortsetzung)

Danke (sehr)!	(Molte) grazie!
Gestatten Sie, bitte!	Con permesso!
Sprechen Sie deutsch?	Parla tedesco?
Ein wenig, nicht viel	Un poco, non molto
Ich verstehe nicht	Non capisco
Sie heißt auf italienisch?	Come si dice in italiano?
Wie heißt diese Kirche?	Come si chiama questa chiesa?
Der Dom	Il duomo
Der Platz	La piazza
Der Palast (das Gebäude)	Il palazzo
Das Theater	Il teatro
Wo ist die Straße X?	Dov' è la via X?
die Straße (Autobahn) nach ...?	la strada (l'autostrada) per ...?
Links, rechts	A sinistra, a destra
Immer geradeaus	Sempre diritto
Oben, unten	Sopra, sotto
Wann geöffnet?	Quando è aperto?
Wie weit?	Quanto è distante?
Heute	Oggi
Gestern	Ieri
Vorgestern	L'altro ieri
Morgen	Domani
Sind Zimmer frei?	Ci sono camere libere?
Ich möchte gern ...	Vorrei avere ...
Ein Zimmer mit Bad (Dusche)	Una camera con bagno (doccia)
Mit voller Pension	Con pensione completa
Was kostet es?	Qual'è il prezzo? Quanto costa?
Alles inbegriffen?	Tutto compreso
Das ist zu teuer!	E troppo caro
Kellner zahlen!	Cameriere, il conto!
Wo ist die Toilette?	Dove si trovano i gabinetti? (il servizi, la ritirata)
Wecken Sie mich um sechs!	Può svegliarmi alle sei!
Wo gibt es einen Arzt? einen Zahnarzt?	Dove sta un médico? un dentista?

Auf der Post

Adresse	Indirizzo
Brief	Lettera
Briefkasten	Buca delle lettere
Briefmarken	Francobolli
Briefträger	Postino
Eilboten	Espresso
Einschreibebrief	Raccomandata
Luftpost	Posta aerea
Postkarte	Cartolina
Postlagernd	Fermo posta
Telefon	Telefono
Telegramm	Telegramma

Auf der Reise

Abfahrt	Partenza
Abflug	Partenza, Decollo
Ankunft	Arrivo
Aufenthalt	Sosta
Bahnhof	Stazione

Sprache		**Praktische Informationen**
Auf der Reise (Fortsetzung)	Bahnsteig	Marciapiede
	Fahrkarte	Biglietto
	Fahrplan	Oriario
	Fahrpreis	Brezzo del biglietto, Tariffa
	Flug	Volo
	Flughafen	Aeroporto
	Flugzeug	Aeroplano
	Gepäck	Bagagli
	Gepäckträger	Portabagagli, facchino
	Gleis	Binario
	Haltestelle	Fermata
	Nichtraucher	Vietato fumare
	Raucher	Fumatori
	Schaffner	Conduttore
	Schalter	Sportello
	Umsteigen	Cambiare treno
	Wartesaal	Salla d'aspetto
	Zugführer	Capotreno
Wochentage	Montag	Lunedì
	Dienstag	Martedì
	Mittwoch	Mercoledì
	Donnerstag	Giovedì
	Freitag	Venerdì
	Samstag	Sabato
	Sonntag	Domenica
	Tag	Giorno
	Wochentag	Giorno feriale
	Feiertag	Giorno festivo
	Woche	Settimana
Festtage	Neujahr	Capo d'anno
	Ostern	Pasqua
	Pfingsten	Pentecoste
	Weihnachten	Natale
Monate	Januar	Gennaio
	Februar	Febbraio
	März	Marzo
	April	Aprile
	Mai	Maggio
	Juni	Giugno
	Juli	Luglio
	August	Agosto
	September	Settembre
	Oktober	Ottobre
	November	Novembre
	Dezember	Dicembre
	Monat	Mese
Verkehrs-aufschriften	Aufschüttung, Straßenarbeiten	Acciottolato, lavori stradali
	Halt!	Alt!
	Achtung!	Attenzione (attenti)
	Achtung auf den Zug,	al treno
	Sprengungen	alle mine
	Steinschlag	Caduta sassi (c. massi)
	Umleitung	Deviazione
	Halteverbot	Divieto di sosta
	Straßenkreuzung	Incrocio

Praktische Informationen

Sprachunterricht

Straßenarbeiten	Lavori in corso	Sprache,
Bahnübergang	Passaggio a livello	Verkehrs-
Langsam fahren!	Rallentare	aufschriften
Gesperrt	Sbarrato	(Fortsetzung)
Einfahrt verboten	Senso Proibito	
Einbahnstraße	Senso unico	
Gefährliche Kurve	Svolta pericolosa	
Rechts fahren!	Tenere la destra	
Durchfahrt unterbrochen	Transito interrotto	
Schritt fahren!	Veicolo al passo	
Höchstgeschwindigkeit	Velocità non superiore	
15 km/h!	i 15 km/h	
Durchfahrt verboten	Vietato (proibito) il transito	
– für Lastwagen	– per tutti i	
	veicoli pesanti	

Sprachunterricht

Verschiedene Institute bieten in Rom Kurse zum Erlernen der italienischen Sprache an. Sie finden sowohl für Anfänger als auch für Fortgeschrittene statt und haben – je nach Intensität – eine Dauer von zwei bis vier Wochen. Neben diesen ständig stattfindenden Kursen werden auch Feriensprachkurse angeboten, die außer dem Unterricht auch Hotelaufenthalt und Vollpension und ein Freizeitprogramm beinhalten.

Centro Linguistico Italiano "Dante Alighieri"   Sprachschulen
Via Marliano 4
Tel. 83 20 1 84

Italian Courses at International House
Via Marghera 22
Tel. 49 25 92

Mondo Italiano
Centro di Lingua e Cultura Italiano
Via delle Quattro Fontane 33
Tel. 47 46 9 16

Torre di Babele
Centro di Lingua e Cultura Italiano
Via dei Taurini 27
Tel. 49 52 8 31

Über weitere Unterrichtsmöglichkeiten sowie über spezielle Kurse, z. B.   Italienische
Literaturkurse, erteilen die italienischen Kulturinstitute Auskunft.   Kulturinstitute

In der Bundesrepublik Deutschland:
Karl-Finkelnburg-Str. 1, 5300 Bonn 1, Tel. (02 28) 36 41 59
Hansastr. 6, 2000 Hamburg, Tel. (040) 44 04 41
Universitätsstr. 5, 5000 Köln, Tel. (02 21) 40 29 33
Hermann-Schmidt-Str. 8, 8000 München, Tel. (089) 76 45 63
Kobelstr. 6, 7000 Stuttgart, Tel. (07 11) 60 59 80

In Österreich:
Maria-Theresien-Str. 38/C, 6020 Innsbruck, Tel. (0 52 22) 2 33 73
Ungargasse 3 III, 1030 Wien, Tel. (02 22) 73 34 54

In der Schweiz:
Elfenstr. 10c (Italienische Botschaft), 3000 Bern, Tel. (031) 44 41 51
Florastr. 7, 8008 Zürich, Tel. (01) 34 48 25

Stadtbesichtigung

Stadtrundfahrten

Über organisierte Stadtrundfahrten und Tagesausflüge erkundige man sich am besten beim römischen Verkehrsbüro EPT (→ Auskunft) oder bei einem der großen Veranstalter:

American Express
Piazza di Spagna 38, Tel. 6792658

C.I.T. (Compagnia Italiano Turismo)
Piazza della Repubblica 68, Tel. 47941

Univers
Via Marsala 20, Tel. 4450290

A.T.A.C. (Städtische Verkehrslinien)
Informationsbüro an der Piazza dei Cinquecento, gegenüber der Stazione Termini, Tel. 4695.
Von hier fahren im Sommer tgl. 15.30 (im Winter nur Sa. u. So. 14.30) Busse zu einer rund zweistündigen Stadtrundfahrt ab.

Mit der Straßenbahnlinie 30 kann man, wenn man viel Zeit hat, eine gemütliche Stadtrundfahrt machen.
Die Straßenbahn beginnt ihre Fahrt am Monte Verde Nuovo in Trastevere und fährt über die nachfolgend aufgeführten Stationen bis in die Nähe des Vatikans:
Piazza San Giovanni di Dio, Viale Trastevere, Porta Portese (Flohmarkt), Port San Paolo, Cestius-Pyramide, Viale del Parco del Celio, Piazza Colosseo, Port San Giovanni (Sankt Johann im Lateran), Santa Croce in Gerusalemme, Piazza Ungheria, Viale delle Belle Arti, Piazza Risorgimento.

Pferdedroschken auf der Piazza San Pietro

Praktische Informationen

Straßenverkehr

Eine Spazierfahrt mit den in Rom scherzhaft 'botticelle' (= Fäßchen) genannten Kutschen empfiehlt sich besonders durch die Parkanlagen, z. B. zur Villa Borghese oder durch den täglich acht Stunden für Autofahrer (außer mit Sondergenehmigung!) gesperrten Altstadtkern um den Pantheon.

Stadtbesichtigung, (Fortsetzung), Pferdedroschken (Carrozzelle)

Die Pferdedroschken haben ihre Standorte auf der Piazza San Pietro, am Kolosseum, Piazza Venezia, Piazza di Spagna, bei der Fontana di Trevi, Via Veneto, Villa Borghese und Piazza Navona. Eine einstündige Rundfahrt kostet ca. 100000 Lire, Handeln mit dem Kutscher vorausgesetzt.

Autorisierte Fremdenführer vermittelt das römische Verkehrsbüro EPT (→ Auskunft) oder das Sindicato Nazionale Guide Turistiche C.I.S.L., Rampa Mignanelli 12, Tel. 6789842.

Fremdenführer

Für eine Führung (auch in Deutsch) von drei Stunden mit maximal 12 Personen muß man mit einem Gesamtpreis von 80000 Lire rechnen, eine ganztägige Tour kostet ungefähr das Doppelte.

Soprintendenza Comunale ai Musei e Monumenti
Piazza Caffaeli 3, Tel. 67103069

Kunstgeschichtliche Führungen

Soprintendenza alle Antichità di Roma
Piazza Santa Maria Nova 53, Tel. 7807333

Straßenverkehr

Die römische Innenstadt ist am Vor- und Nachmittag jeweils vier Stunden für den privaten Autoverkehr gesperrt.

Hinweise

Die allgemeinen Verkehrsvorschriften in Italien unterscheiden sich nicht wesentlich von denen anderer europäischer Länder. Die Verkehrszeichen entsprechen den internationalen Normen.

Autobahnen; gebührenpflichtig

Autostrada (A)

Staatsstraßen; sie tragen oft besondere Namen, die bei der Bevölkerung vielfach bekannter sind als die amtlichen Nummern.

Strada Statali (SS)

Provinzialstraßen
Diese sind nicht mit Nummern versehen.

Strade di Grande Comunicatione

Nebenstraßen, die die Nahverbindung herstellen.

Strade secondarie

In Italien besteht wie im übrigen kontinentalen Europa Rechtsverkehr.

Rechtsverkehr

Während der Fahrt müssen alle Autoinsassen über 14 Jahre Sicherheitsgurte anlegen. Kinder bis vier Jahre dürfen nur in speziellen Kindersitzen befördert werden.

Gurtpflicht, Kindersitz

Fahren unter Alkoholeinfluß ist grundsätzlich verboten.

Alkohol

Innerhalb geschlossener Ortschaften beträgt die zulässige Höchstgeschwindigkeit für Kraftfahrzeuge aller Art 50 km/h.

Geschwindigkeitsbegrenzungen

Außerhalb geschlossener Ortschaften ist die Höchstgeschwindigkeit auf Landstraßen für Personenkraftwagen auf 90 km/h, für Personenkraftwagen mit Anhänger auf 80 km/h begrenzt.
Auf Autobahnen gilt für Personenkraftwagen mit mehr als 1100 cm^3 Hubraum die Höchstgeschwindigkeit von 130 km/h, für Personenkraftwagen mit Anhänger 100 km/h. Pkw mit weniger als 1100 cm^3 Hubraum dürfen nur maximal 110 km/h schnell fahren.
Für Motorräder sind die Höchstgeschwindigkeiten nach Hubraumklassen gestaffelt: Auf Landstraßen dürfen mit bis zu 99 cm^3 maximal 80 km/h, mit

Straßenverkehr   **Praktische Informationen**

Geschwindigkeits- begrenzungen (Fortsetzung)	bis zu 149 cm³ höchstens 90 km/h gefahren werden; auf Autobahnen ist die Benutzung von Motorrädern unter 149 cm³ nicht erlaubt. Für Motorrä- der ab 150 cm³ Hubraum gelten die gleichen Höchstgeschwindigkeiten wie für Personenkraftwagen (s. oben).
Motorräder	Motorräder über 350 cm³ dürfen erst ab dem 21. Lebensjahr gefahren wer- den. Das Fahren mit Motorrädern unter 150 cm³ und Gespannen unter 250 cm³ ist auf Autobahnen nicht erlaubt.
Vorfahrt	Vorfahrt hat der auf den Hauptverkehrsstraßen fließende Verkehr, sofern diese durch ein auf die Spitze gestelltes weißes oder gelbes Quadrat mit roter bzw. schwarz-weißer Umrahmung beschildert sind. Sonst gilt grund- sätzlich (auch im Kreisverkehr) die Regelung 'rechts vor links'. Auf schma- len Bergstraßen hat das bergauf fahrende Fahrzeug Vorfahrt. Schienen- fahrzeuge sind immer bevorrechtigt.
Fahrbahnwechsel	Jeder Fahrbahnwechsel (auch vor und nach dem Überholen) ist durch Blinken anzuzeigen, ebenso das Anhalten am Straßenrand.
Überholen	Vor dem Überholen muß außerhalb geschlossener Ortschaften gehupt werden, desgleichen vor Kreuzungen, Abzweigungen, unübersichtlichen Kurven und anderen gefährlichen Stellen. Bei Dunkelheit ist die Lichthupe zu verwenden.
Hupverbot	Hupverbot besteht entsprechend den Verkehrszeichen bzw. entspre- chend der Aufschrift 'zona di silenzio' in größeren Ortschaften.
Beleuchtung	Auf gut beleuchteten Straßen darf nur mit Standlicht, in Tunnels und Gale- rien jedoch muß mit Abblendlicht gefahren werden.
Autobahn- gebühren	→ Anreise, mit dem Auto
Abschleppen von Kraftfahrzeugen	Autofahrer, die auf Autobahnen in Italien eine Panne haben, dürfen sich nach geltendem Recht nicht von privaten Helfern abschleppen lassen. Bei Verstößen gegen diese Vorschrift muß mit einer Geldstrafe gerechnet wer- den. Auf italienischen Landstraßen ist es dagegen zulässig, sich von Pri- vatleuten abschleppen zu lassen.
Polizia stradale	Den Weisungen der Verkehrspolizei ist unbedingt Folge zu leisten. Bußgelder bei Verkehrsübertretungen sind hoch.
Unglücks- und Schadensfälle	Bei Unfällen sollte man Kennzeichen, Name und Anschrift von den Fahrern aller beteiligten Fahrzeuge sowie deren Haftpflichtversicherung und Versi- cherungsnummer notieren; diese Daten können der rechteckigen Plakette hinter der Windschutzscheibe von italienischen Fahrzeugen entnommen werden. Zudem ist es sinnvoll, Name und Anschrift von Unfallzeugen fest- zuhalten und die Unfallstelle zu fotografieren. Bei Personenschäden ist auf jeden Fall die Straßenpolizei hinzuzuziehen. Außerdem muß unverzüglich die eigene Versicherungsgesellschaft bzw. bei eigenem Mitverschulden die auf der Grünen Versicherungskarte genannte italienische Versiche- rungsgesellschaft informiert werden. Letztere hilft durch Beratung und durch Nennung eines Anwalts, falls der ausländische Fahrzeuglenker mit Strafmaßnahmen zu rechnen hat.
Totalschaden	Bei Totalschaden ist unverzüglich die italienische Zollbehörde zu unter- richten, da sonst u. U. für das Schadensfahrzeug der gesamte Einfuhrzoll bezahlt werden muß.
Benzingutscheine	→ Kraftstoff
Pannen	→ Autohilfe

Praktische Informationen   Theater

Studentenheime

Centro Universitario Femminile
Piazzale delle Scienze 9

Centro Universitario Marianum
Via del Boiardo 30

Hospitium Gregorianum
Salita di S. Gregorio

Istituto 'Il Rosario'
Via S. Agata dei Goti 10

Residenza 'Villa delle Palme'
Lungotevere delle Armi 13

YWCA
(nur Studentinnen)
Via Balbo 4

Taxi

Die Taxis in Rom sind einheitlich gelb. In der Innenstadt gibt es zahlreiche
Standplätze.

Bei Fahrtantritt sollte man darauf achten, daß der Taxameter eingeschaltet   Fahrpreisanzeige
ist und nur die Grundgebühr (2550 Lire) anzeigt. Alle 0,3 km erhöht sich der
Fahrpreis um derzeit ca. 300 Lire.

Zuschläge werden erhoben für Nachtfahrten (22.00–7.00), an Sonn- und   Zuschläge
Feiertagen, für Gepäck, für Warte- und Anfahrtszeiten, für Fahrten vom
Flughafen in Fiumicino nach Rom und von Rom nach Fiumicino (was doppelt so teuer ist!) – um Überraschungen zu vermeiden, erkundige man sich
am besten vor Fahrtantritt.

Tel. 3875, 4994, 8433, 3570   Funktaxis

Man hüte sich vor Privatpersonen, die ihren Wagen als Taxi offerieren – sie   'Wilde' Taxis
sind vielfach teurer als die regulären Taxis, und außerdem ist man nicht
versichert.

Telefon

→ Post, Telegraf, Telefon

Theater

Von den zahlreichen Theatern in Rom, von denen immer wieder eines
schließt und dafür ein anderes neu hinzukommt, sind besonders hervorzuheben:

Teatro Argentina – Teatro di Roma
Largo Torre Argentina, Tel. 6544601/2.
Vornehmlich Inszenierungen italienischer Klassiker

| Theater | Praktische Informationen |

Theater (Fortsetzung)

Teatro alla Ringhiera
Via dei Riari 81, Tel. 6868711.

Teatro della Cometa
Via del Teatro Marcello 4,
Tel. 6784380

Teatro delle Arti
Via Sicilia 59, Tel. 4818598.

Teatro delle Muse
Via Forlì 43, Tel. 8831300

Teatro delle Voci
Via E. Bombelli 24, Tel. 6810118

Teatro Eliseo
Via Nazionale 183, Tel. 462114.

Teatro Ghione
Via delle Fornaci 37,
Tel. 6372294.

Teatro Giulio Cesare
Viale G. Cezare, Tel. 384454.

Teatro Manzoni
Via Montezebio 14/c, Tel. 312677

Teatro Parioli
Via G. Borsi 20, Tel. 803523

Teatro Quirino
Via M. Minghetti 1, Tel. 6794585

Teatro Sistina
Via Sistina 129,
Tel. 4756841.

Teatro Valle
Via del Teatro Valle 23/a,
Tel. 6543794

Teatro Vittoria
Piazza S. Maria Liberatrice 8,
Tel. 5740598

Vorverkauf

Da die Theaterkassen verschiedene Öffnungszeiten haben, empfiehlt es sich, vorher anzurufen. Die meisten Kassen sind im allgemeinen geöffnet: 10.00–13.00, 16.00–18.30.

Programmvorschau

In der wöchentlich in mehreren Sprachen erscheinenden Zeitschrift "La Settimana a Roma" (Die Woche in Rom) findet man die Programme der Oper und Theater.

Oper/Ballett

⟶ Musik

Tiere

⟶ Reisedokumente

Praktische Informationen   Veranstaltungskalender

Trinkgeld (Mancia)

In Hotels und Restaurants ist (wie in Deutschland) die Bedienung inbegriffen, jedoch werden 5–10 % des Rechnungsbetrages als Trinkgeld erwartet. In den 'Bars', den italienischen Cafés, ist die Bedienung nicht eingeschlossen, weshalb man 12–15 % gibt.
Als allgemeine Regel kann gelten: Trinkgeld gibt man auf eine besondere Leistung hin. Jedoch wird sich jeder freuen, wenn seine Dienste honoriert werden.

Veranstaltungshinweise

Über Veranstaltungen informieren die Tageszeitungen und die wöchentlich in mehreren Sprachen erscheinende Zeitschrift "La Settimana a Roma" (Die Woche in Rom).

Veranstaltungskalender

Mitte Dezember bis 6. 1.: Weihnachtsmarkt auf der Piazza Navona — Januar
6. 1.: Epifania (Bescherungstag für Kinderfest auf der Piazza Navona)
Alta Moda Italiana (Frühjahrs- und Sommer-Modenschau)
Roma Ufficio (Büroeinrichtungsmesse bis in den Februar)

Martedì grasso (und bereits die Wochen davor): In den Straßen Roms — Februar
Umzüge in Kostümen und Masken

9. 3.: Santa Francesca Romana: Autoweihe am Kolosseum — März
19. 3.: San Giuseppe (hl. Josef): Es werden überall 'Zeppole', mit Creme gefüllte Brandteigkrapfen, verkauft
Frühlingsfest (Piazza di Spagna; bis April)

Gründonnerstag: Fußwaschung in der Basilika Sankt Johann im Lateran (Papst-Messe)

Karwoche: Feierliche Gottesdienste des Papstes am Palmsonntag, Grün- — April
donnerstag, Karfreitag und Karsamstag
Karfreitag: Kreuzweg am Kolosseum mit dem Hl. Vater
Ostersonntag: Segen des Papstes für 'Stadt und Erdkreis', 'Urbi et Orbi' vom Balkon der Basilika Sankt Peter
2. Hälfte April: Azaleen auf der Piazza di Spagna

2. Hälfte Mai: Antiquitätenschau in der Via dei Coronari — Mai
Rosenschau auf dem Aventin im Rosengarten von Valle Murcia
'Fiera di Roma': Ausstellung von Produkten aus ganz Italien entlang der Via Cristoforo Colombo (bis Juni)

23./24. 6.: Johannisnacht (Feuerwerk) — Juni
'Estate Romana', Römischer Sommer: Konzerte, Theateraufführungen, Ausstellungen – meist im Freien – den ganzen Sommer hindurch (bis Oktober)
'Tévere Expo' an den Ufern des Tibers: Ausstellung von Produkten aus allen italienischen Regionen (bis Juli)

Festa de' Noiantri: Volksfest in Trastevere; Feuerwerk, Spanferkelschmaus — Juli
auf den Straßen
Opernsaison in den Thermen des Caracalla
Konzertsaison der Musikakademie Santa Cecilia

Verkehrsmittel	**Praktische Informationen**

Veranstaltungs-
kalender, Juli
(Fortsetzung)

Roma musica (bis September)
Theatersaison in Ostia Antica
Alta Moda Italiana (Herbst-Winter-Modenschau)

August

5. 8.: Festa della Madonna della Neve (Fest der Madonna des Schnees) –
Feiern in der Basilika Santa Mario Maggiore
Opernaufführungen in den Caracalla-Thermen
Konzerte der 'Accademia di Santa Cecilia'
Theateraufführungen in den Ausgrabungen von Ostia Antica
Pop-Konzerte, Liederabende im Freien

September

Kindermodenmesse
'Tévere Expo Internazionale', Ausstellung von Produkten aus aller Welt an
den Ufern des Tibers
Antiquitätenmesse (bis in den Oktober)

Oktober

Möbel- und Dekorationsausstellung (MOA)
Antiquitätenschau in der Via dei Coronari

Dezember

8. 12.: Immacolata Concezione, Mariä Empfängnis: Religiöse Feier auf der
Piazza di Spagna
15. 12.: Weihnachtsmarkt auf der Piazza Navona (bis 6. 1.)
24. 12.: Feierliche Christmesse in Sankt Peter
25. 12.: Weihnachtsmesse in der Basilika Sankt Peter, anschließend hält
der Papst vom Balkon der Basilika aus die alljährliche Weihnachtsan-
sprache
Krippen-Ausstellungen in den Kirchen und auf der Piazza di Spagna
'Natale Oggi', Weihnachten heute: Ausstellung

Verkehrsmittel (Öffentlicher Nahverkehr)

Busse und
Straßenbahn
(Tram)

Durch acht Straßenbahnlinien und ca. 300 Buslinien ist Rom verkehrs-
mäßig sehr gut erschlossen; allerdings kommt man wegen des dichten
Innenstadtverkehrs meist nur langsam voran.

Auskunft

A.T.A.C. (Städtische Verkehrslinien), Informationsbüro an der Piazza dei
Cinquecento (gegenüber Stazione Termini). Dort sind die Fahrpläne für die
Bus- und Tramlinien sowie Mehrfahrtenkarten erhältlich.

Fahrscheine

Es empfiehlt sich, immer Kleingeld bei sich zu haben, da es in vielen Bussen Automaten gibt. Besser ist es aber, sich schon vor Antritt der Fahrt
seine Tickets einzeln oder in 10er-Blöcken in den Tabakgeschäften ('Tabacchi') oder an einem Zeitungsstand zu kaufen. Es gibt keine Umsteige-
karten, vor neuerlichem Fahrtantritt ist also ein neuer Fahrschein fällig. In
den Bussen gibt es keine Schaffner. Einstieg ist hinten, wo sich ein oranger
Kasten zum Entwerten der Fahrscheine befindet.
Billiger als Einzelfahrscheine kommt eine Halbtageskarte ('biglietto ora-
rio'), mit der man entweder von 5.00 bis 14.00 Uhr oder von 14.00 bis 24.00
Uhr auf allen Strecken beliebig oft fahren kann. Die Tageskarte 'BIG' ist 24
Stunden auf allen Strecken gültig. Speziell für Touristen wird eine Wochen-
karte angeboten, die vom Tag des Erwerbs an acht Tage lang zur Fahrt auf
allen Strecken zu jeder Tages- und Nachtzeit berechtigt. Wer noch länger
in Rom bleiben will, dem sei eine Monatskarte ('tessera intera rete') empfohlen. Alle diese Mehrfahrtenkarten sind am Informationsstand an der
Piazza dei Cinquecento erhältlich, Monatskarten bekommt man auch in
den 'Tabacchi'.

Metropolitana
(U-Bahn)

Linie A: Via Ottaviano (Nähe Sankt Peter), Flaminio (Piazza del Popolo),
Piazza di Spagna, Piazza Barberini, Bahnhof Termini, Filmstadt Cinecittà,
Anagnina.

Praktische Informationen   **Zollbestimmungen**

Linie B: vom Bahnhof Stazione Termini über San Paolo fuori le Mura in das   Verkehrsmittel,
EUR-Stadtviertel (EUR Fermi) bis zur Station Laurentina.   Metropolitana
(Fortsetzung)

Fahrscheine für die Metropolitana erhält man in Tabakgeschäften oder
vom Automaten in den Metropolitana-Stationen. Auch für die Metropolitana gibt es eine Tages- und Monatskarte.

Roma – Lido (Zweig der Metro Linie B, Station Piramide, nach Lido di   Ferrovia (S-Bahn)
Ostia).
Roma – Nord (von Metro Linie A, Station Flaminio, nach Prima Porta).

Zeit

In Italien gilt die Mitteleuropäische Zeit (MEZ). Für die Sommermonate
(April bis September) wurde die Mitteleuropäische Sommerzeit (MESZ)
eingeführt, die in den meisten Ländern der Europäischen Gemeinschaft
gültig ist.

Zollbestimmungen

Nach Italien können zollfrei die für den persönlichen Gebrauch bestimmten   Einreise
Gegenstände eingeführt werden; dazu gehören auch (für Personen über
15 Jahre) 1000 g Kaffee oder 400 g Pulverkaffee und 200 g Tee oder 80 g
Teeauszüge, ferner (für Personen über 17 Jahre) 1,5 l Spirituosen über
22 % oder 3 l Spirituosen unter 22 % oder 3 l Schaumwein und 5 l Wein
sowie 300 Zigaretten oder 75 Zigarren oder 400 g Tabak, Personen über 15
Jahre dürfen zudem Waren und Geschenke bis zum Gesamtwert von
520 000 Lire einführen.
Videogeräte, CB-Funkgeräte und Autotelefone müssen bei der Einreise
deklariert werden. Die Einfuhr von Waffen, Waffenimitationen, Fahrten-
und größeren Mehrzweckmessern ist verboten. Reservetreibstoff in Kani-
stern ist bei der Einreise zu verzollen.

Die Ausfuhr von in Italien gekauften Waren ist bis zu einem Wert von   Ausreise
500 US-$ zollfrei; für Kunstgegenstände und Antiquitäten ist eine Beschei-
nigung der Kunstkammer erforderlich.

Bei der Wiedereinreise in die Bundesrepublik sind aus Italien stammende   Wiedereinreise in
Waren bis zu einem Gesamtwert von 780 DM zollfrei. Einfuhrmengen für   die Bundesrepu-
Spirituosen, Tabakwaren und Kaffee s. Einreise.   blik Deutschland

Werden bei der Einreise nach Italien größere Bargeldbeträge mitgeführt, so   Hinweis
empfiehlt sich in jedem Fall eine Deklarierung (→ Geld und Devisenbestimmungen).

Register

Abgeordnetenhaus 43
ACI 178
Acqua Felice, Fontana dell'
   56
Acqua Acetosa 219
ACR 178
Ada, Villa 206
Adriana, Villa 138
Aeroporto di Ciampino 12,
   187
Aeroporto di Urbe 12, 187
Aeoroporto "Leonardo da
   Vinci" in Fiumicino 12, 187
Agnese, Sant' (Kirche) 118
Agnese fuori le Mura, Sant'
   (Kirche) 118
Agnes-Katakomben 118
Agnes-Kirche 118
Agnes-Kirche vor den
   Mauern 118
Agostino, Sant' (Kirche) 119
Ägyptisches Museum
   (im Vatikan) 147
Akademien 14
Albaner Berge 51
Albaner See 51
Alberghi Diurini 194
Alexander VI. (Papst) 16
Alitalia 187
Anima, Santa Maria dell'
   (Kirche) 123
Andrea al Quirinale, Sant'
   (Kirche) 119
Andrea della Valle, Sant'
   (Kirche) 120
Angeli, Santa Maria degli
   (Kirche) 137
Anreise 173
Antiquitäten 174
Antonius-und-Faustina-
   Tempel 61
Apollo-Tempel des Sosia-
   nus 135
Apostoli, Santi (Kirche) 132
Apotheken 175
Appartamento Borgia
   (im Vatikan) 150
Appia Antica, Via 164
Ara Pacis Augustae 39
Aracoeli, Santa Maria in
   (Kirche) 123
Archäologisches Museum
   von Ostia 199
Arco degli Argentari 109
Arco di Costantino 39
Arco di Giano 40
Arco di Settimio
   Severo 63
Arco di Tito 65
Ärztliche Hilfe 175

Astronomisches
   Museum 199
Atrium Vestae 64
Augustus 16
Augustus-Forum 57
Augustus-Haus 84
Augustus-Mausoleum 72
Aurelianische Mauer 74
Ausflüge 176
Auskunft 177
Autobahnen 12
Autohilfe 178
Automobilclubs 178
Autovermietung 197
Axum-Obelisk 79

Bachmann, Ingeborg 30
Badeorte 179
Bäder 178
Bahnhöfe 179
Bahnreisen 179
Ballett 203
Banken 189
Baptisterium von Sankt
   Johannes 110
Barberini-Palast 85
Barberini-Wappen 85
Barcaccia (Brunnen) 101
Barracco-Museum 75
Bars 205, 213
Basilica di Massenzio 40
Basilica di Porta
   Maggiore 40
Basilica di San Giovanni in
   Laterano 110
Basilica di San Marco 42
Benzin, Bleifreies 196
Benzingutscheine 196
Bergengruen, Werner 30
Berlioz, Hector 30
Bernardo alle Terme, San
   (Kirche) 137
Bernini, Gian Lorenzo 17
Berühmte Persönlich-
   keiten 16
Besichtigungs-
   programm 180
Bevölkerung 11
Bezirke 10
Biblioteca Apostolica
   Vaticana 150
Bibliotheken 13, 182
Bleifreies Benzin 196
Blumenmarkt 97
Bocca della Verità,
   Piazza 97
Bogen der Geldwechsler
   109
Bonaparte-Palast 86
Borgate 10

Borghese, Villa und
   Galleria 166
Borghese-Palast 86
Borsa 42
Börse 42
Botanischer Garten 206
Botschaften 184
Bramante-Tempel 116
Braschi-Palast 79
Briefkästen 208
Briefmarken 208
Bruno, Giordano 98
Brunnen s. Fontana
Buchläden 213
Buonarroti, Michelangelo
   20
Burcardo-Museum 199
Busse 230
Byron-Denkmal 166

Caesar, Gaius Iulius 16
Caesar-Forum 57
Cafés 211
Camera dei Deputati 42
Campidoglio 43
Campingführer 184
Campingplätze 183
Campo dei Fiori,
   Piazza di 97
Campo Verano 44
Cappella di Niccolò V.
   (im Vatikan) 152
Cappella di Sant' Ivo 45
Cappella Sistina
   (im Vatikan) 153
Caracalla-Thermen 136
Carcere Mamertino 45
Carlo ai Catinari, San
   (Kirche) 106
Carlo al Corso, San
   (Kirche) 106
Carlo alle Quattro Fontane,
   San (Kirche) 107
Casa di Keats e Shelley 198
Casa di Livia 83
Casa Zuccari 94
Casino dei Quattro Venti 168
Castel Gandolfo 45
Castel Sant' Angelo 46
Castro Pretorio 47
Catacombe di Domitilla 48
Catacombe di Priscilla 48
Catacombe di San
   Callisto 48
Catacombe di San
   Sebastiano 117
Catacombe di Santa
   Ciriaca 196
Catacombe di Sant'
   Agnese 118

232

Register

Cecilia in Trastevere, Santa (Kirche) 121
Cecilia Metella, Tomba di 139
Celimontana, Villa 206
Cenci-Palast 88
Cerveteri 49
Cestius-Pyramide 103
Chateaubriand, François-René Vicomte de 31
Chiesa Nuova 50
Chirico, Giorgio de 17
Ciampino (Flughafen) 12, 187
Cimitero degli Stanieri acattolico 50
Circo Massimo 51
Circus Maximus 51
CIT 178
Città del Vaticano 141
Città Universitaria 51
Clemente, San (Kirche) 107
Colette, Sidonie-Gabrielle 31
Collezione d' Arte Religiosa Moderna (im Vatikan) 156
Colli Albani 51
Colombario di Pomponio Hylas 51
Colonna di Foca 64
Colonna di Marco Aurelio 52
Colonna di Traiano 67
Colonna, Galleria 67
Colosseo 52
Concezione, Santa Maria della (Kirche) 124
Corsini, Villa 206
Corsini-Palast 88
Cosma e Damiano, Santi (Kirche) 133
Cosmedin, Santa Maria in (Kirche) 124
Costanza, Santa (Kirche) 121
Criptoportico 83
Crisogono, San (Kirche) 109
Croce in Gerusalemme, Santa (Kirche) 121
Curia 63
Curtius, Ernst Robert 31

Dauerausstellung der israeli-tischen Gemeinde 201
Denkmal für Giordano Bruno 98
DER 177
d' Este, Villa 138
Devisenbestimmungen 189
Dickens, Charles 31
Diokletian-Thermen 136
Dioscuri 99
Dioskuren-Brunnen 99

Diplomatische Ver-tretungen 184
Diskotheken 205
Domine Quo Vadis (Kirche) 54
Domitian-Stadion 85
Domitilla-Katakomben 48
Domus Augustana 84
Domus Aurea 55
Doria Pamphili, Villa 168
Doria-Pamphili-Galerie 89
Doria-Pamphili-Palast 89

Einkäufe 213
Einwohner 9
Eiscafés 211
Eisenbahn 173, 179
Elektrizität 184
Engelsbrücke 104
Engelsburg 46
ENIT 000
Erste Hilfe 175
Esposizione Universale di Roma 55
Essen und Trinken 184
Eßgewohnheiten 184
Estate Romana 229
Etruskisches Museum 200
Etruskisches Museum (im Vatikan) 148
Etruskisches National-museum der Villa Giulia 77
E.U.R. 55
Eurocheques 189

Fahnenmuseum 202
Fahrradverleih 186
Farnese-Palast 89
Farnesina, Villa 169
Farnesische Gärten 85
Faustina-Tempel 61
Feiertage 186
Fermi, Enrico 18
Ferrovia 179
Flaminio-Obelisk 99
Flavier-Palast 84
Flohmarkt 196
Fluggesellschaften 187
Flughäfen 12, 174, 187
Flugverkehr 187
Folk 205
Fontana dei Fiumi 98
Fontana dell' Acqua Felice 56
Fontana delle Naiadi 138
Fontana delle Tartarughe 56
Fontana del Tritone 56
Fontana di Trevi 57
Fori Imperiali, Via dei 165
Foro di Augusto 57
Foro di Cesare 57

Foro di Nerva 58
Foro di Traiano 65
Foro di Vespasiano 67
Foro Italico 218
Foro Romano 59
Forum s. Foro
Francesca Romana, Santa (Kirche) 122
Francesco a Ripa, San (Kirche) 109
Freibäder 178
Fremdenverkehrsämter 177
Friedensaltar des Augustus 9
Friedhof, Protestan-tischer 50
Friedhof Verano 44
Fundbüro 187

Gabinetto Nazionale delle Stampe 169
Galerie der Kandelaber und der Gobelins (im Vatikan) 153
Galerie der Landkarten (im Vatikan) 153
Galerien 187
Galleria Borghese 167
Galleria Colonna 67
Galleria Communale d' Arte Moderna 188
Galleria dei Candelabri e degli Arazzi (im Vatikan) 153
Galleria dell' Accademia di San Luca 188
Galleria dell Carte Geogra-fische (im Vatikan) 153
Galleria Doria Pamphili 89
Galleria Nazionale d' Arte Antica 86
Galleria Nazionale d' Arte Moderna 68
Galleria Spada 91, 188
Garibaldi-Standbild 96
Geld 188
Geldwechsel 189
Geldwechsler-Bogen 109
Geologisches Museum 201
Geschäfte 213
Geschäftszeiten 206
Geschichte 23
Geschlechterturm 140
Gesù, Il 68
Getränke 185
Giardino Zoologico 167
Giardini Vaticani 156
Giorgio in Velabro, San (Kirche) 109
Giovanni, Basilica di San (in Laterano) 110

233

Register

Giovanni, San (in Fonte Baptisterium) 110
Giovanni a Porta Latina, San (Kirche) 112
Giovanni Decollato, San (Kirche) 109
Giovanni dei Fiorentini, San (Kirche) 110
Giovanni e Paolo, Santi (Kirche) 133
Gipsmuseum 199
Girolamo, San (Kirche) 112
Glori, Villa 207
Goethe, Johann Wolfgang von 31
Goethe-Haus 200
Goethe-Institut 14
Goldener Palast des Nero 55
Golf 219
Grabmal der Cecilia Metella 139
Gregor d. Gr. (Papst) 18
Gregor VII. (Papst) 18
Gregorio Magno, San (Kirche) 112
Gregorovius, Ferdinand Adolf 32
Grenzübergänge 173
Grottaferrata 70
Grünanlagen 206

Hadrian, Publius Aelius 18
Hadrian, Villa des 138
Hafen 12
Hallenbad 178
Hauptbahnhof 179
Haus der Livia 83
Haus der Vestalinnen 64
Haus des Augustus 84
Haus von Keats und Shelley 198
Heine, Heinrich 32
Heinse, Wilhelm 32
Hippodrom Capannelle 219
Historisches Museum der Bersaglieri 202
Historisches Museum der Carabinieri 203
Historisches Museum der Finanzpolizei 203
Historisches Museum der Grenadiere Sardiniens 203
Historisches Museum des Befreiungskampfes 203
Historisches Museum für Latium 202
Historisches Nationalmuseum der Gesundheitspflege 203

Hotels 190
Humboldt, Wilhelm Freiherr von 32

Ianiculum 96
Ianus Quadrifons 40
Ignazio, Sant' (Kirche) 120
Il Gesù 68
Innozenz III. (Papst) 19
Isola Tiberina 70
Italienisches Fremdenverkehrsamt 177

Janus-Bogen 40
Jazz 205
Jesuskirche 68
Johannes Paul II. (Papst) 141
Jugendherbergen 194
Jünger, Ernst 32

Kaiser 27
Kalixtus-Katakomben 48
Kapelle Nikolaus' V. (im Vatikan) 152
Kapitol 43
Kapitolinisches Museum 75
Kapitolsplatz 43
Kaserne der Prätorianer 47
Kastor-und Pollus-Tempel 62
Katakomben 48, 195
Katakomben der Domitilla 48
Katakomben der hl. Agnes 118
Katakomben der hl. Ciriaca 196
Katakomben der Priscilla 48
Katakomben des hl. Kalixtus 48
Kaufhäuser 216
Keats e Shelley, Casa di 198
Kirche der Heiligen Treppe 134
Kirche des hl. Clemens 107
Kirche des hl. Ignatius 120
Kirche des hl. Johannes am Latinischen Stadttor 112
Kirchenkonzerte 204
Kirche Sankt Agnes vor den Mauern 118
Kirche Sankt Johannes der Enthauptete 109
Kirche Sankt Laurentius vor den Mauern 113
Kirche Sankt Marien in Kosmedin 124
Kirche Sankt Marien in Trastevere 130
Kirche Sankt Marien über dem Minerva-Tempel 127

Kirche Sankt Paul vor den Mauern 114
Kirche Sankt Peter in Ketten 116
Kolosseum 52
Kolumbarium des Pomponius Hylas 51
Konservatorenpalast 88
Konstantin I. (d. Gr.) 19
Konstantinsbogen 39
Konsulate 184
Konzerte 204
Kraftstoff 196
Krankenhäuser 175
Krankenversicherungsschutz 176
Kreditkarten 189
Krippenmuseum 200
Kryptoportikus 83
Küche, Römische 185
Kultur 13
Kulturinstitute 223
Kunstdruckkabinett, Nationales 169
Kurie 63
Kybele-Tempel 83

La Barcaccia (Brunnen) 101
Lage 9
Lago di Albano 51
Landkarten-Galerie (im Vatikan) 153
Lapis Niger 64
Largo di Torre Argentina 72
Lateran-Palast 91
Leo d. Gr. (Papst) 19
Leonardo da Vinci (Flughafen) 12, 187
Lido di Ostia 72
Lira Nuova 189
Lire 189
Livia-Haus 83
Lorenzo fuori le Mura, San (Kirche) 113
Lorenzo in Lucina, San (Kirche) 113
Luigi dei Francesi, San (Kirche) 113

Madama, Villa 170
Maggiore, Santa Maria (Kirche) 125
Mamertinischer Kerker 45
Marcellus-Theater 134
Marcus Aurelius Antonius 20
Maria degli Angeli, Santa (Kirche) 137
Maria della Concezione, Santa (Kirche) 124
Maria dell' Anima, Santa (Kirche) 123

Register

Maria della Pace, Santa (Kirche) 128
Maria della Vittoria, Santa (Kirche) 130
Maria del Popolo, Santa (Kirche) 129
Maria di Monserrato, Santa (Kirche) 128
Maria in Aracoeli, Santa (Kirche) 123
Maria in Cosmedin, Santa (Kirche) 124
Maria in Trastevere, Santa (Kirche) 130
Maria Maggiore, Santa (Kirche) 125
Maria sopra Minerva, Santa (Kirche) 127
Mark Aurel 20
Mark-Aurel-Säule 52
Märkte 196
Markthalle des Trajan 67
Marmorstadion 218
Massimo, Circo 51
Massimo-Palast 91
Mausoleo di Augusto 72
Maximus, Circus 51
Maxentius-Basilika 40
Medici, Villa 170
Mercati di Traiano 67
Metella, Tomba di Cecilia 139
Metropolitana 12, 230
Meyer, Conrad Ferdinand 32
Michelangelo 20
Mietwagen 197
Milvio-Brücke 103
Mineralogisches Museum 201
Minerva, Santa Maria sopra (Kirche) 127
Monserrato, Santa Maria in (Kirche) 128
Monte Circeo 176
Montecitorio-Palast 43
Monte Testaccio 73
Monumento Nazionale a Vittorio Emanuele II. 73
Moravia, Alberto 20
Motorrollerverleih 198
Mura Aureliane 74
Museen 13, 198
Musei Vaticani 145
Museo Antiquarium Forense e Palatino 198
Museo Antropologico 198
Museo Archeologico di Ostia 199
Museo Astronomico e Copernicano 199
Museo Barracco 75
Museo Burcardo 199

Museo Capitolino 75
Museo Centrale del Risorgimento 74
Museo Chiaramonti (im Vatikan) 148
Museo dei Gessi dell' Arte Classica 199
Museo del Folclore e dei Poeti Romaneschi 200
Museo del Fonografo 200
Museo del Istituto Zoologico 200
Museo della Civiltà Romana 76
Museo dell' Alto Medioevo 200
Museo delle Anime del Purgatorio 200
Museo delle Carroze (im Vatikan) 148
Museo delle Cere 200
Museo delle Mure Romane 200
Museo del Presepio Tipologico Internazionale 200
Museo di Etruscologia 200
Museo di Goethe 200
Museo di Palazzo Venezia 94
Museo di Roma 79
Museo di Storia della Medicina 201
Museo e Galleria Borghese 167
Museo Geologico 201
Museo Gregoriano Egizio (im Vatikan) 147
Museo Gregoriano Etrusco (im Vatikan) 148
Museo Gregoriano Profano 149
Museo Israelita 201
Museo Mineralogico 201
Museo Missionario Etnologico (im Vatikan) 155
Museo Napoleonico 202
Museo Nazionale d' Arte Orientale 77
Museo Nazionale degli Strumenti Musicali 202
Museo Nazionale delle Arti e Tradizioni Popolari 77
Museo Nazionale Etrusco di Villa Giulia 77
Museo Nazionale Romano o delle Terme 136
Museo Numismatico della Zecca Italiana 202
Museo Pio Clementino (im Vatikan) 147

Museo Pio Cristiano (im Vatikan) 155
Museo Preistoria e Protostoria del Lazio 202
Museo Prestorico ed Etnografico 'Luigi Pigorini' 202
Museo Profano (im Vatikan) 155
Museo Sacrario delle Bandiere della Marina Militare 74
Museo Sacro (im Vatikan) 150
Museo Storico dei Bersaglieri 202
Museo Storico dei Carabinieri 203
Museo Storico dei Granatieri di Sardegna 203
Museo Storico della Lotta di Liberazione di Roma 203
Museo Storico delle Poste e Telecommunicazioni 203
Museo Storico di Guardia Finanzia 203
Museo Storico Nazionale dell' Arte Sanitaria 203
Museo Torlonia 79
Museum der Anthropologie 198
Museum der Instrumente für die Reproduktion des Klanges 200
Museum der Medizingeschichte 201
Museum der Römischen Folklore und Dichtung 200
Museum der Römischen Kultur 76
Museum der Römischen Stadtmauern 200
Museum der Seelen von Verstorbenen 200
Museum des Etruksischen und Italienischen Altertums 200
Museum des Forums und des Palatins 198
Museum des Hohen Mittelalters 200
Museum des Zoologischen Instituts 200
Museum für Moderne Religiöse Kunst (im Vatikan) 156
Museum für Musikinstrumente 202
Museum für Volkskunst und Volkstraditionen 77
Musik 203

235

Register

Nachtleben 204
Nachtlokale 204
Nahverkehr 230
Naiadi, Fontana delle 138
Najadenbrunnen 138
Napoleonisches
  Museum 202
Nationaldenkmal für Viktor
  Emanuel II. 73
Nationales Kunstdruck-
  kabinett 169
Nationalgalerie der Antiken
  Kunst 86
Nationalgalerie der
  Modernen Kunst 68
Nationalmuseum der Orien-
  talischen Kunst 77
Nationalmuseum für Musik-
  instrumente 202
Navona-Platz 98
Nero 21
Nerva-Forum 58
Neue Kirche 50
Notdienste 205

Obelisco di Axum 79
Obelisco Flaminio 99
Octavianus, Gaius 16
Octavia-Portikus 106
Öffnungszeiten 206
Oper 203
Oratorio dei Filippini 79
Oratorio di San Giovanni in
  Oleo 80
Olympiastadion 218
Oratorium der Gemeinschaft
  des Filippo Neri 79
Oratorium des hl. Johannes
  "in Öl" 80
Orchester 14
Orti Farnesiani 85
Ostia (Strand) 72
Ostia Antica 80
Ovidius Naso 33

Pace, Santa Maria della
  (Kirche) 128
Palast s. Palazzo
Palatin 82
Palatino 82
Palazzetto dello Sport 218
Palazzi Vaticani 156
Palazzo Barberini 85
Palazzo Bonaparte 86
Palazzo Borghese 86
Palazzo Braschi 79
Palazzo Cenci 88
Palazzo Colonna 67
Palazzo Corsini 88
Palazzo dei Conservatori 88
Palazzo dei Flavi 84
Palazzo dei Senatori 92

Palazzo della Cancelleria 87
Palazzo della Consultà 99
Palazzo della Sapienza 45
Palazzo dello Sport 218
Palazzo del Quirinale 92
Palazzo di Propaganda
  Fide 92
Palazzo Doria Pamphili 89
Palazzo Farnese 89
Palazzo Laterano 91
Palazzo Massimo alle
  Colonne 91
Palazzo Montecitorio 43
Palazzo Nuovo 75
Palazzo Pallavicini-
  Rospigliosi 92
Palazzo Spada 90
Palazzo Venezia 94
Palazzo Zuccari 94
Palazetto Massimi 91
Palestrina 176
Pallavicini-Rospigliosi-
  Palast 92
Pannenhilfe 178
Pantheon 94
Paolo fuori le Mura, San
  (Kirche) 114
Päpste 27, s. auch unter
  dem jeweiligen Namen
Päpstliche Kanzlei 87
Parks 206
Pasolini, Pier Paolo 33
Passeggiata del Giani-
  colo 96
Paul V. (Papst) 21
Persönlichkeiten,
  berühmte 16
Peterskirche 159
Petersplatz 158
Petrarca, Francesco 34
Pferdedroschken 225
Phokas-Säule 64
Piazza Bocca della Verità
  97
Piazza del Campidoglio 43
Piazza del Popolo 99
Piazza del Quirinale 99
Piazza della Rotonda 100
Piazza di Campo dei Fiori 97
Piazza di Spagna 101
Piazza Garibaldi 96
Piazza Montecitorio 43
Piazza Navona 98
Piazza San Giovanni in
  Laterano 100
Piazza San Pietro 158
Piazza Venezia 101
Pietro in Montorio, San
  (Kirche) 115
Pietro in Vincoli, San
  (Kirche) 116
Pilgerheime 194

Pinacoteca (Vatikani-
  sche) 145
Pincio 103
Piramide di Caio Cestio 103
Pirandello, Luigi 21
Platz s. Piazza
Polizei 207
Pomponius Hylas, Colom-
  bario di 51
Ponte Cestio 71
Ponte Fabricio 71
Ponte Milvio 103
Ponte Molle 103
Ponte Rotto 71
Ponte Sant' Angelo 104
Popolo, Santa Maria del
  (Kirche) 129
Popolo, Piazza del 99
Porta Appia 105
Porta Maggiore 104
Porta Pia 105
Porta Portese 174
Porta San Sebastiano 105
Porta Tiburtina 106
Portico di Ottavia 106
Portikus der Octavia 106
Porto 208
Post 208
Postämter 208
Post-und Fernmelde-
  museum 203
Prähistorisches und
  Völkerkundliches
  Museum 202
Prassede, Santa
  (Kirche) 131
Prätorianer-Kaserne 47
Pretorio, Castro 47
Priscilla-Katakomben 48
Propaganda Fide, Palazzo di
  92
Protestantischer Friedhof 50
Pudenziana, Santa
  (Kirche) 131
Pyramide des Cestius 103

Quadrifrons 40
Quattro Coronati, Santi
  (Kirche) 133
Quirinals-Palast 92
Quirinals-Platz 99

Radio 213
Raffael 22
Redewendungen, Italieni-
  sche 220
Reisedokumente 209
Reiserufe 213
Reiseschecks 189
Reisezeit 210
Reiten 219
Religion 11

236

Register

Remus 22
Restaurants 210
Restaurierungs-
maßnahmen 10
Rilke, Rainer Maria 34
Römischer Sommer 229
Römisches Verkehrsbüro
177
Romulus und Remus 22
Rotonda, Piazza della 100
Rundfunk 213
Ruskin, John 34

Sabina, Santa (Kirche) 131
Sacre Grotte Vaticane 164
San Bartolomeo 71
San Bernardo alle Terme
(Kirche) 137
San Carlo ai Catinari
(Kirche) 106
San Carlo al Corso
(Kirche) 106
San Carlo alle Quattro
Fontane (Kirche) 107
San Clemente (Kirche) 107
San Crisogono (Kirche) 109
San Felice 176
San Francesco a Ripa
(Kirche) 109
San Giorgio in Velabro
(Kirche) 109
San Giovanni a Porta Latina
(Kirche) 112
San Giovanni Decollato
(Kirche) 109
San Giovanni dei Fiorentini
(Kirche) 110
San Giovanni in Fonte
(Baptisterium) 110
San Giovanni in Laterano
(Basilika) 110
San Girolamo (Kirche) 112
San Gregorio, Via di 166
San Gregorio Magno
(Kirche) 112
Sankt Johannes der Ent-
hauptete (Kirche) 109
Sankt-Johannes-Platz in
Lateran 101
Sankt Laurentius vor den
Mauern (Kirche) 113
San Lorenzo fuori le Mura
(Kirche) 113
San Lorezo in Lucina
(Kirche) 113
San Luigi dei Francesi
(Kirche) 113
San Paolo fuori le Mura
(Kirche) 114
San Pietro, Piazza 158
San Pietro in Montorio
(Kirche) 115

San Pietro in Vaticano 159
San Pietro in Vincoli
(Kirche) 116
San Sebastiano (Kirche) 117
San Sebastiano, Cata-
combe di 117
Santa Cecilia in Trastevere
(Kirche) 121
Santa Costanza
(Kirche) 121
Santa Croce in Gerusa-
lemme (Kirche) 121
Santa Francesca Romana
(Kirche) 122
Sant' Agnese (Kirche) 118
Sant' Agnese fuori le Mura
(Kirche) 118
Sant' Agostino (Kirche)
119
Santa Maria Antiqua
(Kirche) 65
Santa Maria degli Angeli
(Kirche) 137
Santa Maria dell' Anima
(Kirche) 123
Santa Maria della Pace
(Kirche) 128
Santa Maria della Vittoria
(Kirche) 130
Santa Maria del Popolo
(Kirche) 129
Santa Maria di Monserrato
(Kirche) 128
Santa Maria in Aracoeli
(Kirche) 123
Santa Maria in Cosmedin
(Kirche) 124
Santa Maria in Trastevere
(Kirche) 130
Santa Maria in Vallicella
(Kirche) 50
Santa Maria Maggiore
(Kirche) 125
Santa Maria sopra Minerva
(Kirche) 127
Sant' Andrea al Quirinale
(Kirche) 119
Sant' Andrea della Valle
(Kirche) 120
Sant' Angelo, Castel 46
Santa Prassede
(Kirche) 131
Santa Pudeziana
(Kirche) 131
Santa Sabina (Kirche) 131
Santi Apostoli (Kirche) 132
Santi Cosma e Damiano
(Kirche) 133
Santi Giovanni e Paolo
(Kirche) 133
Sant' Ignazio (Kirche) 120
Sant' Ivo, Capella di 45

Santi Quattro Coronati
(Kirche) 133
Santo Stefano Rotondo
(Kirche) 134
Saturn-Tempel 62
Säule s. Colonna
S-Bahn 12, 230
Scala Santa (Kirche)
134
Scalinata della Trinità dei
Monti 101
Scherbenberg 73
Schildkrötenbrunnen
56
Schwarzer Stein 64
Schwimmstadion 218
Sciarra, Villa 207
Senatorenpalast 92
Septimius-Severus-
Thermen 85
Septimius-Severus-
Triumphbogen 63
Shopping 213
Sixtinische Kapelle
(im Vatikan) 153
Sosianus, Apollo-Tempel
des 135
Spada-Galerie 91
Spada-Palast 90
Spanischer Platz 101
Spanische Treppe 101
Speisen 213
Sport 218
Sportanlagen 218
Sprache 220
Sprachschulen 223
Sprachunterricht 223
Staatliche Italienische Frem-
denverkehrsämter 177
Staatsflagge des Vatikan
141
Stadio dei Marmi 218
Stadio del Nuoto 218
Stadio Domiziano 85
Stadio Flaminio 219
Stadio Olimpico 218
Stadtbesichtigung 224
Stadtbezirke 10
Stadtgeschichte 23
Stadrundfahrten 224
Stadttor s. Porta
Stäel-Holstein, Anne Louise
Germaine, Baronne de 34
Stanze di Raffaello
(im Vatikan) 150
Stato della Città del
Vaticano 141
Stazione Termini 12, 179
Stefano Rotondo, Santo
(Kirche) 134
Stendhal 35
Straßenbahn 230

237

Register

Straßenverkehr 225
Studentenheime 227
Synagoge 201

Tageshotels 194
Tarquina 176
Taxi 227
TCI 178
Teatro dell' Opera 203
Teatro di Marcello 134
Telefon 208
Telefonauskunft 209
Telefonnetzkennzahlen 209
Telegramme 208
Tempel s. Tempio
Tempietto di Bramante 116
Tempio di Antonio e
  Faustina 61
Tempio di Castore e
  Polluce 62
Tempio di Cibele 83
Tempio di Saturno 62
Tempio di Vesta
  (Foro Romano) 63
Tempio di Vesta (Piazza
  Bocca della Verità) 124
Tennis 219
Terme di Caracalla 136
Terme di Diocleziano 136
Terme di Settimio Severo 85
Testaccio, Monte 73
Tévere 9
Theater 14, 227
Therme s. Terme
Thermen-Museum 136
Tiber 9
Tiberinsel 70
Tiere 209
Titusbogen 65
Tivoli 138
Tomba di Cecilia Metella 139
Tor s. Porta
Torlonia, Villa 171
Torlonia-Museum 79
Torre Argentina, Largo di 72
Torre delle Milizie 140
Touristik-Information 177
Traianus, Marcus Ulpius 22
Trajan 22
Trajansforum 65
Trajanssäule 66
Trastevere 141

Tre Fontane 218
Trevi, Fontana di 57
Trevi-Brunnen 57
Trinità dei Monti (Kirche)
  101
Trinkgeld 229
Tritone, Fontana del 57
Tritonenbrunnen 57
Triumphbogen des
  Konstantin 39
Triumphbogen des Septi-
  mius Severus 63
Tumler, Franz 35

U-Bahn 12, 230
Universitäten 13
Universitätsstadt 51
Unterkunft s. Hotels,
  Jugendherbergen,
  Studentenheime

Vallicella, Santa Maria in 50
Vatikan 141
Vatikanische Bibliothek
  150
Vatikanische Gärten 156
Vatikanische Grotten 164
Vatikanische Informations-
  büros 177
Vatikanische Museen 145
Vatikanischer Palast 156
Vatikanische Staatsflagge
  141
Vatikanstadt 141
Veneto, Via Vittorio 166
Venezia-Palast 94
Verano (Friedhof) 44
Veranstaltungshinweise 229
Veranstaltungskalender 229
Verkehr 12
Verkehrsmittel 230
Verkehrsvorschriften 225
Verwaltung 10
Vespasian-Forum 67
Vestalinnen-Haus 64
Vesta-Tempel (Foro
  Romano) 63
Vesta-Tempel (Piazza
  Bocca della Verità) 124
Via Appia Antica 164
Via Condotti 101
Via dei Fori Imperiali 165

Via del Babuino 101
Via di San Gregorio 166
Via Vittorio Veneto 66
Vier-Ströme-Brunnen 98
Villa Ada 206
Villa Adriana 138
Villa Borghese 166
Villa Celimontana 206
Villa Corsini 206
Villa des Hadrian 138
Villa d' Este 138
Villa Doria Pamphili 168
Villa Farnesina 169
Villa Giulia 77
Villa Glori 207
Villa Madama 170
Villa Massimo 14
Villa Medici 170
Villa Sciarra 207
Villa Torlonia 171
Vittoria, Santa Maria della
  (Kirche) 130
Völkerkundliches
  Museum 202
Volkskunstmuseum 77
Volksplatz 99
Vor-und Frühgeschicht-
  liches Museum für Latium
  202
Vorwahlen 209

Wachsfigurenkabinett 200
Wandteppichgalerie
  (im Vatikan) 153
Wechselkurse 189
Wein 186
Weltausstellungsgelände 55
Winckelmann, Johann Joa-
  chim 35
Wirtschaft 15
Wissenschaftliche Gesell-
  schaften 14

Yourcenar, Marguerite 35

Zahlen 9
Zeit 231
Zitate 31
Zollbestimmungen 231
Zoologico, Giardino 167
Zoologischer Garten 167
Zuccari-Palast 94

Bildnachweis

Verzeichnis der Karten, Pläne und graphischen Darstellungen im Reiseführer

	Seite
Wappen der Stadt Rom	9
Italien: Übersichtskarte	9
Übersichtsplan der Innenstadt	36/37
Cerveteri: Lageplan	49
Kolosseum: Grundriß und Querschnitt	54
Modell des antiken Rom zur Zeit Konstantins des Großen (4. Jh. n. Chr.)	58/59
Das antike Rom: Lageplan der Fora	60
Museo della Civiltà Romana: Grundriß	76
Ostia: Lageplan	80
Pantheon: Grundriß	95
San Giovanni in Laterano: Grundriß	110
Tivoli: Lageplan	139
Staatsflagge des Vatikan	141
Città del Vaticano: Lageplan	142/143
Musei Vaticani: Grundriß	146
San Pietro in Vaticano: Grundriß	161
Signet des Staatlichen Italienischen Fremdenverkehrsamtes (ENIT)	177

Bildnachweis

Baedeker-Archiv (Ostfildern): S. 152, 154 (2 x)
Madeleine Cabos (Stuttgart): S. 8, S. 11, S. 13 (2 x), S. 14, S. 15, S. 24, S. 26 (2 x), S. 38, S. 41 (2 x), S. 42 (2 x), S. 44, S. 46, S. 47, S. 50, S. 52, S. 53 (oben), S. 55 (2 x), S. 56 (2 x), S. 61, S. 62 (2 x), S. 64 (2 x), S. 66, S. 69 (2 x), S. 74, S. 75, S. 83, S. 85, S. 87 (2 x), S. 90, S. 93 (3 x), S. 96, S. 97, S. 98, S. 100, S. 102, S. 105 (2 x), S. 107 (2 x), S. 108, S. 111 (2 x), S. 114 (2 x), S. 116, S. 117 (2 x), S. 119, S. 122 (2 x), S. 124 (links), S. 126 (2 x), S. 127, S. 128, S. 129, S. 132, S. 135, S. 140 (2 x), S. 144 (oben), S. 144 (rechts unten), S. 147, S. 149 (2 x), S. 157, S. 158, S. 159, S. 162 (2 x), S. 163 (2 x), S. 166, S. 167 (2 x), S. 170, S. 171, S. 172, S. 181, S. 188 (2 x), S. 191 (2 x), S. 192 (2 x), S. 195 (2 x), S. 197, S. 199, S. 201, S. 207, S. 208 (2 x), S. 212 (3 x), S. 214, S. 217
dpa: S. 71, S. 224
Axel Griesinger (Stuttgart): S. 53 unten, S. 165
Historia-Photo (Hamburg): S. 17 (3 x), S. 19 (3 x)
Italienisches Fremdenverkehrsamt (Frankfurt am Main): S. 78
Werner Neumeister (München): S. 139
Wilhelm Rogge (Lünen): S. 219
Wolfgang Stetter (Stuttgart): S. 84, S. 144 (links unten)
Hans Rudolf Uthoff (Hamburg): S. 73, S. 81 (2 x), S. 104, S. 115, S. 124 (rechts), S. 137

Notizen